王世杰◎著

国有自然资源权益核算研究

GUOYOU ZIRAN ZIYUAN QUANYI
HESUAN YANJIU

中国财经出版传媒集团

经济科学出版社
Economic Science Press

图书在版编目（CIP）数据

国有自然资源权益核算研究／王世杰著．—北京：
经济科学出版社，2021.7
ISBN 978 - 7 - 5218 - 2673 - 9

Ⅰ.①国…　Ⅱ.①王…　Ⅲ.①自然资源 - 资源核算 -
研究 - 中国　Ⅳ.①F124.5

中国版本图书馆 CIP 数据核字（2021）第 129729 号

责任编辑：杜　鹏　孙倩靖
责任校对：王京宁
责任印制：王世伟

国有自然资源权益核算研究

王世杰　著

经济科学出版社出版、发行　新华书店经销
社址：北京市海淀区阜成路甲 28 号　邮编：100142
编辑部电话：010 - 88191441　发行部电话：010 - 88191522
网址：www. esp. com. cn
电子邮箱：esp_bj@ 163. com
天猫网店：经济科学出版社旗舰店
网址：http：//jjkxcbs. tmall. com
固安华明印业有限公司印装
710×1000　16 开　17.25 印张　300000 字
2021 年 8 月第 1 版　2021 年 8 月第 1 次印刷
ISBN 978 - 7 - 5218 - 2673 - 9　定价：88.00 元
（图书出现印装问题，本社负责调换。电话：010 - 88191510）
（版权所有　侵权必究　打击盗版　举报热线：010 - 88191661
QQ：2242791300　营销中心电话：010 - 88191537
电子邮箱：dbts@ esp. com. cn）

前　　言

　　自然资源为人类提供物质、能源和空间，是人类生存和发展的基础。人类需求的无限性和自然资源的有限性是人类社会的永恒矛盾。20世纪以来，人口剧增、资源减少、环境污染、生态破坏等问题日益严重，自然资源管理成为全人类共同关注的问题。自然资源的管理实践和理论探索需要自然资源的数据和信息支撑，因而自然资源核算成为20世纪后半叶全球关注的焦点之一。在宏观领域，绿色GDP核算思潮催生了SEEA系统；在微观领域，环境会计逐渐融入企业日常核算。SEEA脱胎于SNA，反映经济发展中自然资源的耗用变动情况，无法清晰反映自然资源背后人类社会的权利、责任和利益关系。环境会计核算企业生产经营中使用的自然资源，无法反映自然资源全貌；现代政府会计围绕财政收支，以货币计量为基础，不再核算自然资源。自然资源信息的缺失削弱了人类合理利用自然资源的能力，加剧了人与自然的矛盾。

　　党的十八届三中全会提出探索编制自然资源资产负债表，为破解自然资源核算难题提供了中国方案。部分学者借鉴SEEA否定负债或者混淆了负债含义，部分学者认可会计资产负债表理论，但基于多种原因，注重自然资源资产和负债的核算而忽视了权益核算。任何社会关系都需要权利、责任和利益的协调统一，单纯强调权利和责任的配置，不考虑利益的实现，将使权利无法实现、责任难以履行。自然资源资产和负债能够反映自然资源背后的权利和责任关系，但无法清晰权利和责任对应的利益关系，必须通过对自然资源权益的核算，反映自然资源背后的利益关系。

　　本书以会计资产负债表理论为基础，探讨自然资源资产负债表体系下国有自然资源权益的核算问题。现有理论与制度是创新的理论基础和现实约束。首先，本书回顾产权理论、自然资源利益分配和自然资源核算研究的进展，产权理论为各类自然资源权利配置提供理论指导，自然资源利益分配理论为自然资源所有者和使用者权益分配提供了理论基础，自然资源核算理论为自然资源权益核算提供理论支撑和借鉴。其次，梳理现行制度发现，我国实行生产资料公有制，在国有自然资源产权格局中，所有权、监管权和使用权三权分立，梳理土地、矿产、水和森林资源的产权和利益关系发现，我国自然资源所有权和监管权、所有者和执行者合二为一，各级政府主管部门代理行使自然资源所有权和监管权，通过自然资源有偿使用对价和自然资源税费获得经济利益，并负责维护自然资源生态和社会价值。自然资源使用者注重自然资源经济利益，通过对自然资源的开发经营获得经济利益。

借鉴会计资产负债表和 SEEA，结合中国自然资源管理实际，本书提出将自然资源权益分为所有权益和使用权益。我国自然资源所有权和监管权均由国务院自然资源部行使，因此，应对所有权和监管权的权益统一核算，两者统称为所有权益。自然资源所有权益包括自然资源的社会价值、生态价值和合理的经济利益，这部分经济利益主要是自然资源有偿使用金和自然资源税费，依赖于自然资源使用权益的实现而实现。自然资源使用权益是使用者对自然资源经营和开发获得的经济利益。在未设立使用权时，自然资源只有所有权益体现为原始的社会价值和生态价值，此时自然资源的所有权益称为原始所有权益。设立使用权以后，自然资源所有权益通过有偿使用和税费实现，体现经济价值，称为有偿使用公积。原始所有权益、有偿使用公积和使用权益可以根据自然资源特征、使用形式和自然资源领域标准制度，进一步细分设计自然资源权益核算的科目和账户。

自然资源核算应该以货币和实物双重计量，编制混合报表。自然资源原始所有权益反映自然资源保持原始状态下的社会价值和生态价值，并未进入经济领域，无法以经济指标进行核算，SEEA 中直接以实物计量。自然资源有偿使用公积是自然资源所有者的经济利益，以货币计量。自然资源使用权益反映进入经济领域之后自然资源开发利用带来的经济利益，应该以货币计量，但自然资源开发利用的经济利益受到自然资源开发利用目的、开发方式和技术水平的影响，开发之前难以进行估价和衡量，当前并无公认的可靠估价技术，不同技术估值之间金额差别很大，因此，现有会计和统计核算中，以历史成本进行计量，但其金额与有偿使用公积相近，反映的是历史成本而非未来可获得的经济利益。所以现有条件下应该以实物进行计量，未来争取利用现代信息技术手段突破估价技术，开展货币计量。

自然资源权益应该分层、分类核算，并编制自然资源资产负债表、资产变动表、负债变动表和权益变动表，形成报告体系，应该注重现代信息技术在核算中的应用。本书以 P 地 2017 年自然资源管理和开发利用实际情况为案例，检验本书的研究成果。自然资源权益核算能提供自然资源权益结构、国有收益质量、可持续利用、开发利用绩效、负债结构、负债责任、负债发生比例等方面的增量信息，弥补已有研究的不足，为完善自然资源核算信息、提升自然资源管理和治理效率提供了有效抓手与工具。

王世杰

2021 年 3 月

目　　录

第1章 引　言

　　自然资源为人类社会提供物质和能源、空间基础，是人类生存和发展的基础条件。人类需求的无限性和自然资源的有限性是人类社会永恒的矛盾和主题，优化配置自然资源、高效利用自然资源历来是人类社会关注的问题，更是现代经济学和管理学的重点问题之一。彼得·德鲁克指出"无法度量就无法管理（If you can't measure it, you can't manage it）"。在人与自然关系日益密切、矛盾日益尖锐的当下，人类社会尚未构建能够提供系统、完整、规范、及时、高效的自然资源信息系统。自然资源信息的缺乏，使人类难以掌握自然资源全貌，影响人与自然关系的协调管理。现代会计和统计核算脱胎于经济核算，逐渐向资源环境核算扩展，但是进展并不顺利。资产负债表伴随现代会计的发展而完善成为现代会计第一报表，能够反映会计主体的权利、责任和利益关系，能够反映资源配置和利用效率，中国敏锐意识到资产负债表逻辑与自然资源管理需要的自洽，提出探索编制自然资源资产负债表。

1.1　选题背景及意义

1.1.1　研究背景

1.1.1.1　人口和资源的矛盾日益突出

　　18世纪末，托马斯·罗伯特·马尔萨斯（Thomas Robert Malthus，1798）指出，人口以几何级数增加，生活资料以算术级数增加，必然造成人口过剩，不可避免地出现饥饿、贫困和失业等现象，人类应该主动采取措施应对人口增长。18 世纪 60 年代以来,人类经历的三次工业革命推动了生产力的发展,人类文明空前繁荣,2011 年全球人口达到 70 亿,联合国预计到 2023 年全球人口将达到 80 亿(UN,2017)。人口的增加使得全球范围内资源约束趋紧、环境污染严重、生态系统退化、人口资源环境之间的矛盾日益突出成为全人类面临的共同问题。

人口空前增加使人与自然的矛盾日趋突出。恩格斯指出"不要过分陶醉于我们人类对自然界的胜利。对于每一次这样的胜利,自然界都对我们进行报复"。古埃及、古巴比伦、古印度、中国四大文明古国均发源于森林茂密、水量丰沛、田野肥沃的地区。奔腾不息的长江、黄河是中华民族的摇篮,哺育了灿烂的中华文明。而生态环境衰退特别是严重的土地荒漠化则导致古埃及、古巴比伦衰落。我国古代一些地区也有过惨痛教训。古代一度辉煌的楼兰文明已被埋藏在万顷流沙之下,当年那里曾经是一块水草丰美之地。河西走廊、黄土高原都曾经水丰草茂,由于毁林开荒、乱砍滥伐,致使生态环境遭到严重破坏,加剧了经济衰落。唐代中叶以来,我国经济中心逐步向东、向南转移,很大程度上同西部地区生态环境变迁有关(习近平,2019)。人与自然矛盾的化解,除了控制人口增长,还需要依靠科技进步和自然资源管理能力的提升,良好的生态治理能够提高自然资源的承载力,而及时、全面的自然资源信息是自然资源管理和生态治理正确决策和行动的基础。

1.1.1.2 资源核算难以适应现实需要

自然资源数据和信息收集、处理和使用由来已久。夏禹铸九鼎,每一鼎都铸刻了所对应州的山川地域和物产,是当时对自然资源的权威记载。《山海经》则对山川河流平原海洋和各地物产有大量记载(杨世忠、方心童,2020)。进入封建社会,官厅(政府)会计对自然资源进行核算记录,秦汉以后,官厅(政府)会计逐渐由文字记录改为采取简明定式记录,至宋代编制《会计录》(裴宗舜,1994),延续至清朝末年。其中,明朝制定了黄册和鱼鳞册的编报制度,黄册详细登记了各地居民的丁口和产业情况,鱼鳞册则记录了经过丈量的土地情况(曹玉海,2001),这些都是我国古代对自然资源核算、登记和管理的重要成果。清代以前的各种会计报告,包括各种必要的统计资料,是综合性的经济活动报告(徐唐先,1999),不单对财政收支进行核算,也对自然资源进行核算。近代官厅(政府)会计逐渐聚焦以政府财政收支核算为主,强调货币计量,不再对自然资源进行核算。在西方,古代官厅（政府）会计和寺院会计同样对自然资源进行核算和记录（王建忠、柳士明，2016）。随着资本主义私有制的发展，自然资源作为私有资产，不再纳入政府核算范围，西方现代政府会计也聚焦于财政收支领域。为了反映社会发展和宏观经济整体面貌，从 20 世纪 40 年代起，以理查德·斯通（Richard Stone）为代表的学者简化会计对权责关系的反映，应用统计学原理建立了国民经济核算体系（system of national accounts，SNA）（杨仲山，2001）。

现代核算体系中，资源环境信息的缺失给经济社会管理带来极大的问题，使得政府难以及时掌握经济发展的质量和自然资源的耗用变动情况。宏观层面，从 20 世纪 70 年代开始，日本、挪威、芬兰、法国、美国、墨西哥、印度尼西亚等国家先后探索从 GDP 中扣除环境成本，核算绿色 GDP（杨世忠等，2017）。1993 年联合国等国际组织共同推出了《1993 年国民核算手册：综合环境和经济核算》（system of environmental economic accounting，SEEA1993），作为 SNA 的卫星账户，将环境核算首次纳入国民经济核算体系（陈玥等，2015）。此后相继修订发布了 SEEA2003 和 SEEA2012。SEEA 设置了水资源、土地资源、土壤资源、矿产和能源、木材资源、水生资源和其他生物资源七类资产账户，分实物量和价值量两类核算表格。2003 年，我国开始尝试对自然资源进行实物核算。2004 年启动了《中国绿色国民经济核算》（简称绿色GDP 核算）研究项目，最终完成了《中国绿色国民经济核算研究报告（2004）》。

微观层面，企业会计将企业拥有和控制的自然资源资产纳入核算范围，将自然资源开发利用带来的负向权益作为负债纳入环境会计核算。一般认为环境会计研究开始于 19 世纪 70 年代（朱学义，1999）。1971 年比蒙斯（F. A. Beams）的《控制污染的社会成本转换研究》和 1973 年马林（J. T. Malin）的《污染的会计问题》揭开了环境会计研究的序幕。随后众多学者和国际组织加入了环境会计研究。1990 年，Rob Gray 出版了《绿色会计：Pearce之后的会计职业界》使环境会计成为全球学术关注的中心议题。1993 年，联合国对跨国公司环境信息披露情况进行调查，编制了《跨国公司的环境管理》。1998 年，联合国专家组发布了《环境成本和负债的会计与财务报告》，1999 年，联合国通过了《环境会计和报告的立场公告》。2001 年，国际会计准则委员会发布了《国际会计准则第 41 号——农业》（IAS41），对生物资源核算进行规范；2004 年，国际会计准则理事会（IASB）发布了《国际财务报告准则第 6 号——矿产资源的勘探和评价》（IFRS6），对矿产资源核算进行规范。澳大利亚随后跟进发布了 AASB1037 和 AASB6。2005 年，国际会计师联合会（IFAC）通过《环境会计国际指南》作为环境管理会计的指导性文件（耿建新、房巧玲，2004）。此后，美国、日本、加拿大等国都颁布了不同自然资源核算和披露的准则。2006 年，我国颁布了《企业会计准则第 5 号——生物资产》《企业会计准则第 27 号——石油天然气开采》，分别规范了生物资源和石油天然气等自然资源的核算。

回顾历史，无论是宏观的资源统计核算，还是微观的资源会计核算，仅是对自然资源实物量或价值量的单独描述，反映自然资源存量现状，无法反映自然资源开发利用的整体情况，无法反映自然资源开发利用的经济后果，无法评价不同主体的责任和利益，难以提供自然资源宏观管理和政策制定需要的权利和责任信息。因此，中国提出探索编制自然资源资产负债表。

1.1.1.3　自然资源权益核算研究缺失

党的十八届三中全会提出探索编制自然资源资产负债表之后，自然资源资产负债表在编制意义、理论基础、要素构成、核算方法和表式结构等方面取得了众多成果，在实践工作中，深圳、湖州、鄂尔多斯等地对土地、矿产、水和森林等自然资源探索编制了自然资源资产负债表，取得了丰硕成果（杜文鹏等，2018）。

当前自然资源资产负债表的构成要素和价值核算是研究中的主要争议（李成宇等，2018），按照不同的思路和观点可以分为不同流派，概要如图 1.1 所示。人们对自然资源净资产如何界定和核算具有不同观点（杜文鹏等，2018）。有人沿用传统会计资产负债表理念认为自然资源净资产即所有者权益（景佩佩，2016），有人认为人们在一定时空范围内对自然资源占有、使用、收益、处置的行为构成了自然资源所有者的权益（乔晓楠等，2015）。也有人认为自然资源净资产是自然资源资产与负债之间的差值，自然资源净资产并不代表所有者权益（耿建新、王晓琪，2014）。当前自然资源资产和自然资源负债核算研究的结论趋向一致，但缺乏自然资源权益核算的研究，这正是本书要解决和探讨的问题。

1.1.2　研究意义

本书的理论意义在于对自然资源核算理论的完善。资产、负债和权益是

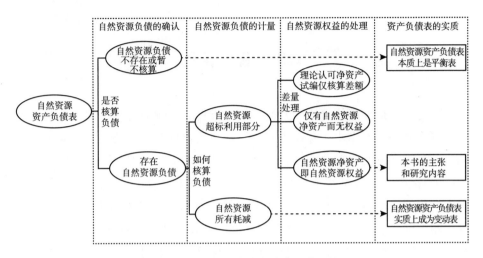

图1.1 自然资源资产负债表研究总结

会计核算的三大要素、资产负债表的三大内容，当前自然资源资产负债表研究缺乏对自然资源权益的深入研究。人类占有、利用自然资源的目的在于通过开发利用自然资源获得相应利益。当前众多学者或者否认自然资源负债的存在进而否认存在自然资源权益；或者直接将自然资源权益等同为资产和负债的差额；而认可自然资源权益的学者也较少展开系统研究，使得自然资源权益核算成为研究的盲点和实践的空白。本书尝试利用会计学理论结合我国自然资源管理现状，提出和架构自然资源权益核算理论，补充已有研究的不足，完善自然资源资产负债表和自然资源核算理论。

本书的实践意义在于作为工具方法支撑生态文明治理现代化。党的十八届三中全会提出实行最严格的自然资源损害赔偿制度、责任追究制度和资源有偿使用制度，探索编制自然资源资产负债表，对领导干部实行自然资源资产离任审计。自然资源资产负债表的编制与自然资源损害赔偿制度、责任追究制度、资源有偿使用制度和领导干部自然资源资产离任审计相辅相成，共同构成了生态文明建设的制度基石，是生态文明治理现代化制度的有机组成。当前自然资源资产负债表注重对自然资源资产和自然资源负债的核算能够支持自然资源损害赔偿制度、责任追究制度，但自然资源权益核算的缺失导致无法反映不同主体的自然资源利益，不利于自然资源有偿使用制度的实施，无法为自然资源权益落实提供支持。本书探讨弥补已有研究的缺陷，通过权益核算，支持自然资源权益落实和自然资源有偿使用制度的实施。

1.2 研 究 问 题

人与自然是生命共同体，人类必须尊重自然、顺应自然、保护自然。人类只有遵循自然规律才能有效防止在开发利用自然上走弯路，人类对大自然的伤害最终会伤及人类自身，这是无法抗拒的规律。习近平（2017）指出，"我们不能吃祖宗饭、断子孙路，用破坏性方式搞发展。绿水青山就是金山银山。我们应该遵循天人合一、道法自然的理念，寻求永续发展之路。"建设美丽中国，实现生态文明，达到人与自然和谐和国家治理现代化，如何分配协调当代人和后代人的开发利用自然资源权利，如何评价自然资源开发利用的效果、效率和效益，如何实现自然资源开发利用权益和成本共享共担，是需要解决的基本问题。

国家所有或集体所有是我国生产资料公有制的具体形式，是社会主义公有制的实现方式，在具体制度安排和产权关系上有所不同。本书主要关注国有自然资源权益核算问题，即全民所有自然资源权益核算问题（以下研究均以国有自然资源为对象，除非特别说明），但研究结论同样适用于集体所有自然资源。我国土地、矿产、水、森林等自然资源归国家或集体所有。自然资源具有稀缺性、有用性，自然资源开发利用能够带来经济利益。单位或个人依法取得自然资源使用权，获得自然资源开发利益，承担自然资源开发成本和相应责任。清晰的自然资源产权制度是保障国家自然资源所有者权益、保护使用权人开发利益、明确相关人员开发责任的基础，只有明确不同权利人在自然资源客体上的权责利关系，保障相应利益和责任得到落实，才能促进相应权利人依法合理开发利用自然资源。产权制度的顺利实施需要监督管理的配合，需要能够对自然资源开发利用效果进行评价，对不同权利人的权利和责任进行评估，实现权利和责任相对应、相平衡，以保障自然资源产权制度的实施，促进自然资源的合理开发利用。自然资源核算正是配合产权制度落实和自然资源管理的方法和工具。

因此，本书旨在研究如何对自然资源权益进行核算，以促进自然资源资产负债表的完善，实现对自然资源产权配置和开发利用效果的反映；通过应用会计思想和核算方法，分析现有自然资源产权制度，探究与现有自然资源产权制度相适应、有助于自然资源产权制度实施完善的自然资源权益的确认、计量和报告等问题，为自然资源保护和合理开发利用提供方法和工具，使之为国家治理现代化中自然资源领域制度完善和能力提升的基础理论和方法。

1.2.1　自然资源权益核算的提出

1.2.1.1　自然资源权益核算的作用

权益的含义是不断发展变化的，最初权益仅指权利，权益是应该享受的不受侵犯的权利，如保护人民合法权益（罗竹风，1993）。随着市场经济的发展，企业和个人的经济权利和利益日益受到重视，权益逐渐突出了权利中包含的经济利益。权益为公民或法人依法应享受的、不容侵犯的权利和利益，如保护消费者权益（董大年，2007）。权益也被应用于国际层面，如海洋权益，海洋权益是海洋权利及有关海洋利益的总称，属于国家主权及其派生权利的范畴（娄成武等，2012）。企业会计核算中，权益有狭义和广义两层含义。狭义的权益指所有者权益，所有者权益是指企业资产扣除负债后由所有者享有的剩余权益。广义的权益指企业资产对应的权利关系，属于所有者的权益称为所有者权益，属于债权人的权益称为债权人权益，两者总称为权益。

自然资源权益沿袭现有权益的含义，并将之扩展到自然资源领域。根据我国自然资源现状，自然资源权利可以分为自然资源所有权和使用权，分别对应不同的自然资源权利和利益。当前自然资源资产负债表研究主要关注自然资源资产和自然资源负债的核算，忽视了对自然资源权益的核算。甚至部分学者应用会计学资产和负债的概念来界定自然资源资产和负债，利用会计恒等式，得出自然资源资产和自然资源负债之差为自然资源净资产，但否认自然资源权益的存在。这些学者将核算期间的自然资源超计划耗减定义为自然资源负债，用期初自然资源资产减去当期超量耗减的自然资源作为自然资源净资产，这种净资产既非期末可供开发利用的自然资源存量，又非严格意义的自然资源资产，成为一种理论与现实错位的奇怪产物。其直接原因是对资产和负债含义的理解不够深入，根本原因是没有真正理解资产负债表的理论含义。

资产负债表作为时点报表，反映某一时点"资产 = 负债 + 所有者权益"或者"资金应用 = 资金来源"的平衡关系。其本质是反映围绕一个企业的权利、责任和利益关系。资金应用或资产反映的是会计主体经济资源的应用和配置，资金来源或权益反映的是会计主体经济资源的来源。会计主体经济利益的来源分别对应会计主体需要承担的经济责任或会计主体受托的经济利益，这种经济责任就是负债，而经济利益是权益。因此，资产负债表本质上是对会计主体经济资源上权利、责任和利益关系的反映。自然资源资产负债表则是对核算主体自然资源上权利、责任和利益关系的反映。当前研究关注自然资源权利和责任的反映，却忽视了自然资源利益关系的反映。

刘尚希等（2015）认为，产权制度是国家治理的基础性制度，自然资源产权关系最根本的是人与人的关系。人类关系中权利和责任最终都表现为利益关系。无论会计核算还是自然资源核算，单纯研究权利和责任关系而不考虑权利的实现和责任的履行，忽视对应的利益关系，必然导致核算流于形式，难以在反映的基础上实现监督。在中国 20 世纪六七十年代的企业会计核算中，注重资金应用和资金来源，资金来源只注重对上级资金的反映而忽视企业自身利益，导致企业人浮于事、资产流失、经营效益差，这正是只重视反映权利和责任而忽视利益的反映造成的不良后果。

无论是会计核算还是统计核算，核算形式有所不同，但核算内容或本质均是对利益的反映，特别是对经济利益的反映，脱离了对经济利益的分析将难以形成完整的核算体系，难以发挥核算的作用。因此，自然资源权益核算的作用在于反映不同主体的自然资源利益、评价利益实现的效率，为保护自然资源合法权益、提高自然资源利用效率提供信息工具。自然资源权益核算的作用使之成为自然资源管理与自然资源产权制度实施的基本工具和方法保障。

1.2.1.2 国家治理现代化的现实需要

在国家治理现代化的时代背景下，面对严峻的自然资源问题，党的十八届三中全会以来，改革自然资源资产产权制度、完善自然资源有偿使用制度、健全生态环境保护责任追究制度和生态环境损害赔偿制度、对领导干部实行自然资源资产离任审计与探索自然资源资产负债表等一系列生态文明建设制度逐步完善，扎实推进。自然资源资产负债表编制与这些制度紧密相连、相互协调、相辅相成，共同成为生态文明治理现代化体系的一部分。

这一系列制度中，自然资源产权制度是核心，自然资源有偿使用制度和领导干部自然资源资产离任审计制度均以产权制度为基础构建和实施，而自然资源资产负债表则为这些制度实施提供信息基础。自然资源产权制度改革着眼于破解自然资源资产底数不清、所有者不到位、权责不明晰、权益不落实、监管保护制度不健全等问题，着力健全产权体系、明确产权主体、统一调查监测评价、统一确权登记、健全监管体系。自然资源有偿使用制度旨在实现自然资源开发利用和保护，实现生态、经济、社会效益相统一，打造产权明晰、权能丰富、规则完善、监管有效、权益落实的自然资源制度体系。领导干部自然资源离任审计则主要审计自然资源资产管理目标完成情况、管理监督责任落实情况、相关资金征管使用、相关项目运行建设情况。这些制度均需要完整、及时的自然资源信息，都需要利用自然资源资产负债表进行决策、评估、执行、评价、监督。

产权制度通过清晰界定不同主体的权利、责任和利益关系，促使各主体发挥主观能动性，合理开发利用自然资源。当前自然资源核算研究更多关注对自然资源权利、自然资源开发利用对应责任的反映，能够摸清自然资源底数、明确自然资源权责、服务自然资源监管和督查。权利实现和责任落实必然涉及利益，必然需要不断明晰权责、落实权益，已有研究缺乏对自然资源权益的关注，不利于所有者权益的保护、不利于对自然资源利益的反映和监督。自然资源权益核算能弥补已有研究的不足，在反映权利和责任的基础上，实现对自然资源权益的核算，使自然资源资产负债表与自然资源产权、自然资源有偿使用和自然资源离任审计的结合更加紧密、相辅相成，共同构成生态文明建设和自然资源治理体系现代化的有机部分，为国家治理现代化服务。自然资源权益核算利用会计理论方法和权责利统一框架，结合现行自然资源制度及其改革要求，建立与自然资源治理现代化相适应的自然资源核算程序和方法，为制度完善和落实提供数据支撑和现实抓手。

1.2.2　自然资源权益核算的研究内容

自然资源权益核算是自然资源核算的一部分，自然资源是人类生存和发展的基础，人类社会出现之初就开展了自然资源核算。原始人的结绳记事和岩画中多数是反映自然资源的；封建社会的会计有众多关于山川林泽的记载。随着经济发展和货币等物价的出现，无论是宏观核算还是微观核算均以经济核算为主，以货币作为计量尺度，使得无法以货币衡量的自然资源逐步退出现代核算系统（王世杰等，2019）。人类开发的自然资源以原材料、产品的形式进入经济系统作为资产被纳入会计核算，不合理利用自然资源造成污染等不良后果的经济责任作为负债被纳入会计核算。开发利用之前原生态的自然资源仅在资源普查时以实物量进入统计核算系统。会计核算仅反映作为经济资源的自然资源，核算范围有限；统计核算则全面反映了自然资源存量，但不反映自然资源背后的权责关系。目前会计体系和统计体系中自然资源核算难以满足自然资源总量评估、责任考核、绩效评价和管理决策等自然资源管理的现实需要。

党的十八届三中全会提出探索编制自然资源资产负债表，对领导干部实行自然资源资产离任审计，此后众多学者开始探索自然资源资产负债表的编制，在不同类型的单项自然资源资产、负债的核算上取得了众多卓有成效的研究成果，但是自然资源权益核算研究却提及者众、研究者少（杜文鹏等，2018；李成宇等，2018）。单项自然资源资产核算反映了不同类型自然资源资产的权利；自然资源资产负债核算反映了自然资源资产的责任。自然资源权益核算的缺失使得难以全面评估自然资源资产开发利用效果、无法评价自然资源资产产权配置效率。本书参考已有自然资源资产负债表核算研究，以现有自然资源资产和自然资源负债核算研究成果为基础，补充和完善自然资源权益的核算，以使自然资源资产负债表平衡公式"自然资源资产 = 自然资源负债 + 自然资源权益"两端核算更加清晰，更加完整地发挥核算的反映和监督作用。考虑到自然资源种类繁多、作用各异、利用水平不同，本书以土地、矿产、水和森林四类开发利用程度高、经济社会价值大、现实问题和理论研究较多的自然资源作为代表研究权益核算问题。本书主要研究以下问题。

1.2.2.1　中国制度背景下自然资源权益的内容

在中国当前制度背景下，中国国有自然资源的产权权利束分为所有权、监管权和使用权。虽然监管权和使用权并非单独的权利，但在中国制度背景下，使用权可以被作为单独的一项权利，存在相应的权益。为了厘清现有制度背景下自然资源权益的含义和内容，首先比较分析了现有自然资源资产、负债和权益的观点，界定相关概念；其次对自然资源管理体制和制度背景分析，探讨不同类型自然资源权益的内容，明确不同状态下各自然资源权益主体权利和利益的内容，为自然资源权益核算研究提供制度背景和理论支撑。

1.2.2.2　自然资源权益的确认和计量

确认、计量和报告是会计核算的重点，自然资源权益的确认、计量和报告也是本书研究的重点。对于自然资源权益的确认研究，本书根据权益现状的分析，探讨自然资源权益的分类、特征；比较分析现有研究和制度背景，设置自然资源权益核算科目和账户；参考会计确认条件，结合自然资源权益的特征，明确自然资源权益的确认条件。对于自然资源权益的计量研究，本书回顾总结自然资源价值的有关研究和估价方法，指出当前价值理论和估价方法的不足，提出应该根据权益类型分别采取货币计量和实物计量，并分析不同类型自然资源权益的具体计量方法。

1.2.2.3 自然资源权益报告和结果应用

自然资源权益与自然资源资产、自然资源负债构成自然资源核算的三大要素，也是自然资源资产负债表的三大项目，其报告必然要与现有自然资源核算研究成果相协调。本书在已有研究基础上，利用会计资产负债表的方法将自然资源权益的反映融入自然资源资产负债表中，并提出编制自然资源资产负债表、自然资源权益变动表、自然资源资产变动表和自然资源负债变动表，共同形成自然资源核算的报表体系。以 P 地 2017 年实际情况为案例进行自然资源权益核算，编制相关报表，演示报表应用，验证本书理论和方法的合理性和适用性。

1.3 研 究 方 法

本书围绕自然资源治理现代化的要求，以会计理论为主，梳理现有自然资源管理制度，比较其权利、责任和利益的相关规定和会计核算要求，提出自然资源权益核算的理论和方法，以真实案例为基础举例探讨自然资源权益核算的应用，同时利用数据验证自然资源权益分配的重要性和核算的必要性。主要研究方法有比较研究法、文献分析法和案例研究法。

1.3.1 比较研究法

比较研究法主要用于自然资源权益现状的分析中，通过梳理我国现有自然资源法律法规，比较分析不同类型自然资源的法定权利、责任和义务，明确现有制度对自然权责利的界定，为自然资源权益核算提供现实制度基础，保证理论研究与现实要求相一致；弥补部分研究单纯从理论出发、与制度现实差距较大、难以实施的不足；比较现实制度的权责利关系与不同产权理论对产权关系界定的异同，分析现实制度与理论要求的不同；通过对制度和理论差异的比较分析，结合制度后果，提出相应的对策，以理论指导不合理的制度进行改革，或将合理的现实制度总结上升到理论层面。

当前自然资源资产负债表核算中，一般认为会计和 SEEA 是自然资源资产负债表核算的理论源泉，比较分析两者异同，容易发现 SEEA 本质上是统计核算，难以清晰反映自然资源权责利关系，必须利用会计理论探讨自然资源权益核算，为自然资源权益核算找到理论基础。

1.3.2 文献分析法

自然资源核算研究由来已久，自然资源资产负债表编制成果丰硕，虽然自然资源权益核算研究缺失，但对已有自然资源核算和自然资源资产负债表研究成果的批判吸收是开展自然资源权益核算研究的基础。本书围绕自然资源权益的确认、计量和报告，收集和分析文献，批判吸收现有文献的成果、弥补现有文献的不足，通过对现有文献的梳理分析构建权益核算的基本理论和方法。

在自然资源权益的确认和计量研究中同时使用文献分析法和比较研究法。梳理不同专家学者对自然资源权益确认的研究文献，比较其差异，发现多数专家提及需要核算自然资源权益，但是基于现实原因或者研究主题，对自然资源权益研究关注较少，同时对自然资源权益核算内容、核算项目等有所涉及但并不一致。梳理自然资源资产负债表计量的文献，发现多数研究主张同时实行实物量核算和价值量核算，但比较分析发现在中国自然资源价值定义存在争议且价值计量存在极大的不确定性，现有主张价值量核算的实质是货币核算，而能够进行货币核算必须是经济价值，因此，本书提出利用货币和实物同时核算，以货币核算经济价值，以实物核算社会价值和生态价值。

1.3.3 案例研究法

通过文献梳理和比较分析，构建自然资源权益核算的基本方法和理论之后，本书以 P 地实际情况为基础，通过实地调研和公开数据，以案例的形式展现自然资源权益核算的过程和自然资源资产负债表的编制，并探讨案例报表的分析和应用，为自然资源资产负债表的编制和应用提供方法借鉴。

案例展示了自然资源权益确认、计量和报表编制的全过程，并展示了报表分析和使用，通过案例研究验证了理论和方法的合理性。同时，案例研究也展示了研究成果的实用性和先进性，能够弥补已有研究对自然资源权益核算的不足，能够评价自然资源开发利用效率和自然资源权责利关系。

1.4　创新之处

本书主要创新之处有以下两点。

其一，结合我国自然资源法律法规和产权改革进程，利用会计理论，界定了不同类型自然资源的所有权益和使用权益，为自然资源权益核算提供了理论基础。我国自然资源产权体系中，所有权、使用权和监管权三权分立。所有权和监管权主体合二为一，而且相应权益有所交叉，因此，所有权和监管权权益可以统称为所有权益，主要内容包括未设立使用权的自然资源社会价值和生态价值定义为原始所有权益，设立自然资源使用权以后的有偿使用金和自然资源税费定义为有偿使用公积。自然资源使用权益则是自然资源开发利用给使用权人带来的经济利益。

其二，借鉴会计和 SEEA 核算方法，比较分析已有研究成果，提出对自然资源以货币和实物双重计量、混合报告。自然资源原始所有权益主要是自然资源社会价值和生态价值，并不进入经济领域，难以计算其货币金额，因而 SEEA 中以实物核算，本书也主张实物核算。自然资源有偿使用公积以货币核算，自然资源使用过程中所有者权益主要是自然资源有偿使用金和自然资源税费，成为国家财政收入，是经济利益，多数在使用权设立时已确定，宜采用货币核算。自然资源使用权益以实物计量，是经济利益，会计中以历史成本计量，金额与有偿使用公积近似，历史成本计量无法反映自然资源开发利用之后的经济利益；而开发利用带来的经济利益在当前技术水平和评估方法下又难以可靠地计量，因而当前只能以实物计量。未来考虑以信息技术等手段实现可靠估价，然后进行货币计量。

1.5　章节结构

本书共分为 8 章，除引言以外，第 2 章为理论演进和文献综述，第 3 章为自然资源核算的概念框架，第 4 章为国有自然资源产权和权益的现状，第 5 章为自然资源权益的确认，第 6 章为自然资源权益的计量，第 7 章为自然资源权益的报告和应用案例，第 8 章为研究结论、不足与展望。本书具体内容和研究方法如图 1.2 所示。

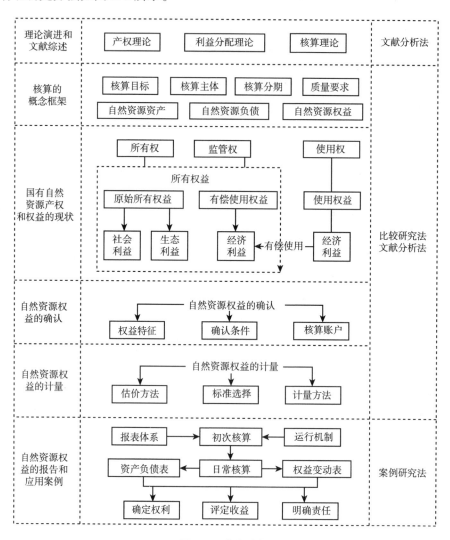

图 1.2　本书结构

第 2 章 理论演进和文献综述

已有文献较少直接研究自然资源权益，与自然资源权益核算相关的研究主题包括自然资源产权、自然资源利益分配、自然资源核算等。自然资源产权研究因为我国实行自然资源公有制而西方国家多数为私有制，研究主题略有不同，国外的自然资源产权研究主要围绕外部性问题进行，国内则聚焦于自然资源公有制前提下如何设置不同权能。自然资源利益分配研究早期集中在地租理论上，主要研究土地所有者和土地使用者之间如何通过地租实现利益分配；第二次世界大战以后伴随着新独立国家的经济发展，学者开始关注自然资源利益分配对国家经济发展的影响。自然资源核算研究开始于对自然资源折耗和自然资源开发利用外部性的研究，从微观和宏观核算的不同视角进行研究。宏观核算研究集中在统计领域，主要研究如何反映国民经济中的自然资源开发利用造成的增减变动；微观核算集中在会计领域，主要聚焦在对自然资源使用权利和外部性的核算和反映上。2013 年我国提出探索编制自然资源资产负债表以后，围绕自然资源资产负债表编制宏观核算和微观核算有相互融合的趋势。本章将分别对自然资源利益分配、自然资源核算和自然资源产权等方面的文献进行回顾，为其他章节提供理论支撑。需要特别指出，国外自然资源虽然公有范围逐渐增多，但是并不像中国均为国有产权，因此，其他国家政府既无核算自然资源权益的权力，也无核算自然资源权益的动机，与本书研究主题直接相关的研究较少。

2.1 自然资源产权研究

现代西方产权理论是指科斯于 20 世纪 60 年代提出新制度经济学产权理论（杨继国、黄文义，2017）。当前一般认为产权是财产权（财产所有权）

或财产权利的简称，源自英文 property rights（卢现祥、朱巧玲，2012）。产权起源于原始的财产归属性质与秩序，与财产关系的形成和演变紧密相关。产权制度伴随着人类社会的产生和发展，英国哲学家约翰·洛克（John Loke，1690）对财产权和私有制的起源进行了论证，认为劳动是私有权力的起源，人类因为劳动占有自然资源形成财产权，进而通过契约、协议、制度和法律进行规范，"人类……制定并且增加了一些明文法来确定财产权"。平乔维奇（Svetozar Pejovich，1988）认为马克思是第一位有产权理论的社会科学家，马克思系统地研究了与经济领域的生产关系相对应的法律领域的财产关系，构建了马克思主义产权理论大厦的主体工程（吴易风，2007）。本章节将对马克思的产权观点和西方现代经济学的产权观点进行总结，并分析中国自然资源产权的相关研究，为后续研究提供理论基础。

2.1.1　马克思政治经济学的产权观点

马克思并未对产权制度的一般理论进行系统阐述，而是从物质资料的生产开始研究了资本主义产权制度。马克思分析了分工、所有制和所有权之间的相互作用，认为分工导致生产资料和劳动产品占有的不平等，造成利益差别，进而产生所有制；利益差别形成了阶级和阶级矛盾，导致国家和法的出现，产生了所有权；三者相互作用促进了产权制度的发展（吴易风、关雪凌，2010）。

马克思认为产权是所有制的法律形态，是一种由法律规定和实施的由使用权、收益权等组成的排他性的独占权（林岗、张宇，2009），是"一定所有制关系所特有的法的观念"[1]，"财产关系只是生产关系的法律用语"[2]。作为经济基础的经济关系决定着上层建筑中的法定产权关系，上层建筑中产权等法权关系又反作用于经济基础，反作用于经济关系。

马克思认为产权是一个历史范畴，是生产力基础上社会分工的产物，社会分工不同，产权的内容和形式也不同（吴易风，2007）。产权的权利束可以全部归属于一个主体，也可分离属于不同主体。在个体小生产、奴隶制经济、领主制经济、自有资本的资本主义经济中的所有权和占有权、所有者和

---

[1]　马克思恩格斯全集（第30卷）[M]．北京：人民出版社，1974：608.

[2]　马克思恩格斯全集（第13卷）[M]．北京：人民出版社，1972：8-9.

占有者都是统一的。资本家耕种自有土地，土地所有权和占有权相统一，但资本家租地耕种，此时就出现了"资本和土地的分离、租地农场主和土地所有者的分离"。因此，地主和租地资本家之间"土地所有权和土地所有者完全分离，土地对土地所有者来说只代表一定的货币税，这是他凭他的垄断权，从产业资本家即租地农场主那里征收来的"。同样，"在股份公司内，职能已经同资本所有权相分离"①，权利束也是分离的。

马克思认为所有权是财产权利中的决定性权利。一般情况下拥有所有权就意味着拥有财产的全部权利，即拥有完全产权。索取权是分配关系的法律表现，资本主义经济中，索取权是对剩余价值的无偿占有权。职能资本家、货币资本家、土地所有者在法律上都享有对剩余价值的索取权，剩余价值分割为企业主收入、利息、地租等各种不同的相互独立的形式，这成为一个阶级对另一个阶级的剥削方式。

因此，马克思认为社会主义运动的"起点应该是：为生产资料的公有化创造条件"②。公有制就是"把资本变为公共的、属于社会全体成员的财产"。公有制本身并不否定全体社会成员的占有权利，只不过改变了占有方式。"共产主义并不剥夺任何人占有社会产品的权利，它只剥夺利用这种占有去奴役他人劳动的权利"③。

虽然马克思并未系统研究产权理论，但其产权观点具有普遍的现实理论意义，能够指导中国社会主义事业探索。中国市场经济下生产资料以公有制为主体，多种所有制共存；产权方面坚持以公有产权为主体，多种产权制度并存。国有企业改革中实行所有权和经营权两权分离：国家享有所有权，企业享有经营权（吴易风，2007）。在城市土地管理中，国家作为土地所有权的总代表，产权"权利束"中不同权能分散授予不同单位或个人行使，通过获取地租实现所有者权益（杨继瑞，1997）。这些制度和理论探索均以马克思政治经济学为指导。

2.1.2 现代西方经济学的产权观点

现代产权源于市场经济的出现，是指自然人、法人对各类财产的所有权

---

① 马克思恩格斯全集（第25卷）[M]. 北京：人民出版社，1974：494.
② 马克思恩格斯全集（第16卷）[M]. 北京：人民出版社，1964：652.
③ 马克思恩格斯全集（第1卷）[M]. 北京：人民出版社，1995：287 - 288.

及占有权、使用权、收益权和处置权等权利，包括物权、债权、股权和知识产权及其他无形财产权等。科斯定理指出"权利的清晰界定是市场交易的基本前提"（Coase，1959），被认为是现代西方产权理论起点。

科斯并没有明确界定产权，认为"产权是指一种权利，人们所享有的权利"（经济学消息报社，1998）。不同学者从不同角度对产权的含义进行了阐述。费希尔（Fisher，1923）指出"产权是享有财富的收益并且同时承担与这一收益相关的成本的自由或者所获得的许可……产权不是有形的东西或事情，而是抽象的社会关系。产权不是物品"。菲吕博顿和平乔维奇（Eirik G. Furubotn & Svetozar Pejovich，1972）认为"产权不是人与物之间的关系，而是指由于物的存在和使用而引起的人们之间一些被认可的行为关系"，产权具体规定人的行为规范和相应后果。哈罗德·德姆塞茨（Harold Demsetz，1989）认为产权是"使自己或他人受益或受损的权利"，并指出"产权是一种社会工具"，"产权是界定人们如何受益及如何受损因而谁必须向谁提供补偿以使他修正人们所采取的行动"。阿兰·鲁福斯·华特斯（Alan Rufus Waters，1998）认为"产权是以人们认为合适的办法控制和处理财产的权利……产权是指人们有资格处理他们控制的东西的权利，即人们有权拥有明智决策的回报，同时也要承担运气不好或失职所带来的成本"。思拉恩·埃格特森（Thrainn Eggertsson，1990）指出"个人使用资源的权利叫作产权"。平乔维奇（Svetozar Pejovich，1990）指出"产权是人与人之间由于稀缺物品的存在而引起的、与其使用相关的关系"，并认为"产权的这一定义是与罗马法、普通法、卡尔·马克思的著作和新制度（产权）经济学相一致的"。学者们关于产权含义的论述各有侧重，但从论述中可以看出，产权是人对物背后的人与人的利益关系，而非单纯人对物的关系。产权行使会使人具有获益的权利或者承担成本的责任。

产权是调整人与人利益关系的正式与非正式的制度安排。诺思（North，1990）指出，产权是个人对他们所拥有的劳动、物品和服务的占有权利。阿尔钦（Alchin，1996）认为"产权是一个社会所强制实施的选择一种经济品使用的权利"。巴泽尔（Bazel，1997）认为"个人对资产的产权由消费这些资产、从这些资产中取得收入和让渡这些资产的权利或权力构成"。柯武刚和史漫飞（Wolfgang Kasper & Manfred E. Streit，2000）将"产权定义为个人和组织的一组受保护的权利"，产权决定着财产运用上的责任和受益，使所有者能对资产合法处置并占有收益，明确提出"产权并非物质对象，而是一些在社会中受到广泛尊重的权利和义务"。可以看出，产权不再单纯局限于财产所有权而是由一组权利组成的人类对财产的权利束，是人的行为权利。产权界定人与人之间的权利关系，明确相应行为后果的利益和责任来规范人类行为，对资源进行配置。因此，巴泽尔（Bazel，1997）认为"产权分析方法适用于一切人类行为和人类制度"。

一般认为产权是一个权利束，包括所有权、使用权、收益权、处置权。埃格特森（Eggertsson，1990）认为产权"第一，是使用一项资产的权利……第二，是从资产中获取收入以及与其他人订立契约的权利。第三，是永久转让有关资产所有权的权利"。将产权归纳为使用权、收益权和处置权。阿贝尔（P. Abel，1990）认为产权包括所有权、使用权、管理权、分享剩余收益或承担负债的权利、安全的权利、转让权等（刘伟和李风圣，1998）。平乔维奇（1990）指出，罗马法详细规定的产权包括所有权、邻接权、用益权、使用权以及抵押权。收益权又被称为用益权，主要指获得资产收益的权利，弗鲁博顿和芮切特（Furubotn & Richter，2006）指出"用益权是赋予所有者有权获取来自一种资产的果实或'产出'"，"用益权的所有者仅对财产的果实拥有排他权，不拥有带来果实的资产"。施拉格和奥斯特罗姆（Schlager & Ostrom，2000）将"产权束"划分为五种权利：进入权、提取权、管理权、排他权和转让权。

产权具有排他性、可分割性、可转让性和永久性等性质。思诺（1981）分析了人类从狩猎和采集向定居农业的演变，认为史前人类面临人口增长和资源枯竭的两难困境时建立排他性的公有产权，首先不准外来者享用资源，其次内部制定规则限制资源开发程度。柯武刚和史漫飞（2000）认为"产权的可分割性增进了专业化和知识搜寻的创益"。阿兰·鲁福斯·华特斯（1998）认为"产权归属任何个人，其必须被认为是永久性的"。正是产权具有的性质，使产权具有资源配置、收益分配等功能（叶祥松，2001）。

产权类型的认识是一个不断深入的过程，从私有、共有的二分法（Gordon，1954），到国家、社区和私有的三分法（Demsetz & Lehn，1985；Eggertsson，1990），再到私有、国有、私有、共有和开放利用的四分法（Glenn，2005）。面对"公地悲剧""囚徒困境""集体行动困境"，私有产权被认为是高效的。面对外部性，私有产权被认为是有效的解决方案，但并非所有资源产权都可以清晰地私有化，国有化会因信息不对称等原因而无效率，现实的产权关系是复杂的，私有产权和共有产权是两个极端，大多数产权处于两者之间（张五常，2000），私有、共有和国有产权在西方国家长期共存（韩文龙、刘灿，2013）。此后众多学者对现实中的产权关系进行了研究，其中奥斯特罗姆的研究最为突出，她因此成为获得诺贝尔经济学奖的第一位女学者。

埃莉诺·奥斯特罗姆（Elinor Ostrom，1990）分析了全球各地5000个小型公共池塘资源的正反案例，发现很多公共资源"借助既不同于国家也不同于市场的制度安排，在一个较长的时间之内"，实现对资源的适度治理，提出了自主组织、自主治理的第三条道路。奥斯特罗姆运用博弈论分析集体行为，认为传统模型对个体之间沟通困难，个人没有改变规则的能力的假设并不符合现实。理性人决策和行为受到预期收益、预期成本、内在规范和贴现率等因素影响，公共资源制度供给是渐进、连续和自主转化的过程，组织成员之间不断沟通、相互交往，逐渐建立信任和社群观念，共同促进制度供给。因为制度供给由多数人参与完成，通过负责人监督和分级惩罚制裁能够建立可信承诺。成功的自主治理规则能增强相互监督的积极性，降低监督成本。当制度供给、可信承诺和相互监督三个难题被解决，公共产权治理是有效的，瑞士山地牧场、日本森林资源、西班牙和菲律宾的灌溉系统都是成功的案例。奥斯特罗姆提出包括清晰界定边界、监督和制裁、民主决策、按受益分担责任等8个成功治理的原则，"这些设计原则能影响激励，使占用者能够自愿遵守这些系统中设计的操作规则，监督各自对规则的遵守情况，并把公共池塘资源的制度安排一代一代地维持下去"。在这些原则下"集体行动和监督问题往往会更容易得到解决"（Ostrom，2005）。

奥斯特罗姆使用多层次分析公共池塘资源使用规则，认为产权规则分为宪法选择规则、集体选择规则和操作规则三个层次，认为多层次分权制可以用于对权力的规定、供给、监督、执行、冲突的解决以及治理活动（张克中，2009）。瑞·查林（Challen，2000）提出了"制度科层概念模型"，认为产权类型取决于具有自然资源决策制定权力实体的性质；自然资源产权是多层次的，从国家控制到使用者使用决策，中间存在多个决策层，其目标不同，决策不同；每个产权层次均具有赋权体系、权利初始分配和再分配等三种自然资源利用的管理制度，共同构成"嵌套性规则体系"，下层受到上层规制，而行政和市场是两种可选的分配机制。瑞·查林用制度科层理论分析了澳大利亚水资源产权关系，完全适用于中国国家所有自然资源的产权关系。

奥斯特罗姆等的研究凸显了产权制度和规则的重要性，具体的产权类型并不重要，关键是建立合适的产权制度和规则并得到执行。奥斯特罗姆提出适应性治理理论，认为产权制度安排应该有较大的灵活性，随着组织规模、自然环境、社会系统等因素变化而变化，并提出了信息提供、冲突解决、服从规则引导等 8 个适应性治理条件。奥斯特罗姆基于现实案例，拓展了产权理论研究的视野，使人们意识到不应单纯注重产权的界定，同样应该关注产权相关制度和规则的执行。

奥斯特罗姆之前产权理论研究注重产权的界定。斯蒂格勒（George Stigler，1966）归纳科斯的思想提出了科斯定理，并指出，当交易费用为零时，无论产权如何界定，市场机制都能有效解决外部性问题，实现帕累托最优；一旦存在交易费用，产权初始安排将影响资源配置效率；存在交易费用时，产权清晰界定有助于降低成本，改进效率（卢现祥、朱巧玲，2012）。所以，"合法权利的初始界定会对经济制度运行的效率产生影响，权利的一种安排会比其他安排带来更多的产值"（科斯，1992）。波斯纳（Posner，1973）提出"如果市场交易成本过高而抑制交易，那么权利应该赋予那些最珍视它们的人"，被称为波斯纳定理。这两个定理的核心思想一致，即通过合理界定产权，提高效率。

考特和尤伦（Coote & Ulen，2007）认为，信息成本、监督成本和对策成本等费用阻碍达成协议，降低这些费用利于协议达成、提高效率，并提出了霍布斯规范定理：通过法律使私人协议难以达成造成的损失最小化。考特等的思想与奥斯特罗姆类似，产权界定十分重要，但合适的产权制度是保证产权作用发挥的基础。现实中产权界定成本可能很高，产权有时又是难以界定清楚的。巴泽尔发现产权界定是相对的、渐进的，因为交易费用的存在，产权完全界定的成本较高时，产权可能难以界定清楚（刘东，2000）。德姆塞茨（1991）认为产权"包含的实质权利使用有很大的弹性"，私有制、共有制和国有制等制度安排边界很多情况下是模糊的，很难明确界定。巴泽尔（1997）分析了工资合同、租赁合同和分成合同等三种产权合同安排，指出没有一种方法在所有情况下都是最优的，应随情况变化而变化。这与奥斯特罗姆适应性治理理论相一致。

现代西方产权理论与马克思的产权观点一致，产权本质上是调整人与人的利益关系的，产权是一束权利，包括所有权、使用权、收益权、处置权，所有权处于核心地位。现代西方产权理论认为产权具有排他性、可分割性、可转让性和永久性，因而具有资源配置、利益分配等功能。科斯定理认为，交易费用的存在使产权清晰界定成为资源配置和提高效率的关键，而私有产权被认为是最有效率的，这在一个时期备受推崇。但现实中产权未必能够清晰界定，公共产权制度可以良好运行。奥斯特罗姆等通过分析现实案例发现公有池塘资源中产权规则是重要的，当制度供给、可信承诺和相互监督三个难题得到解决，公共产权是有效的。奥斯特罗姆提出了公共产权治理成功的8个原则，并提出了多层次分析和适应性治理理论。奥斯特罗姆的研究使人们认识到产权规则关系到产权的效率。共有产权和国有产权同样可以是有效的，但是要解决好制度供给、执行的可信性和制度执行的监督，当然制度供给和执行是有成本的，是交易成本的一种，因此，适应性治理理论要求根据情况设置产权及供给产权制度，并严格执行、监督。

中国自然资源产权制度的建立和完善受到科斯产权思想的影响，当前自然资源确权登记正是为了清晰界定产权。但自然资源产权未必能够清晰界定，世界各国或多或少均有国有自然资源，中国的特点在于自然资源全部为国有或集体所有。公共产权特别是国有产权下的信息不对称等导致委托代理问题的产生，自然资源滥用、国有权益流失、腐败等层出不穷。奥斯特罗姆的公共治理、适应性治理理论和多层次分析为中国自然资源产权改革提供了新的思路。适应性治理理论告诉我们应根据实际情况选择合适的产权规则，产权规则的建立、执行、监督与确权相比同样重要，在国有产权制度下多层次的产权关系更应该根据成功治理的原则和适应性治理的条件，做好清晰界定边界、监督和制裁、信息提供、按受益分担责任等工作。中国探索编制自然资源资产负债表是完善中国自然资源治理现代化的关键一招，与奥斯特罗姆提出的清晰界定边界、监督和制裁、信息提供等公共治理要求相契合，其中自然资源权益核算则直接服务于权利界定、利益分配、信息提供、监督和责任分担，权益核算将服务于中国自然资源产权制度的完善。

2.1.3 中国自然资源产权研究

中国产权研究始于借鉴马克思主义和现代西方产权理论的观点，解决中国产权问题，解读中国产权制度，长期关注国有企业产权问题，自然资源产权问题研究较少。叶祥松（2001）总结了产权理论，指出国有产权具有产权经营代理性、权利纵向配置、等级配置、剩余索取权归国有等特点。国家不能直接经营国有资产必须寻找代理人，从政府到基层代理者具有多重委托代理关系，国家作为所有者拥有剩余索取权，这些特点在自然资源领域同样存在。我国国有自然资源产权问题与国企相比有其特殊性。当前世界各国自然资源国家所有的越来越多，虽然中国国有自然资源产权制度建立较早，但所有者虚位等问题仍然严重（刘丽等，2015；《中国国土资源报》编辑部，2018）。

学者普遍认为自然资源国家所有权与民法意义的所有权既有相通之处又有所不同（崔建远，2013）。自然资源国家所有权主体具有唯一性、权利具有专有性，为公共利益而行使，不可让渡、变更（徐祥民，2013；王旭，2013）。自然资源国家所有权具有双重属性，即享有占有、使用、收益、处分等私法性权能，又具有自然资源立法权、管理权、监督权和分配权等公法性权能。公法意义的自然资源所有权，体现为权力，而非权利，是专权、管理权，通过管理实现公共福利的权力，为全体人民的利益行使自然资源所有权，是一种国家责任（崔建远，2013；徐祥民，2013；王涌，2013；叶榅平，2016）。国家行政机关依法管制积极干预自然资源开发利用，司法机关对行政机关的分配和管制行为进行司法监督（巩固，2016）。

自然资源国家所有权设立的目的在于维护社会公平正义、实现生态保护和可持续发展、保障全体人民群众（包括后代）使用自然资源的权利（王旭，2013；汪庆华，2015）。自然资源兼具经济功能与生态功能，天然承载了公共利益，自然资源国家所有权作为国家公共权利，为公共福利服务，不是为了实现资源经济利益最大化（董金明，2013；巩固，2016）。自然资源经济功能发挥依赖于市场，我国建立有偿使用制度，由国家管控自然资源进入市场，在这个过程中无论私法性的收益权还是公法性的分配权，都要求国家代表人民实现所有权收益（王旭，2013），但事实上我国自然资源所有者权益落实并不到位。

当前产权制度的不完善和国有权益落实不到位，使自然资源国家所有权存在缺位和虚置的问题（巩固，2016；刘超，2014；汤吉军、张壮，2016；叶榅平，2018）。事实上形成了自然资源"国家所有，分级管理"，由各级地方政府行使自然资源国家所有权，国家所有被异化为地方所有和部门所有，地方政府为了经济利益和地方利益，选择性行使所有权和管理权，公权私用、不积极履行职责现象普遍（税兵，2013；王克稳，2014），造成自然资源所有者权益落实不到位、掠夺性开发和生态环境破坏（刘超，2014）。

针对自然资源所有权的行使问题，学者们提出健全自然资源产权体系和国家所有权委托代理实现机制，明确地方政府行使所有权的范围和内容（刘超，2014；汪庆华，2015）。刘尚希（2018）提出实行"一级所有权，两级产权"的中央地方产权结构，将自然资源空间的公共产权（行政权）配置给中央政府，自然资源的经济权利配置给地方政府，明确对应责任，加强对"权利—责任"的监督。加强对行政机关代表行使国家所有权的监督也是破解之道，叶榅平（2018）提出应该建立健全人大的自然资源立法、权利分配和监督职能，自然资源重大事项和所有权行使情况应由政府向人大报告，程雪阳（2018）认为应加强对自然资源行政管理的监管。王克稳（2018，2019）则提出应加强公众在自然资源开发中的参与和监督。

针对自然资源所有者权益实现不足问题，学者们提出完善自然资源有偿使用制度、提高资源租金和资源税费的征收、管理、使用水平，实现自然资源所有者收益应收尽收、合理高效使用（巩固，2016；刘尚希、吉富星，2014；叶榅平、郭军武，2018）。叶榅平和郭军武（2018）提出将国有自然资源出让收益从政府性基金预算独立出来建立"公共资源收益预算"，建立独立预算，将全部国有自然资源出让收益纳入其中，自然资源国家所有权收益作为专项资金由国家统一管理和调配，统一自然资源国家所有权收益，保障全民公平获益权。众多学者提出根据公共信托理论，利用自然资源国家所有权收益资金设立专项共享基金，以保障公共收益实现共享（王涌，2013；叶榅平，2016；叶榅平、郭军武，2018）。

中国自然资源管理和开发利用中存在的问题，多数是产权界定和产权行使造成的问题。杨世忠等（2018）总结我国现行自然资源法律法规认为，事实上我国的自然资源产权包括使用权、监管权和所有权。自然资源监管权由自然资源所有权和行政管理权延伸而来，各级政府间形成了多重委托代理关系，宏观调控权和信息获取权主要由中央政府行使，而微观管理权和维护执行权由地方政府依法行使。自然资源使用权则因自然资源自身特点，具体权能各不相同，由个人、机关和企事业单位等具体使用权人所有。当前自然资源监管权缺失和使用权滥用问题主要源于自然资源监管权和使用权上的多重委托代理关系，应加强监督、激励措施和自然资源权利行使信息的披露，治理委托代理问题。付英（2018）和王克稳（2019）分别指出，我国各项自然资源法律法规并不统一，应制定统一自然资源基本法，完善产权体系。

诸多学者认为应加强自然资源所有权的管理权能（刘超，2014），有学者指出将自然资源所有权的民事权能与行政管理权力分设（杜群、康京涛，2016），将自然资源国家所有权与自然资源国家管理权并列（邹爱华、储贻燕，2017），组建国家所有权行使主体和资源管理部门分别行使（肖泽晟，2014；杜群、康京涛，2016），通过组织机构改革和制度建设，将自然资源管理权从自然资源所有权中单列出来，作为一项完整的行政监督管理权力，监督自然资源开发利用，而自然资源所有权则仅保留司法意义上的所有权（程雪阳，2018）。

王克稳（2019）则提出将自然资源使用权作为一项独立的财产权。我国自然资源所有权主体是国家，而使用权主体是单位和个人，两者是分离的；所有权以公众利益为目的，是公权力，使用权以营利为目的，是民事权利，因此，自然资源使用权单列是合适的。自然资源所有权和使用权的分离有利于完善自然资源产权制度和市场资源配置机制，保证所有权不偏离全民利益。

权责对等是权利和责任分配的基本原则，虽然当前各级政府及部门对自然资源监管中的权责基本明确，自然资源使用者的法律责任基本明确，但我国自然资源产权制度尚待完善，责任落实和监管有待加强（杨世忠等，2018）。各级政府在自然资源监管中缺位、越位、乱为等现象时有发生，有待明确责任清单，加强追责；自然资源使用者超量、超限、违规开发自然资源，造成国有资源资产收益流失、生态环境破坏。各级政府应该对自然资源使用者追究生态环境损害责任（黄萍，2018）。自然资源种类多、分布广、现状复杂，自然资源信息分布在各级政府不同部门，相关数据标准不同、格式不一，无法满足审计对数据分析的需要，造成责任难以认定，因此要摸清资产底数，寻找资产与负债之间的关系，探索资产、负债恒等式，探索自然资源资产核算体系（郭旭，2017）。

综上可知，我国现有法律法规建立了初步的自然资源产权体系，事实上自然资源产权形成了所有权、监管权和使用权权力体系，但以上产权体系分散在各项自然资源单行法规里，应完善法律清晰界定基本权利、建立依法授权和委托行使的制度依据。我国自然资源存在的各类问题，产权界定不清晰和产权行使监督不到位是最重要的原因。自然资源国家所有权具有私法上占有、使用、收益和处分的权能，也有公法上立法、管理、监督和分配的权能。应完善产权体系，清晰界定自然资源所有权、管理权和使用权，建立自然资源所有权依法授权或委托行使制度，自然资源管理权和所有权分列并行，自然资源使用权单列为独立的权利，以清晰产权体系。在产权监督上，应加强人大作为国家权力机关对作为国家行政机关的政府的自然资源管理行为的监督，最终建立各级政府受国家委托行使所有权和市场监管权，政府权力行使受人大、行政、司法、审计和社会监督的制度；个人、机关和企事业单位依法取得使用权，行使自然资源占有、使用、收益和处分等权能，并受国家监管，形成完善的自然资源产权体系。落实自然资源所有者权益，保证全民利益，应加强自然资源租金和税费的征收监管，实现单独核算、单列使用。

当前中国自然资源产权制度建设和管理体制改革中部分理论研究成果已经得到落实。产权行使监督中，无论是自然资源使用者损害责任的监督追责，还是自然资源所有权和管理权的监督，都离不开完整、系统、及时的自然资源信息，自然资源税费和租金等更需要加强核算。而现有自然资源核算体系和信息管理系统难以满足这些要求，因此，自然资源资产负债表和权益核算实际上是我国自然资源产权制度和管理体制改革的一部分，应加强研究，为自然资源产权制度完善和治理能力现代化提供支撑。

2.1.4 自然资源产权研究评述

产权并非天然存在的，伴随人类社会的出现和发展。自然资源是大自然供给，并不需要人类付出努力的财物，应该属于无偿的、全人类的。但随着经济社会发展，土地首先成为人类必需且有限的自然资源，被纳入产权体系。马克思认为产权是所有权关系在法律上的体现，在私有制社会成为人剥削人的工具。自然资源应该实行公有制，收益归全社会所有。产权是一束权利，是可以分离的，产权具有排他性、可分割性、可转让性和永久性。产权关系本质上是人与人的利益关系，能界定人们的利益和责任，发挥资源配置和收益分配的功能。

科斯理论的核心观点是，产权清晰界定能使资源优化配置，一段时期内私有制被认为是最有效的。但自然资源产权清晰界定成本很高或难以清晰界定，世界范围内自然资源私有制、共有制和国有制是共存的。奥斯特罗姆通过案例研究提出适应性治理和多层次分析，指出根据实际情况设置产权规则、强化落实、相互监督，公有池塘等资源同样能实现高效治理，被称为第三条道路。因此，产权界定和产权规则同样重要，自然资源治理既要明确界定产权也要注重产权制度建设。

我国现有法律法规提供了基本的自然资源产权体系，由所有权、监管权和使用权构成产权体系。但各项权能并不清晰，所有权、监管权授权委托行使并无法律依据，所有权行使监督不到位，造成了自然资源乱采滥用、生态环境受损、所有者权益不足等问题。学者们提出完善产权制度，明确自然资源所有权、监管权和使用权的权能和授权行使制度；加强人大和群众对自然资源所有权和使用权的监督；加强自然资源租金和税收的征收、使用和管理，保证全民所有权收益的实现。

根据马克思政治经济学的观点，我国必须坚持自然资源公有制，保障社会可持续发展、人民的所有者权益和公平正义。根据科斯理论，我国应坚持完善产权制度，明晰产权关系。根据奥斯特罗姆适应性治理理论，界定产权的同时，应关注产权规则的落实，加强信息沟通、监督管理。国内学者提出应该完善法律法规，界定自然资源产权权能，建立依法授权制度，加强监督管理，保障全民所有收益实现。这些理论成果在自然资源管理体制和产权制度改革中得到实施，探索编制自然资源资产负债表和自然资源权益核算，反映自然资源权责利信息，服务于自然资源权利确定、责任监管和收益评价，为加强监督管理提供信息，为自然资源治理现代化提供支撑。

2.2　自然资源利益分配研究

经济社会和技术发展为自然资源开发利用提供了动力和技术基础。随着经济社会的发展，人类对自然资源开发形式日益多样，开发利用内容日渐丰富，自然资源利益分配关系越来越复杂，相关研究逐渐深入。从封建社会向资本主义社会过渡时期，土地作为重要的生产资料，地主拥有土地所有权，资本家必须承租或购买土地用于经营，此时地租在社会经济活动中备受关注，经济学家深入研究了地租在地主和资本家之间利益分配的机制和影响，形成了地租理论，代表人物有亚当·斯密、大卫·李嘉图、卡尔·马克思、让·巴蒂斯特·萨伊、阿弗里德·马歇尔等。第二次工业革命促进了机器大工业的发展，工业化需要大规模开发使用矿产资源，工业化生产的本质是一种"采掘和利用天然化学物质资源（即矿物资源）的生产"，制造业作为国民经济的主体，矿物能源、矿物原料成为不可缺少的工业资源，社会对矿产资源的需求增加（成金华、汪小英，2011），煤、石油、钢铁等矿产资源逐渐取代土地资源成为人们最关注的自然资源，对国民经济发展起到至关重要的作用。第二次世界大战以后，经济学家开始关注矿产资源赋存和利益分配对亚非拉新独立国家经济发展的影响，发现自然资源利益分配具有重要的经济后果。

2.2.1 地租理论

地租理论并不是人类社会天然存在的，自然资源作为大自然的馈赠，为人类所共同享有。随着人口增多、技术进步和经济发展，地租作为一种自然资源利益分配方式开始出现，并随着经济社会发展而不断演变，人类对地租的认识也在不断深化。

英国哲学家约翰·洛克（1690）认为，自然资源"是自然的自发之手生产出来的，都属于人类所共有"。最初人们对自然资源并没有控制和占有的概念，不存在自然资源利益分配问题。但人类通过自己的劳动对自然资源进行占有，形成财产权，并进一步形成财产制度，"一个人可以正当地占有更多的土地……政府以法律规定财产权，成文宪法限定土地所有权"。土地所有权出现之后，无地农民租种地主土地开始需要缴纳地租，地租成为人类自然资源利益的一种分配方式。

2.2.1.1 西方经济学的地租理论

（1）古典经济学的地租理论。资本主义发展早期，伴随资本主义生产方式和生产关系发展而出现的古典经济学十分关注地租在社会发展和利益分配中的作用。

威廉·配第（1662）提出，土地为财富之母，劳动为财富之父和能动的要素。土地和劳动的价值则取决于它们生产的产品量。地租是土地使用者全部收成扣除生活成本之外的剩余。土地的内在价值由土地的自然特征决定，而外在价值受到社会活动和思想的影响，不同土质、不同的市场需求和离市场的距离都将影响地租。谷物价格上涨将导致地租和土地价格上涨。配第的理论包含了劳动价值论和效用价值论的思想，标志着古典经济学的开端（晏智杰，1982）。

亚当·斯密（1776）认为，劳动是"唯一普遍的，也是唯一精准的价值测量标准"。社会的全部产出或全部价格分成三部分：土地租金、劳动工资和资本利润。地租是为获得土地使用权而支付的价格，是一种独占价格。土地租金受到肥沃程度、所在位置的影响。社会进步会直接或间接提高实质地租，增加地主实质财富，地主利益和社会整体利益密切相关，雇主利益与社会整体利益相反。

让·巴蒂斯特·萨伊（1803）提出"生产不是创造物质而是创造效用"，他明确提出生产三要素论，认为土地生产的价值是劳动、资本和自然力三个要素共同创造的价值。三要素是有价值的，需要支付费用，土地的费用就是地租。萨伊提出的效用价值论否认了人类劳动的主观能动性。

马尔萨斯（1798）认为，地租产生的原因有三方面：首先是土地产出高于成本；其次是土地产出属于生活必需品；最后是肥沃的土地具有稀缺性。马尔萨斯否认绝对地租，认为劣等地不能提供地租，"显然地租产生的原因是农产品在市场出售的价格超出生产成本的部分"。农产品价格变动导致地主利益变化，社会整体利益没有增加。

李嘉图（1817）认为："劳动是一切价值的基础，相对劳动量单独决定商品的相对价值。"商品必须具有效用才能交易，"有用商品的交换价值，得自两个源泉——一个是稀少性，一个是生产所必要的劳动量。"李嘉图认为，地租因为土地私有而存在，如果土地无限，则不会有地租。地租和地租利润必须区分，地租利润是地主前期投入资本的利润，地租是付给地主的报酬，是原有不可灭土壤力的生产物。地租金额取决于土地质量的差异，地租取决于土地的相对质量，最差等土地无须交租。李嘉图认为，谷物价格上涨是地租存在的原因，不是地租造成的结果。地租提高是国家财富增加、人口增多、食物供给困难的结果，这是富的征候，不是富的原因。地租不能增加社会资本，由一阶级移至他阶级，所以地租是价值的创造，不是富的创造。李嘉图认为，人口增加和机器利用带来的利益通过地租归地主所有，地主的利害关系与消费者、制造家的利害关系常常相反。

古典经济学家分析地租产生的原因、变动的机制和经济后果，开启了经济学对地租的持续关注。古典经济学家认为，地租是扣除生产成本和适当利润之后的价值剩余，是报酬土地原有不可灭土壤力的生产物，地租因土地肥沃程度和位置而所有不同，形成极差地租，不存在绝对地租。地租变动是商品价格变动的结果而非原因，地租提高是富的征候，不是富的原因。地租不增加社会财富，只是财富在不同阶级之间的流动。

古典经济学家对价值衡量标准、地租的作用机制和经济后果的认识不同。配第提出，土地为财富之母，劳动是财富之父和能动的要素；斯密和李嘉图均认为劳动是衡量价值的唯一标准；而伊萨则认为效用是衡量价值的标准，这是经济学中劳动价值论和效用价值论之争的渊源。关于地租的决定法则，斯密认为，土地租金大小取决于土地的肥沃程度，矿产地租大小则取决于相对的蕴藏量；李嘉图认为，矿山地租和土地地租都取决于相对丰度，而非绝对丰度。斯密和萨伊认为，地租作为价格成分计入商品价格；而李嘉图认为，地租不是构成商品价格的要素。斯密和李嘉图认为，地租与工资和利润的作用方式不同；而萨伊认为，地租与工资、利润具有相同的作用。马尔萨斯认为，需求增加导致农产品价格和生产费用的差异造成了地租上涨；而李嘉图认为还应考虑其他因素。斯密认为，地主利益和社会整体利益相同；而李嘉图认为，地主利益与消费者和生产者的利益相反。

古典经济学系统地探讨了地租理论，为后续研究提供了基础，他们的观点和争论至今仍存在现实意义。古典经济学家劳动价值和效用价值的观点分别被马克思主义政治经济学和西方新古典经济学继承，形成了不同的经济学流派和地租理论。

（2）新古典经济学的地租理论。进入 19 世纪，工业革命推动人类社会进入机器化大生产时代，经济学家发现了边际报酬递减规律。资产阶级与工人阶级的矛盾逐渐取代地主和资产阶级的矛盾成为社会主要矛盾，地租受关注程度下降，经济学家利用边际报酬递减分析地租。

阿尔弗雷德·马歇尔（1890）提出边际效用递减。资本和劳动投入增加，土地耕种报酬递增直至达到最大报酬率，此时的增量刚好使资本和劳动获得一般报酬而没有剩余，这时，总的剩余物在一定条件下变成地租。土地是大自然的赐予，没有供给价格。地租受大自然的土壤价值、人类的改良、人口增长和基础设施等三个因素影响，地租是土地所有者为了使用其土地而向佃户强行索取的，本质是生产者剩余。

克拉克（1899）提出边际生产力分配，认为任何产品生产至少需要两种要素互相结合，每一种要素都对产品和价值作出贡献。地租是土地对产品及其价值所作贡献的报酬。根据边际收益递减规律，地租在数量上由土地上最后一单位投入的边际产出决定，在数额上等于边际收益产品。克拉克认为，地租是一种"经济盈余"，地租由市场供需关系决定，虽然土地总供给完全缺乏弹性，但某一行业土地需求会提高租价使其他行业的土地转移到该行业，因此，行业土地供给是一条上扬的曲线，与需求曲线的交点即均衡点，决定地租的价格（董藩等，2012）。

新古典经济学继承效用价值论，否定劳动价值论，利用边际报酬递减规律分析地租。马歇尔认为，土地是大自然的赐予，没有供给价格，地租是土地所有者强行索取的生产者剩余，土地会被利用直到边际报酬最大。克拉克以土地边际产出价格扣除劳动价格计算地租，分析了土地供需曲线。

（3）现代西方经济学的地租理论。进入 20 世纪，资本主义经济快速发展，发达国家农业在经济中的份额逐渐减少，土地和资本所有权逐渐融合，人们开始关注城市土地的地租和地价问题。

地理学家阿朗索（Alonso，1964）将地租与土地区位结合起来，提出了城市土地竞价曲线是"一组家庭在不同的距离都有能力支付且具有同等满意度的价格曲线"，他将地租与地理学有机结合起来解释地租的成因，认为城市土地需求由购买者愿意付出的租金决定，出价最高的投标者获得土地。这为地租和土地价格测算提供了良好的理论工具。

哥德伯戈和钦洛依（Goldberg & Chinloy，1984）将地租分为契约地租、经济地租和竞标地租，认为经济地租是核心范畴，它内在地规定着契约地租和竞标地租，租约期内经济地租不变，竞标地租与地块到城市中心的距离成反比。由于土地的固定性和信息的不对称性，土地市场成为不完全竞争市场，土地由市场配置是不可能的，政府需要进行市场干预。萨缪尔森和诺德豪斯（Samuelson & Nordhaus，2013）认为，土地供给数量是固定的，因而土地需求量完全取决于土地需求者之间的竞争，土地需求数量决定地租量。

现代西方经济学从微观层面研究地理位置与地租、地价的关系，发现土地的性质决定了土地供给的数量是固定的，因此，地租取决于市场需求，但土地市场是不完全市场，需要政府干预。

2.2.1.2　政治经济学的地租理论

马克思扩大了地租理论的范畴，将水流等自然资源作为土地附属物，纳入地租理论进行研究。马克思认为，地租以土地所有权为前提，地租的占有是土地所有权借以实现的经济形式。一切地租都是剩余劳动的产物，是超过利润的余额。地租的量不是由地租获得者参与所决定的，而是由社会劳动的发展决定的。地租的量随着非农业人口的增加、食物和原料的需求增加而增长。

马克思认为，土地所有权的垄断是级差地租的前提，需求增加要求开垦土地，必须提供地租才能租得土地，因此，市场价格必须上涨到能够支付地租。级差地租是因农业发展各个阶段的土地自然肥力差异产生的。建筑地段和矿山级差地租都遵循相同规律。马克思认为存在绝对地租，被耕种的最差土地也要提供地租，即绝对地租。绝对地租存在的必要条件是最坏土地必须提供地租才会出租，这是谷物价格上涨的原因，而非结果；充分条件是价格上涨使新耕种土地能支付地租，如果没有地租，土地不会被出租。地租因为土地产品的价格提高而增加，但土地产品价格不变，地租也可增。因为土地上连续投资能够带来利益，处理得当土地会不断改良，具有产生差额收益的可能性。资本化的地租表现为土地价格，土地价格同时受到利息率的影响。

马克思政治经济学地租理论继承古典经济学的科学成分，与现代西方经济学关注的重点问题和分析方法有所不同。马克思主义政治经济学创立了劳动价值论，认为劳动是人类财富的唯一源泉，是价值的唯一标准。自然资源并非劳动创造，因此没有劳动价值。但马克思承认自然资源的使用价值，"一个物可以是使用价值而不是价值。在这个物并不是由于劳动为中介而对人有用的情况下就是这样。例如，空气、处女地、天然草地、野生林等等。"① 马克思政治经济学的地租理论为自然资源价格的形成提供了理论基础，其价格源自资本化的地租，地租来自超额利润。地租和资本家的超额理论均来自劳动者的劳动，均是对劳动者的剥削，因此，要建立生产资料公有制，消灭剥削，促进生产力的发展。当下马克思的地租理论依然具有生命力，在生产资料公有制下，自然资源所有权为全民所有、国家垄断，全民共享自然力带来的超额利润，自然资源租是实现国家所有权经济利益的形式，源于自然资源的全民所有权，应通过适当方式返还给全体人民，提高社会福利。学者们通过对绝对地租与级差地租的分类和理论研究，提出土地价格是资本化地租的理论判断，为我国自然资源资产有偿使用制度的完善和自然资源出让定价提供了理论基础。

西方经济学与马克思主义政治经济学的价值理论有本质区别，但是两者一致认为地租是土地垄断的产物，是为获取土地使用权支付的对价，来源于土地产品价格高于成本的生产者剩余；地租增加是商品价格增高的结果，而非原因；土地资源存在报酬递减规律，存在极差地租，土地资源的固定性使社会需求增加时更差的土地被利用，地租增加。地租不增加社会财富，是利益在不同集团之间的再分配。这些结论适用于所有自然资源。地租理论关于经济利益分配的探讨充分说明自然资源有偿使用的重要性和自然资源权益核算的必要性。

---

① 马克思. 资本论（第一卷）[M]. 北京：人民出版社，2004：54.

2.2.1.3 地租理论在中国的应用

中国在计划经济体制下长期不存在地租。改革开放以来，市场经济体制下社会主义是否存在绝对地租、地租的作用等问题都得到了深入讨论。

改革开放之初是否存在绝对地租和地租来源成为争论的焦点。陈征（1993）、尹云松（1994）、王文举（1994）、杨学成（1996）、孙剑平（1995）、于恩和乔志敏（1997）等认为社会主义市场经济存在绝对地租，认为绝对地租来自社会剩余价值。黄贤金（1994）则认为，绝对地租是地租的赘瘤，垄断地租是中国学者的推断，本质上是级差地租，不存在绝对地租。20世纪90年代，社会主义市场经济的地租存在形式和来源被充分论证，虽有分歧，但都认同社会主义存在地租，土地两权分离和所有权垄断是地租产生的基础，地租来自社会剩余价值，作为公共财富应该用于社会公共事业。这些理论研究为中国土地有偿使用制度建设奠定了理论基础。

其他自然资源有偿使用制度的建设和完善同样利用了地租理论。王利和苗丰民（1999）、汪党献等（1999）、张瑞恒等（2003）、张颖（1999）、郑小贤（2000）、刘劲松（2005）等利用地租理论分别对海域使用、水资源价值、林地和林权有偿使用、矿产资源税费进行了研究，他们一致认为应该完善和优化自然资源有偿使用制度，保证自然资源所有者权益实现。

地租理论的争论和研究为我国建立土地有偿使用制度提供了理论基础，我国逐步建立了各类自然资源的有偿使用制度。1979年，《中华人民共和国中外合资经营企业法》规定对合营企业场地使用权收取使用费；1982年，深圳开始征收土地使用费；1987年，上海市发布了《上海市土地使用权有偿转让办法》；1988年，《中华人民共和国土地管理法》规定"国家依法实行国有土地有偿使用制度"（李建建、戴双兴，2009）。20世纪80年代初，其他自然资源有偿使用也逐渐展开。1982年，《中华人民共和国对外合作开采海洋石油资源条例》颁布后，我国开始实施矿产资源有偿开采；1986年，《中华人民共和国矿产资源法》规定，开采矿产资源必须缴纳资源税和矿产资源补偿费（张银政、王晓雪，2011）。1979年，上海尝试对地下水取水企业收费；1982年，山西开始征收水资源费（贾泽民，1983）；1988年，《中华人民共和国水法》将水资源费征纳入国家法律。至此，我国土地、矿产和水资源有偿使用制度逐步建立起来。有偿使用制度建立之初就存在国家资源收益大量流失，所有者权益得不到实现的问题（何贤杰，1992）。当前自然资源有偿使用制度不完善、所有者权益不到位、有偿使用进展不平衡等问题依然突出。

改革开放之初,社会主义市场经济下自然资源所有权和使用权分离,是否存在地租、地租的来源等问题得到充分讨论。一致的结论是,社会主义公有制下,国家垄断自然资源所有权,所有权的垄断是地租存在的基础,只要存在使用权和所有权的分离,地租必然存在,地租来自社会生产剩余,社会主义地租必须取之于民、用之于民。市场经济下地租理论的探讨为中国自然资源有偿使用制度建立提供了理论基础。进入21世纪,随着经济发展,自然资源价格偏低、产品价格偏高,所有者权益实现不充分等问题逐渐凸显,地租理论仍然是学者分析问题的理论工具,被用于探讨分析自然资源收益分配计划和有偿使用价格的经济后果分析,这有别于传统地租理论,将在本章第三小节单独探讨。

2.2.1.4 地租理论研究评述

回顾地租理论的演变和发展,地租理论源自佃农租赁耕地,后逐渐被应用到矿山、工业用地、水资源、海洋资源等领域,成为自然资源利益分配的重要理论基础。地租理论的分歧在于是否认可自然资源的价值。效用价值论认为自然资源存在价值,是生产要素的一种,地租是其特殊生产力的报酬,按照土地要素的边际报酬计算,市场均衡时的市场价格即土地价值,地租是利益分配的一种形式。劳动价值论认为自然资源不存在价值,但是产生超额利润的自然基础具有使用价值,自然资源作为生产要素应该实行公有制,租金归全社会所有。地租理论的共同观点是自然资源所有权和使用权的分离是地租存在的基础,人口增加、社会繁荣使需求增加导致自然资源地租增加,因此,必然存在绝对地租;自然资源的自然因素和人工设施因素等影响极差地租,地租是对经济利益的再分配,并不产生财富。地租理论为我国自然资源有偿使用制度建设提供了理论基础,对自然资源经济利益分配也有重要的指导意义。

2.2.2 资源诅咒与资源红利的研究

20世纪初叶,赫克歇尔和俄林(ELI. Heckscher & Bertil Ohlin)提出了资源禀赋说,认为国际贸易的优势来自自然资源(要素禀赋)的相对丰饶程度,各国要素禀赋不同,产品所需的要素比例也不同,资源丰富的国家可以通过国际贸易获得利益。尹伯成（2012）阐述了自然资源在国家经济发展中的重要作用，自然资源带来的利益是国家经济发展和财政收入的重要源泉。第二次世界大战以后，新独立国家自然资源禀赋和利益分配对经济的影响成为西方学者关注的问题，他们发现了资源诅咒和资源红利并存的现象。

一般认为，自然资源禀赋有利于促进一国经济的发展，维纳（Viner,1952）、刘易斯（Lewis, 1955）、罗斯（Ross, 1961）、德雷克（Drake,1972）、克鲁格（Krueger, 1980）等均持有该观点，自然资源可以提供国内市场和资金促进经济发展，使发展中国家赶超发达国家。但相反观点，如辛格（Singer, 1950）、普雷比施（Prebisch, 1950）等认为，在国际经济贸易体系中，依赖资源出口的发展中国家处于不利地位。奥蒂（Auty, 1993）提出"资源诅咒"，自然资源丰富的国家经济增长反而受限。萨克斯和华纳（Sachs & Warner, 1995）、莱特和魏德曼（Leite & Weidmann, 1999）、吉尔法森等（Gylfason et al. , 1999）的研究结果显示，自然资源丰富程度与经济增长负相关，此后，奥蒂（Auty, 2001）和纽迈耶（Neumayer, 2004）的研究得到类似的结论。南卡尼（Nankani, 1979）、伍德和伯格（Wood & Berge,1997）、莱特和魏德曼（Leite & Weidmann, 1999）、阿特金森和汉密尔顿（Atkinson & Hamilton, 2003）、罗斯（Ross, 2003）的研究认为，自然资源丰富可能导致通货膨胀、出口结构失衡、腐败、不平等、战争等问题，进而影响经济增长。贺红艳等（2010）实证研究发现，中国资源富集地区存在资源诅咒现象，其原因在于资源利益分配不完善。

破解资源诅咒是经济学研究的重点，一般认为应该合理分配和利用自然资源带来的利益。西格尔（Segal, 2011）提出了"资源红利"，他认为通过对矿产资源租金的再分配能促进贫困减少和社会公平，并指出自然资源收益合理分配对国家经济增长和社会公平具有重要意义。西格尔（Segal, 2011）和斯米帕萨等（Simpasa et al. , 2011）通过对俄罗斯、伊朗、马来西亚等国家的研究发现，只要避开矿产资源财富管理的薄弱环节，就能实现自然资源财富对经济增长和人的发展的促进，而薄弱环节主要包括对自然资源财富开发的公共投入，包括资本、技术和产权制度；公共财政管理能够合理评价资源财富并引导合理分配；通过投资使资源财富创造价值财富，实现包容性增长和发展，其核心是合理分配和利用自然资源带来的财富。正反两方面都有很多案例，反面案例如喀麦隆的石油租金 1/2 以上下落不明，未进入国家预算，自然资源收益的分配不均导致婴儿死亡率、儿童营养不良率增加（Gauthier、

Zeufack，2011）；尼日利亚因矿产资源管理不善导致严重冲突，遭受严重的社会经济损失（Ajakaiye，2011）。正面案例如饭井淳（Iimi，2006）对博茨瓦纳、罗瑟（Rosser，2007）对印度尼西亚、尤索夫（Yusof，2011）对马来西亚、梅勒和辛帕萨（Meller & Simpasa，2011）对智利和赞比亚的研究均指出，通过调节矿产资源财富分配，缩小收入差距，将矿产资源收益投资于人力资本、科学技术和公共设施，能够促进社会经济的发展。

针对资源诅咒和资源红利两个相反论点，罗瑟（Rosser，2006）认为，自然资源禀赋并不必然导致资源诅咒，政治和社会因素是导致资源诅咒的重要因素。门多萨等（Mendoza et al.，2015）提出，通过完善资源收益管理破击资源诅咒，提出的措施包括将一些资源收益转化为稳定的基金、设立储蓄资金以破解资源开采的不可持续性和代际公平问题、针对性的再分配方案、积极主动的产业政策、合理的人力资本投资策略、灵活的产业多元化战略、提高资源管理的透明度等。概括来说，门多萨等提出措施的核心是对自然资源收益的合理分配和利用，通过合理分配自然资源收益并有效利用，促进社会经济发展。维纳布尔斯和威尔斯（Venables & Wills，2016）认为，非洲国家为实现代际公平利用资源收益成立的离岸主权财富基金仅能作为临时性基金，他们应更多投资国内的高回报项目和公共项目，以便国内经济能够吸引外资。弗雷德里克（Frederick，2017）也有同样的观点，他认为代际主权财富基金应用于国内投资，推动消费，促进发展。

自然资源利益分配问题的研究主要关注自然资源禀赋对经济发展的作用，认为自然资源丰富，能增加国家收入，有利于促进经济增长。但第二次世界大战以后，新独立国家的实践表明可能存在自然资源诅咒。随着研究的深入，大家一致认为资源诅咒或资源红利并非自然资源禀赋决定的，其关键是如何合理分配和利用自然资源带来的财富和收益，以促进经济社会可持续发展，国家应该将自然资源收益用于建立自然资源稳定基金、代际主权基金以应对市场价格变动和实现代际公平，投资于公共项目、人力资本和科学研究以提高社会公共服务水平和科技水平，促进经济社会发展，这要求政府正确核算、利用自然资源带来的利益，以促进经济社会发展。

2.2.3　自然资源有偿使用制度研究

改革开放以来，我国逐步建立了自然资源有偿使用制度，但自然资源资产流失、国家收益不足等问题仍然尖锐，导致资源价格的扭曲（姜文来，2000；许家林，2000；王敏，2007）。面对该问题，众多学者探讨完善中国自然资源有偿使用制度。在有偿使用制度完善和价格问题研究中，地租理论、资源诅咒和资源红利研究屡被提及，考虑到制度和现实背景，本部分集中讨论自然资源有偿使用制度完善，回顾自然资源有偿使用制度的研究，为后续自然资源有偿使用公积核算提供现实依据和理论基础。

2.2.3.1　自然资源有偿使用的实现形式

当前，中国自然资源有偿使用实现形式包括土地出让收入、矿业权价款、矿业权出让收益、矿业权使用费、资源税、水资源税、自然资源费等，本书采用自然资源有偿使用金统称自然资源有偿使用的各种形式。当前，中国自然资源有偿使用实现方式包括税费金等各类形式，这些自然资源有偿使用金本质上是自然资源租，但税费金等不同形式体现出不同的特点，学者对自然资源有偿使用实现形式的内涵进行了广泛探讨。

中国矿产资源有偿使用实现形式包括资源税、采矿权探矿权价款、采矿权探矿权使用费等，2017 年实行矿产资源权益金改革，将采矿权探矿权价款调整为矿业权出让收益，采矿权探矿权使用费调整为矿业权占用费。诸多研究探讨了矿产资源有偿使用不同实现形式的内涵。李国平和李恒炜（2011）认为，我国资源税、矿产资源补偿费、矿区使用费相当于国外的权利金，矿业权价款相当于国外的红利，矿业权使用费相当于国外的矿业权出让金，石油特别收益金相当于国外的资源租金税，而我国缺少资源耗竭补贴，应进一步理顺租、税、费的关系，确定级差地租和稀缺租的最优水平，实现国家的自然资源所有者权益。李晓燕（2013）认为，矿产资源补偿费、资源税、矿业权使用费、矿业权价款构成了矿产资源国家所有者权益，应将外部成本纳入权利金，以权利金替代矿产资源补偿费和资源税，实现国家的所有者权益。王天义（2013）认为，我国探矿权费、采矿权费、资源税等税费形式上是矿业权利金，实质上是地租。邵学峰和梁志元（2016）认为，在理论上，资源税是国家提供公共产品的服务性收费，绝对资源租是资源所有者用以解决资源外部性问题的，在我国，资源税具有资源租的性质。李英伟（2017）认为，我国资源地租通过矿业权使用费和矿业权价款、矿产资源补偿费、资源税等形式实现，应优化资源税费关系，绝对地租对所有资源按统一比例征收资源税；资源级差地租通过征收资源超额利润税实现。资源费、矿权价款和出让收益、矿产使用费和出让费等虽然具体形式不同，体现不同的法律关系，但是，在中国制度背景下，这些均具有自然资源租金的性质，均是矿产资源有偿使用的实现形式，是所有权权益在经济上的实现形式。

中国土地资源有偿使用实现形式也包括税、费、租等形式，具体包括土地出让金、土地增值税、城镇土地使用税和相关规费等。唐在富（2008）指出，我国政府土地收入分为租、税、费。地租基于平等的市场关系，来自总利润；土地税是强制征收的财政收入，属于社会财富再分配；土地规费包括行政事业性收费、资源型收费和服务型收费，具有价和税双重性质，是政府作为土地所有权代理人和社会管理者提供特定服务收取的服务性费用。因为我国自然资源所有者和行政管理机构合二为一，一般认为这些税、费、租均属于有偿使用实现形式，是所有者权益的经济表现形式。

中国水资源有偿使用形式包括水资源费和水资源税，税费在表现形式上有差异。陈少英和赵菁（2018）认为，水资源租体现国家资源所有权，是水资源的绝对地租和级差地租；水资源税体现资源的生态价值，以开发、利用水资源对生态环境的破坏程度为对象；水资源费体现地方政府公共服务，以服务对价为对象，水资源税改革根据相应性质合理设置制度。我国从 2016 年开始试点水资源费改税，但水资源费在制度设计上就是为了实现公共管理者和资源所有者的调控措施，是取水权获得的对价，是水资源所有者权益的实现形式。水资源费改税并没有改变制度设计的初衷，因此，水资源费（税）均可被视为水资源所有者权益在经济上的实现形式，是水资源有偿使用金。

中国国有森林长期由国有林场和国有林区享有使用权，作为国有事业单位，在制度设计之初，使用权通过行政授权获得，并未支付有偿使用金。国有林场和国有林区长期担负培育森林资源和提供木材的责任，并不以经济效益为主要目标。因此，长期以来我国森林资源有偿使用制度是缺失的。

2.2.3.2　自然资源有偿使用的不足和完善

自然资源有偿使用制度建立之初，由于自然资源长期无偿开发利用，制度执行不到位，导致资源无价、原料低价、产品高价，造成资源粗放型开发、国家福利损失、自然资源所有者权益实现不足。

矿产资源有偿使用价格和矿产资源产品价格之间的巨大差异，造成了贫富差距拉大、腐败等寻租行为和国家所有者权益流失，形成自然资源危机。诸多学者认为矿产资源所有者收益实现不足是其重要原因，并提出完善措施。

汤芳（2004）指出，自然资源具有生态价值、社会价值和经济价值，自然资源危机的重要原因是自然资源价值实现不足、所有者权益落实不到位。张复明（2010）认为，矿产使用权金低于均衡租金，且矿产品成本不完全，形成矿产品的超额收益，导致寻租行为发生，国家应合理确定使用权价格，以浮动租实现所有者收益。陈洁等（2010）、张银政等（2011）、李香菊等（2011）认为，我国资源税税率和资源补偿费偏低，资源税税率变动较小，税费之间关系不清，应通过从价征收资源税、征收矿业权价款、动态调整补偿费率、调节矿产开发的收益分配等措施实现所有者收益。沈尤佳（2012）认为，矿产资源地租征收不足，租地资本获得超额利润，导致资源产业暴利和粗放浪费式开发，应健全有偿使用制度，由国家占有超额利润以实现可持续发展。李晓燕（2013）认为，矿产资源使用权低价或无偿，导致资源开发内部成本外部化，国家所有者权益不能完全实现，应将外部成本纳入权利金，以权利金替代矿产资源补偿费和资源税，通过价格机制治理矿产资源浪费，实现国家的所有者权益。王希凯（2015）指出，我国资源税以价计征的较少，而且与权利金相比，资源税难以体现出对国有资源性资产权益的维护。景普秋（2015）认为，我国矿产资源所有权权益未得到充分体现，应强化资源租金即资源税从价计征，将自然资源收入与支出相分离，建立稳定基金，资源收益用于生态环境补偿、人力资本培育和技术创新，实现资源财富社会共享。这些研究均认为矿产资源使用权价格偏低或无偿使用，造成了矿产资源使用权和资源产品的价格扭曲，造成资源浪费和超额收益，而国家所有者权益则实现不足，提出建议包括：资源税从价计征、动态调整税费率、外部成本纳入有偿使用金、自然资源收支分离、建立稳定基金等，这些建议部分已经成为制度得到落实。

其他自然资源有偿使用制度也存在不足。周海川（2017）指出，我国国有森林资源资产有偿使用存在法律制度尚未全面建立、有偿使用不规范、有偿使用收益分配不合理、国有资产流失严重等问题，迫切需要明确森林资源有偿使用制度的范围、主体、客体和流转方式。李海海（2015）认为，城市土地收益分配的不合理使地方政府公共服务供给不足，阻碍了人口城镇化，应合理分配城市土地级差地租。马海涛等（2019）认为，我国土地出让金是土地所有者收益的地租形式，一次性征收模式损失了绝大部分极差地租，应结合房地产税对极差地租进行补充，优化土地使用权转让制度。

部分学者探讨自然资源有偿使用制度体系设计上的不足。朱为群

（2014）认为，我国自然资源租、利、费、基金和税等形式功能定位不合理、所有者权益未得到充分保障，提出统一征收国有资源租金收入和特别收益金，合理定位资源税，不同形式的国有资源收入相互独立核算等措施。汪立鑫（2015）认为，自然资源价格收入源自全体劳动者创造的剩余价值，在私有制下，资源价格上涨由工薪阶层买单，自然资源向大资本所有者集中，损害国家利益，自然资源国家所有应该确保矿产资源所有权收入全部用于社会福利，城市土地级差地租归公共所有，以平抑资源市场的过度投机。刘尚希等（2015）分析我国各类自然资源产权收益，指出土地产权收益仍有提升空间，矿产资源产权收益流失严重，应建立国家持续分享资源收益的制度，规范资源收益分配，将自然资源产权收入全部纳入这一制度，建立相对独立的预算制度。

综上，我国自然资源有偿使用价格偏低或无偿使用损害了国家利益，造成了国有自然资源所有者收益不足；资源开发形成的超额收益为资本获得，造成了资源浪费、社会不公和国有资源收益流失。众多学者提出应该动态调整自然资源有偿使用金的征收率、完善有偿使用金的实现形式、对超额利润开征特别税金，同时将自然资源有偿使用金全部纳入财政预算监管，收支分离，形成相对独立的预算体系，用于基建、人力资本、技术创新等领域，使全社会共享自然资源收益。

我国不同类型自然资源有偿使用实现方式各异，税、费、金等各种形式并存，均可视为自然资源有偿使用金，本质上是自然资源租。但不同方式的特征不同，因此，学者提出应该理清税、费、金之间的关系。自然资源有偿使用金政策较少调整，征收率低，使自然资源所有者收益实现不足，而使用者获得超额利润，造成资源浪费和环境污染，应该不断完善有偿使用制度，加强自然资源有偿使用金的征收管理，应该应收尽收、合理利用、单独预算、用于公众。因此，应该注意自然资源有偿使用价格的合理确定，加强自然资源有偿使用金的核算管理。

2.2.4　自然资源利益分配研究评述

地租是人类社会调整自然资源所有者和使用者利益的形式和工具。地租不是天然存在的，当存在所有制且所有权和使用权两权分离时，必然存在地租。自然资源所有者为自身权益而要求地租，自然资源使用者为了获得使用权必然支付地租。地租会因自然资源自身情况、周边环境、基础设施等因素形成极差地租，但是最差的自然资源也要交租，这是绝对地租。自然资源的价值来源于自然力的独特性，自然资源是大自然供给的，应该由人类共有，自然资源租金是全社会生产的超额利润的一部分，应该为全社会公有。地租并不创造财富，而是财富在不同人之间的再分配，私有制下地租成为人剥削人的工具，因此，马克思指出社会主义应该实行生产资料公有制。

第二次世界大战以后，新兴国家的经济发展表现出资源诅咒和资源红利两种截然不同的结果。研究发现，丰富的自然资源带来的财富并不必然带来资源红利，可能导致资源诅咒，其核心在于国家如何利用自然资源收益。当自然资源收益分配使用不合理，会造成经济结构失衡、社会不公和国家动荡，呈现出资源诅咒；当自然资源收益用于基础设施建设、人力资源培养、科学技术研究等方面，服务于公共福利和生产效率，则有利于国民经济发展，呈现出资源红利。因此，应该合理征收、分配和利用自然资源收益。

在中国自然资源有偿使用制度中，不同自然资源有偿使用方式不同，实现形式各异，诸多学者提出应该规范清理各种形式之间的关系。各种形式的自然资源有偿使用金本质上均是自然资源租，是实现自然资源所有者权益的形式。在中国，政府作为形式上的自然资源所有者，自然资源有偿使用制度是落实生产资料公有制的实现方式，自然资源有偿使用金成为国家参与自然资源收益分配的方式。但我国矿产资源等自然资源国家收益长期实现不足，所有者权益未得到充分体现，导致资源使用者获得超额利润，造成资源浪费、环境污染和腐败，应该完善有偿使用制度，加强自然资源有偿使用金征收、分配和使用，实现自然资源所有者权益，服务于公共福利。

产权理论表明自然资源国家所有，正是为了保证人民的公共利益，避免私有制下自然资源产生的人剥削人。地租理论表明地租是调整自然资源所有者和使用者利益的工具，地租的大小受到自然资源特征、经济技术发展的影响，地租伴随经济发展而增长。资源诅咒与资源红利研究发现，国家合理征收、分配和使用自然资源收益是发挥资源优势，促进经济增长和社会进步的关键。在中国，政府作为自然资源所有者，通过有偿使用制度征收自然资源有偿使用金，实现所有者权益，分配自然资源收益。有偿使用金本质上是自然资源租，但中国自然资源有偿使用金实现形式各异，有必要进行进一步规范，自然资源有偿使用标准偏低、调整不及时，造成自然资源所有者权益落实不足，不利于经济发展和社会公平，应该进一步进行完善。

纵观自然资源利益分配的研究，在中国自然资源国家所有的制度背景下，其现实意义在于：国家应足额征收自然资源有偿使用金，实现所有者权益，并合理分配、使用，用于全民福利，促进经济增长。当前中国自然资源有偿使用制度正在完善、有偿使用金实现形式多样、有偿使用价格形成方式各异、有偿使用金预算管理并不完整、使用方式不尽透明合理，这些问题的解决都需要完整的、系统的自然资源所有者权益核算信息，而当前资源核算研究难以提供这些信息，这正是本书的研究内容，为自然资源利益分配提供信息，服务于评价、研究和决策推行改革。

2.3 自然资源核算研究

自然资源核算研究按照核算范围和对象在理论研究和实践探索中分为宏观核算和微观核算。宏观核算着眼于一国经济活动中自然资源的耗用和环境后果，主要沿用国民经济核算的思路，利用统计方法进行核算，研究成果集中体现在 2012 年联合国、欧盟委员会等发布的综合环境和经济核算体系（system of integrated environmental and economic accounting 2012，SEEA2012）中（陈玥等，2015）。微观核算着眼于企业等经济主体开发利用资源的经济利益和责任，合理反映企业占有的资源量和资源开发收益，主要沿用会计核算思路，研究成果体现在会计制度中。因为自然资源难以用货币计量，所以宏观核算和微观核算的理论和实践中都存在众多问题。2012 年，澳大利亚发布了水核算准则，尝试将会计理论应用到资源宏观核算中，自然资源宏观核算和微观核算研究思路趋向一致（陈波、杨世忠，2015）。2013 年，中国提出探索编制自然资源资产负债表，众多学者从不同角度对该命题进行研究，综合应用资源管理、会计学和统计学等学科知识（刘明辉、孙冀萍，2016），使自然资源宏观核算和微观核算研究得到有机结合。本节首先将自然资源资产负债表提出之前的研究成果按宏观核算和微观核算分别进行回顾，其次对自然资源资产负债表核算的成果进行回顾。

2.3.1 自然资源的宏观核算研究

自然资源宏观核算源自对经济和资源环境关系的研究。麻省理工学院

（1971）首次提出的生态需求指标（ecological requisite index，ERI）定量揭示了经济增长对环境因素产生的压力（陈玥等，2015）。威廉·D. 诺德豪斯和詹姆斯·托宾（William D. Nordhaus & James Tobin，1972）提出净经济福利指标（net economic welfare，NEW），尝试研究扣除资源环境成本的经济指标。卢佩托（Rober Repetoo，1989）等提出重点考虑资源损耗与经济增长率之间关系的净国内生产净值（net domestic product，NDP），并计算了印度尼西亚 1971～1984 年间扣除石油、木材等资源损耗后的经济增长率。赫尔曼等提出了可持续经济福利指标（ISEW），该指标尝试考虑将反映社会因素的更多指标纳入体系中，区分了经济活动中的各类成本与效益，从而给出了真实的经济增长率（牛文元，2002）。1992 年，世界环境与发展大会上提出将环境和资源要素纳入国民核算体系中；1993 年、2003 年和 2012 年，联合国等机构先后发布三个版本的综合环境和经济核算体系（system of integrated environmental and economic accounting，SEEA）作为国民经济核算体系（system of national accounts，SNA）的附属账户，描述环境资产存量和变化，对国民经济账户中已包含的自然资源进行评估。SEEA2012 提出了许多自然资源权益核算的思路和方法，例如，资源租金应在环境资产耗减和回报之间进行分配；矿产和能源的经济价值应当在开采者和合法拥有者之间分配；在生产账户、收入形成账户、初次收入分配账户和收入分配账户中，将耗减记为收入扣减；资产账户提供政府收取开采自然资源收益的方式，并建立收入分配和使用账户以衡量自然资源资产收益和分配。在中国，2006 年国家环保总局和统计局联合发布的《中国绿色国民经济核算研究报告 2004》是国际上第一个由政府部门发布的绿色 GDP 核算报告（王金南等，2006）。2015 年，环境保护部牵头重启国家环境经济核算研究，主要研究内容包括环境成本与环境效益核算、环境容量核算、生态系统生产总值核算以及经济绿色转型政策试点。发达国家如挪威、芬兰、美国、日本、加拿大等较早开展自然资源的核算，研究成果显著（曹茂莲等，2014）。

　　如何核算资源价值或成本以衡量净经济增加值，是自然资源宏观核算的研究重点。大卫·皮尔斯等（Pearce D W, et al.，1990、1994、1995）提出环境资源经济价值理论，认为环境资源经济价值包括利用价值、存在价值和选择价值。康斯坦扎等（Costanza R et al.，1997）从生态服务角度提出自然资本的价值估计，将全球生物圈分为 16 个生态系统类型，用不同方法对生态系统服务价值进行估计，成为环境资源价值估计里程碑式的文献。国外自然资源价值评价方法大致可以归纳为市场法（Pratt，2005）、收益法（Roefie，2011）和成本法（Repetto，1989）。李金昌（1992）认为自然资源估价的理论以功效论、财富论和地租论为基础。蒲志仲（1993）则以马克思的劳动价值论建立自然资源价值理论。章铮（1998）提出根据边际机会成本确定自然资源的价格。此后，成金华等（2004）、高敏雪（2006）、张丽君（2013）也对自然资源价值和估价提出了自己的看法。

宏观核算主要围绕如何扣除国民经济中自然资源的耗减得到绿色 GDP，以真正反映经济的发展状况。多年来，世界各国进行了诸多探索，形成了丰富的理论成果和实践经验，但至今没有统一的模式，SEEA2012 是当前世界各国共同认可的自然资源宏观核算规范，但实践进展并不顺利。在宏观核算中如何将自然资源折耗进行估值定价是一个核心问题，诸多学者给出了不同的理论和方法，研究成果丰硕但是至今没有达成统一的认识，更多是理论的探讨，自然资源估值定价在微观核算中同样重要。当前，自然资源宏观核算以单纯反映自然资源耗减或者自然资源存量为主，能够解决绿色 GDP 核算问题，但是难以反映自然资源的产权关系，难以反映自然资源背后的权责利关系，无法直接用于自然资源监督管理和责任落实。因此，宏观核算的成果难以直接用于日常管理，主要用于宏观经济发展评价和决策。

2.3.2 自然资源的微观核算研究

自然资源微观核算主要围绕经济组织展开。比蒙斯（1971）和马林（1973）提出污染的成本和会计问题。乌尔曼（Ullmann，1976）提出了公司环境会计系统，以计算与环境相关的成本与收入。马修斯（Mathews，1984）提出建立完全环境影响会计，不但要计算个人成本，而且还要计算公共成本。加里和贝宾顿（Gray & Bebbington，1993）、沙尔特格（Schaltegger，1996）、沙尔特格和伯里特（Schaltegger & Burritt，2000）出版了环境会计的有关著作，对环境会计基本理论进行了探讨（许家林，2009）。沙尔特格（Schaltegger，1996）提出了生态会计，沙尔特格和伯里特（Schaltegger & Burritt，2000）对生态会计进一步进行研究，明确提出了"可持续会计"。德布勒森等（Debreceny et al.，2002）指出企业可持续会计是为生态系统和社会服务的会计，要考虑生态公平并关注效率与效益。海因斯（Hines，1988）、所罗门和汤姆森（Solomon & Thomson，2009）认为环境会计具有一定的基本特征，后者还拓展了环境会计的概念，认为环境会计为不同实体提供流入、流出信息，集合了自然、经济和社会资源，以衡量不同实体的环境效率和社会效率（周志方、肖序，2010）。国外理论研究主要集中在资源利用外部性、环境信息披露、行为科学与环境会计的研究上（周守华等，2012）。在理论研究的基础上，联合国国际会计和报告标准政府间专家工作组多次对环境会计进行讨论，1995 年发布了第一份环境报告的国际指南《绿色会计和财务报告的立场公告》，1998 年通过了《环境成本和负债的会计与财务报告》，1999年讨论通过了《环境会计和报告的立场公告》，形成了较为系统的国际环境会计指南（冯淑萍、沈小南，1995；陈毓圭，1998；陈毓圭，1999）。2005年，国际会计师联合会通过了《环境会计国际指南》（周志方、肖序，2010）。世界各国政府和有关组织也相继发布了政策文件，以规范企业的环境资源核算，包括美国财务会计准则委员会（1975）的《石棉清理成本会计处理》《环境污染费用的资本化》《环境负债会计》三份公告；美国注册会计师协会（1996）的《环境负债补偿状况报告》；美国政府会计准则委员会（2006）的《污染治理义务的会计处理与财务报告》；加拿大特许会计师协会（1993）的《环境成本与环境负债——会计与报告问题》；日本环境厅的《环境会计指南2002》《环境会计指南 2005》等（方丽娟等，2007）。

　　我国自然资源微观核算研究源于引介国外研究，并与国外研究相互促进。李金昌（1992）认为，资源与环境是密不可分的，环境也是一种自然资源。葛家澍和李若山（1992）对国外环境会计进行了介绍。2001 年 3 月，我国的绿色会计委员会成立；2001 年 6 月，中国会计学会环境会计专业委员会经财政部批准成立，标志着中国环境会计研究进入了新的阶段（许家林、蔡传里，2004）。国内研究主要集中在环境会计基本理论、环境信息披露、排放权交易会计和环境成本管理等几个方面（周守华等，2012）。在制度建设上，财政部于 2006 年先后颁布了《企业会计准则第 4 号——固定资产》《企业会计准则第 13 号——或有事项》《企业会计准则第 27 号——石油天然气开采》等会计准则，规定了资产弃置、土地污染修复等相关环境会计条款。2006年，深交所发布《深圳证券交易所上市公司社会责任指引》，要求披露环境保护与可持续发展信息。国家环保总局 2007 年发布的《环境信息公开办法（试行）》规定了一些涉及环境会计的信息披露条款。2008 年，上交所发布了《上海证券交易所上市公司环境信息披露指引》，要求企业披露环境信息。

　　自然资源微观核算研究的主要成果是环境资源会计，在当前的会计核算中，世界众多国家将自然资源使用权作为企业资产进行核算，将自然资源开发利用过程中形成的环境损耗等外部问题，依法作为环境负债核算。自然资源微观核算主要关注进入经济体的自然资源和自然资源外部性的核算，并不能反映自然资源的整体状况，虽然可以反映企业作为自然资源使用者的权责利关系，但是难以反映未进入企业主体的自然资源及其权责关系。基于自然资源宏观核算和微观核算存在的问题，中国提出编制自然资源资产负债表尝试融合宏微观核算的优点，解决自然资源清家底、明责任的问题。

2.3.3 自然资源资产负债表研究

从 2014 年开始，自然资源资产负债表的研究逐渐增多，研究主要集中在自然资源核算的对象、要素、核算期间、核算方法和报告形式等内容上。一般认为自然资源是指天然存在、有使用价值、可提高人类当前和未来福利的自然环境因素的总和（马永欢等，2014；乔晓楠等，2015；盛明泉、姚智毅，2017；等等）。一般将自然资源按属性和用途分为土地资源、森林资源、草地资源、水资源、气候资源、矿产资源、海洋资源、能源资源和其他资源等类别，其他资源还包括信息资源、旅游资源等（高志辉，2015；肖序等，2015），将自然资源核算要素分为自然资源资产、自然资源负债和自然资源净资产等。

自然资源资产的含义基本取得一致意见，一般认为自然资源资产是指国家和政府部门通过过去的法定授权或让渡使用权形成的，由国家和集体所有，政府、企业或个人管理、使用和控制的，预期能给各权益主体带来经济利益的自然资源，或者在开发利用自然资源的过程中给权益主体带来经济流入的经济事项（陈艳利等，2015；肖序等，2015；向书坚等，2015；盛明泉等，2017；等等）。

但自然资源负债的含义争议较大，一般从两个角度定义自然资源负债。一是资源过度消耗和实物量角度，乔晓楠等（2015）、高敏雪（2016）、姚霖（2016）、向书坚等（2016）、贾玲等（2017）、杨世忠（2017）等均持有该观点。二是延续绿色 GDP 和微观环境会计思维，基于资源价值补偿角度，张友棠等（2014）、胡文龙等（2015）、陈艳利等（2015）、李清彬（2015）、李金华（2016）、陈燕丽等（2017）等支持该观点。自然资源负债的定义角度不同，使自然资源负债的概念难以达成共识，甚至有学者认为不能界定自然资源负债的概念（耿建新等，2015、2016）。学者们一般认为，只要自然资源资产和负债能够很好地界定，自然资源权益便很好定义。

胡文龙（2014）、张友棠等（2014）、季曦和刘洋轩（2016）认为，自然资源资产负债表核算期间，应将自然周期与管理周期相结合，前者按照年度进行，及时报告自然资源资产的使用情况；后者以领导干部的任期为分期，报告其任期内自然资源资产的变动情况，为自然资源资产纳入领导干部离任审计提供依据。在具体编制过程中，我们一般采取先实物量、后价值量，先存量、后流量，先分类、后综合，先微观、后宏观，先重点、后一般等核算原则（封志明等，2014；陈艳丽等，2015；陈玥等，2015；杨海龙等，2015；李金华，2016）。在核算方法上，一般认为与会计核算类似，既遵循期间平衡关系，即期初存量 + 期内增加量 − 期内减少量 = 期末存量；也遵循会计恒等式，即自然资源资产 = 自然资源负债 + 自然资源权益（杨睿宁、杨世忠，2015；乔晓楠等，2015；封志明等，2015；杨世忠，2016）。自然资源核算计量方法上，多数学者认为，应当以实物核算为基础，价值核算与实物核算并重，综合采用实物计量单位和货币价值计量单位，唯有如此，才能弥补各项资源之间因为实物计量单位不同而不能加总的困难，货币化的自然资源资产负债表才能更好地融入国家和地区综合资产负债表（张友棠等，2014；黄溶冰、赵谦，2015；陈燕丽、王普查，2017）。自然资源实物计量可以借助很多科学技术测量手段，现有方法比较成熟完备（叶有华等，2017）。但在进行自然资源货币价值核算时，由于很多自然资源并没有成熟的市场交易价格，就只能采取一定的估值定价方法确定资源价值量。一般针对某项资源采取特定估值定价方法，常见的有历史成本法、支付意愿法、旅行费用法、维护成本法、替代市场法、模糊数学综合评判法、净现值法、避免成本法、享乐价值法、重置成本法、资源租金折现法、影子价格法、规避行为法、选择实验法等（洪燕云等，2014；王泽霞、江乾坤，2015；高志辉，2015；王乐锦等，2016；陈红等，2017）。

核算结果的呈现当前尚未达成统一。有学者主张只编制一张资产负债表（胡文龙，2014；谷树忠，2016），或者只编制一张资产平衡表（耿建新，2014；耿建新等，2015）。也有学者主张编制两张报表，即将自然资源资产负债表分为实物表和价值表两种（乔晓楠等，2015）。多数学者主张编制一套报表，肖序等（2015）设计的报表体系主要包括自然资源综合实物核算表、自然资源资产质量表、自然资源价值核算表、自然资源资产汇总核算表、自然资源负债表和自然资源资产负债表简表。胡文龙和史丹（2015）提出的自然资源资产负债表框架体系包括自然资源资产表、自然资源负债表、自然资源资产负债表、自然资源资产负债表附注和政府自然资源管理状况。朱婷等（2017）认为自然资源报表体系包括：自然资源存量表、自然资源流量表、自然资源实物量与价值量综合核算表、自然资源资产负债表和自然资源净资产表。除此之外，诸多学者将上述理论和方法用于单一类型自然资源资产负债表的编制研究，突出了各类自然资源的特征，但理论和方法与上述内容相似，在此不再详述。

自然资源资产负债表核算研究的基本框架已经基本确定，但是核算内容和核算方法仍有诸多争论，特别是对自然资源权益核算研究尤为不足，自然资源资产负债表借鉴会计自然资产负债表理论，可以将宏观核算和微观核算相结合，既反映自然资源赋存变动，又反映自然资源权责关系。但当前关于自然资源权益核算的研究仅提及核算项目，并未涉及科目设置、确认标准、计量方式和报告形式等，自然资源权益核算的缺失，使自然资源资产负债表反映自然资源产权关系和权责关系的作用难以充分发挥，难以实现真正的责任明晰，能够清家底，但是难以实现明责任、确权利、评收益。

2.3.4 自然资源核算研究评述

宏观自然资源核算形成了以 SEEA 为代表的成果，更多立足于经济统计，反映经济社会发展中自然资源开发利用导致资源量的增减变动，难以反映自然资源增减变动背后的社会权责关系。微观自然资源核算形成了以环境会计为代表的成果，更多立足会计核算，将自然资源使用权作为资产，环境损害责任作为负债纳入企业会计核算，并未反映企业之外，即经济体系之外自然资源的整体情况。

自然资源资产负债表针对两者的缺点，吸收已有理论，尝试核算自然资源实现清家底、明责任的目标。众多学者围绕厘清家底、明确责任的目标，探讨了自然资源资产和自然资源负债的核算问题，但是却忽视了自然资源权益核算的重要性，虽然有学者对自然资源权益问题有所探讨，但并未进行系统分析，造成了虽然资产负债表包括资产、负债和权益三个项目，但当前只明确了资产和负债两个项目的尴尬局面。这样虽然能够实现清家底、明责任，明确自然资源的权利和责任关系，但是不涉及自然资源利益关系，无法确权利、评收益，将会导致权利难以执行、责任难以落实的问题。因此，本书针对已有研究的不足，立足我国自然资源管理现实，探讨自然资源权益核算问题，在实现清家底、明责任的基础上，探索确权利、评收益，使自然资源资产负债表不单服务于领导干部自然资源离任审计，而且成为自然资源确权登记、自然资源有偿使用等制度的配套工具，推动自然资源管理体制改革，促进国家治理现代化。以下章节，为了表述简介，除特殊说明外，本书以下内容中自然资源核算特指自然资源资产负债表编制。

第3章 自然资源核算的概念框架

　　权益是权利和利益的结合，权利是利益的基础，利益是权利的实现形式。拥有权利的目的在于获得利益，权利的存在必然伴随着利益，但是利益能否实现取决于权利的行使。以企业为例，股东投资企业拥有资本收益权、剩余索取权、参与决策权等权利，资本收益权、剩余索取权本身对应的就是资本获取的经济利益。利益是否实现取决于权利的行使。如果企业经营盈利，则资本收益权和剩余索取权能够给企业带来经济利益，实现利益流入；否则企业经营亏损，股东将在投资额内承担责任。因此，权利、利益和责任是相伴共生的，依法依规、合理有效行使权利可能获得利益，而违法违规或不能合理高效利用权利则可能导致产生责任。因此，权、责、利是相伴共生的，是同一事物的不同性质和表现形式。

　　探索自然资源资产负债表编制是中国首倡，既是理论问题也是现实问题。自然资源权益是自然资源资产负债表的组成部分，应该在自然资源资产负债表整体框架下探讨自然资源权益核算。当前自然资源资产负债表基础理论研究相对成熟。研究上，研究自然资源资产、负债者众，研究自然资源权益者寡；结论上，学者们对自然资源资产的认识一致，对自然资源负债和权益的认识分歧较大。在会计核算中，财务会计概念框架作为会计核算的基本理论体系，应明确核算目的、核算要求和核算要素，以指导具体会计核算的开展。因此，本章首先探讨自然资源核算即自然资源资产负债表的基础理论框架，分析自然资源核算的目标、主体、分期和信息要求，为自然资源资产负债表编制提供基础理论指导；然后分别辨析自然资源资产、负债和权益的含义，明确核算要素，为后续章节自然资源权益的确认、计量和报告研究提供基础。因为自然资源资产和负债核算研究相对成熟，所以本书侧重研究自然资源权益的具体核算，将不再深入探讨资产和负债的核算，仅在必要时提及。

3.1　自然资源核算的理论框架

3.1.1　自然资源核算的目标

2015 年 11 月，国务院办公厅印发《编制自然资源资产负债表试点方案》，明确探索自然资源资产负债表的主要目标是"推动建立健全科学规范的自然资源统计调查制度，努力摸清自然资源资产的'家底'及其变动情况，为推进生态文明建设、有效保护和永续利用自然资源提供信息基础、监测预警和决策支持"[①]。

当前自然资源核算目标的主要观点可以归纳如表 3.1 所示。

表 3.1　　　　　　　　　　自然资源核算目标的主要观点

序号	主要观点	代表性人物
1	摸清"家底"，客观评价经济社会发展的资源潜力和状况	武音茜，2014；封志明等，2016
2	为国家决策者提供自然资源利用信息库	封志明等，2014
3	评价政府官员绩效，对领导干部进行自然资源资产离任审计	张友棠等，2014；耿建新，2015、2016
4	助力生态文明建设，建立生态环境责任终身追究制度	胡文龙，2014；黄溶冰、赵谦，2015
5	反映政府资源管理受托责任履行情况，接受社会公众监督	肖序等，2015；陈红等，2017
6	完善环境经济综合核算体系，为资源产权界定、有偿使用、生态补偿等提供基础	姚霖，2016

根据表 3.1 可知，当前学者对自然资源核算目标的认识有所不同。概括起来主要有两个：一是反映自然资源家底，提供信息用于监管、决策等，为自然资源管理服务，简要归纳为"清家底"，与财务会计的决策有用观类似；

---

① 国务院办公厅关于印发编制自然资源资产负债表试点方案的通知［EB/OL］．中华人民共和国中央人民政府官网，http：//www.gov.cn/zhengce/content/2015‒11/17/content_10313.htm。

二是反映受托责任、管理绩效，提供信息用于离任审计、责任追究和社会监督等，为自然资源责任落实服务，简要归纳为"明责任"，与财务会计的受托责任观类似。本书认为现有两个目标并不冲突，自然资源核算的最终目的是服务自然资源管理，受托责任的目标是监督评价管理责任的落实，促使我们更好地进行自然资源管理；决策有用的目标是直接为自然资源管理决策服务，而管理责任落实结果需要进行监管。

本书认为自然资源资产负债表编制是国家治理现代化进程中生态文明体制的有机组成部分，与自然资源资产产权制度、用途管制制度、资源有偿使用制度、生态补偿制度等制度相辅相成，为自然资源资产离任审计、生态环境损害责任终身追究等责任追究制度和损害赔偿制度服务。因此，自然资源核算是整个生态文明制度运行的信息基础。自然资源资产负债表的最终目的是为自然资源管理的决策、监督、评价和考核等提供有用信息，因此，自然资源资产负债表不单要清家底、明责任，同时要确权利、评收益。

确定自然资源资产产权能够更好明确责任进行责任追究和损害赔偿，服务于自然资源用途管制。评价自然资源收益，能够为有偿使用定价和生态补偿定损提供基础。因此，自然资源资产负债表的核算目标可以简单表述为：清家底、明责任、确权利、评收益。严格来说，自然资源核算即自然资源资产负债表编制的目标是：为生态文明建设和自然资源管理提供决策、监督、评价和考核的有用信息。

3.1.2　自然资源核算的主体

会计主体界定会计核算的空间范围，是会计信息反映和监督的单位和机构。自然资源核算主体应该反映自然资源核算的范围，是自然资源信息反映自然资源资产、负债和权益的责任单位，即该单位具有相应自然资源的相关权利，并承担相应责任。

当前对自然资源资产负债表主体的理解略有不同，包括：产权主体（封志明等，2015；杨海龙等，2015）、执行主体（李清彬，2015）和权益主体（陈艳利等，2015）。虽然理解不同，但是一般认为我国实行自然资源公有制，国家行使自然资源所有权，具体由各级政府进行管理，因此，自然资源资产负债表的核算主体应该是各级政府或部门。

史丹和胡文龙（2015）、季曦和刘洋轩（2016）认为，自然资源核算主体应该是各级政府。陈燕丽、王普查（2017）进一步将政府核算主体分为国家级、省级和市级三级。其他学者几乎都将自然资源负债表的主体表述为政府部门，并认为应该由统计部门牵头负责（胡文龙，2014；周志方、王玉，2014；耿建新等，2015；陈艳利等，2015；陈玥等，2015；向书坚、郑瑞坤，2015）。向书坚、郑瑞坤（2015）提出将自然资源管理权限统一到一个政府部门，由这个政府部门作为核算主体，当前来看这个部门就是机构改革新成立的自然资源管理部门。盛明泉、姚智毅（2017）则认为核算主体是省级政府部门。张卫民等（2018）提出自然资源核算主体包括纵向报告主体和横向报表编制主体，纵向的报告主体是各级政府，横向的报表编制主体是各自然资源管理业务部门和代表政府行使自然资源及自然生态系统管理职责的国有企事业单位。

　　本书认为，自然资源资产负债表主体既要反映自然资源核算的空间范围，也要反映具有管理自然资源权力的责任单位。因此，不宜将自然资源资产负债表主体认定为或表述为政府部门。各级政府作为行政机关，是一级行政权力机关，而政府部门作为政府职能部门，由政府授权行使相应权力，不具有独立的行政权力。在各自然资源单行法中，在规定权力范围时统一表述为某级人民政府，只有具体事务才涉及某级政府某个行政主管部门。因此，无论从我国行政法律法规设置，还是从自然资源单行法上看，政府部门均是各级政府的组成单位，依据政府授权和分工行使相应权力。所以自然资源资产负债表的核算主体应该是各级政府，其核算空间范围是政府辖区范围，而具体负责核算的则是政府授权的部门。正如企业作为会计主体，但具体会计工作由会计部门承担；各级政府作为一级预算单位，而具体预算会计工作由相应财政部门承担。

　　各类自然资源保护区、林区、水库、水源涵养区和国家公园的管理主体，一般作为事业单位，以自然资源保护、管理和监督为主要职责，拥有相应权力，并承担相应责任。因此，政府依法授权管理各类自然资源，并承担相应责任的政府派出机构和事业单位，也可以作为自然资源资产负债表的核算主体。

　　综上，本书认为国有自然资源资产负债表核算主体是各级政府，依法享有自然资源管理权限，承担相应责任，以自然资源保护、管理和监督为主要职责的政府派出机构和事业单位，也可以作为核算主体。而政府部门不能作为核算主体，但应根据各级政府分工，在授权范围内牵头或协助编制自然资源资产负债表。随着机构改革的完成，各级政府成立的自然资源主管部门应牵头负责编制国有自然资源资产负债表，而其他政府组成部门协助完成编表。

3.1.3　自然资源核算的分期

自然资源权益核算是自然资源核算的一部分，两者报告期间是一致的。杨世忠等（2010）在探讨宏观环境会计核算时，指出应该根据经济社会发展需要设置宏观环境会计核算的周期，长周期以"一代人"来计算，中周期与社会经济发展规划相一致，以五年为一个周期，短周期则与政府财政预决算周期一致，以自然年度为一个周期。

胡文龙（2014）认为，自然资源负债表编制是一件比较复杂、繁重的工作，应根据领导干部离任审计和责任追究的需要，以三年或者五年编制一次的频率来编报自然资源资产负债表。张友棠等（2014）、李清彬（2015）分别指出应将自然周期与管理周期相结合编制自然资源资产负债表，以年度为周期反映自然资源资产的使用情况，以领导干部任期为分期反映其任期内自然资源资产的变动情况。季曦和刘洋轩（2016）认为，编制自然资源资产负债表的重要目的是对政府干部进行离任审计，应考虑将一届政府的任期作为一个会计期间，待实际条件成熟后，可以将核算期间缩短到年或半年，以便更加详实地反映每一个时期的自然资源变动情况。王世杰等（2019）认为，我国经济和社会发展规划以五年为一期，各级政府任期以五年为一届，可以根据政府任期，每五年定期编制自然资源资产负债表；对于自然资源丰富、开发强度大的地区，可针对主要或全部自然资源按年编制自然资源资产负债表。

自然资源核算的目的主要是为自然资源管理提供有用的信息，应该根据管理需要编制自然资源资产负债表。领导干部自然资源资产离任审计是编制自然资源资产负债表的目的之一，可以根据领导干部实际任职情况编制专用自然资源资产负债表。自然资源管理是各级政府和自然资源主管部门的常规工作之一，因此，自然资源资产负债表应该与会计核算和统计核算的周期相一致，按年编制，以便与经济核算系统相统一，便于综合评价和考核各级政府自然资源管理情况。考虑到自然资源资产负债表编制的复杂性和经济社会工作的周期性，分级分层编制自然资源资产负债表得到一致认可，基层政府和自然资源主管部门可以将自然资源资产负债表编制作为年度常规工作按年编制。全国自然资源资产负债表可以与经济社会发展规划周期相一致，以五年为一个周期，随着各项制度的完善和技术的进步，可以探索按年编制全国自然资源资产负债表。因此，本书认为根据自然资源资产负债表编制的条件和管理需要，应该以年为期间编制，当前全国自然资源资产负债表以五年为一个期间编制，未来按年进行编制。

3.1.4 自然资源核算的质量要求

当前自然资源资产负债表研究处于探索阶段，对质量要求的研究较少。王世杰和杨世忠（2019）指出，自然资源资产负债表要保证其反映的信息满足可靠性、相关性、可理解性、可比性和及时性等要求。只有可靠、及时、相关、可理解的信息才是能够发挥作用的信息，因此，这些要求应该作为自然资源核算的基本质量要求，其内容与会计信息质量要求类似。

本书认为自然资源资产负债表的质量要求可以参考会计信息质量要求，但是应注意自然资源核算中谨慎性原则的使用。财务会计核算遵循谨慎性原则，不能高估资产和收益，不能低估负债和损失。自然资源资产负债表应该保持审慎乐观的态度，不能低估自然资源资产，不能高估自然资源负债。自然资源存在多种用途以及不同的开发和评估方法，低估自然资源资产，不利于发挥自然资源最大的效用，不利于严格监督自然资源开发行为后果。发生自然资源负债时，履行义务方式是多样的，不同方式成本不同，应该按照最佳履行方式确定自然资源负债，不能过高估计自然资源负债，造成无谓的浪费。

3.1.5 资产负债表内涵的辨析

权利是利益的基础，也是权益的核心内容。拥有权利才能获得相应利益成形权益。权利的不当应用可能形成负债或者通过承担负债获得权利。前者是因为权利的不合理利用，侵害他人权利、损害他人利益而负担的责任；后者是为了获得相应权利而支付的对价或成本。因此，负债也是因权利而形成的，和权益相同，两者均是获得权利或者应用权利的后果。权益和负债是对立统一的，两者在权利上是统一的，均是权利的后果或原因；两者在利益上是对立的，权益是自身受益，而负债是负的权益，会导致自身利益受损。因此，威廉·佩顿（William Andrew Paton，1922）从企业主体出发，认为负债是权益的一种，认为债权人和投资者均是企业的权益持有人，负债和所有者权益共同形成企业的全部权益，会计基本等式为"资产＝权益"。

资产负债表的核心是其平衡关系。新中国企业资产负债表的称谓由资产负债表到资金平衡表再到资产负债表，对应的资产负债表平衡公式有两个：一个是世界通用的"资产＝负债＋权益"；另一个是中国提出的"资金运用＝资金来源"①。后者仅反映资金的运用和来源情况，并不反映资金运动背后的权属关系。会计发展史上两个里程碑式的平衡公式是卢卡·帕乔利的"一人所有之财产＝其人所有权之总值"和威廉·佩顿的"资产＝权益"②。帕乔利的公式是"资产＝负债＋权益"的理论渊源，强调资产来自权利；佩顿主张债权人和投资人均是企业权益持有人，强调权益分为责任和利益。可见，资产负债表的核心即平衡公式是围绕对权利、责任和义务的反映而展开的。

"资产"反映会计主体对财产运用的权力，"负债"反映会计主体权利所对应的责任，"权益"反映会计主体行使权力获得的利益。负债和权益或责任和利益的分离源于委托代理关系，即所有权人和实际控制人的分离。当某一主体中存在两权分离时，就会形成委托代理关系，所有权人和使用权人分别获得同一资产权利束上的不同责任和利益，为反映和评价委托代理行为，必须对主体财产上的权利、责任和利益关系进行反映，形成了资产负债表的平衡关系。因此，资产负债表本质是对核算主体委托代理的权利、责任和利益关系的反映。只要存在委托代理且权责利能够计量，均可利用资产负债表反映和评价该关系。

"资金运用＝资金来源"是简化的资产负债表平衡关系。资金平衡表的"资金来源＝资金运用＋资金结存"是"资金运用＝资金来源"的变体，资金结存是资金运用的一种形式。计划经济模式下，企事业单位主要考核计划的执行，而非受托资金保值增值的责任，这一模式强调对计划资金运动的反映，不考虑背后的责任和义务关系，形成了资金平衡公式。简化的平衡关系难以反映责任和利益，不利于发挥市场主体的能动性，因而在市场经济模式

---

① 1982 年于信友的《"资金来源＝资金运用"的平衡公式出自何处?》，1993 年赵士信的《会计方程式的是与非》，1996 年郭也的《也谈"资金运用＝资金来源"》、彭玉书的《"资金运用＝资金来源"并非"舶来品"》等，都对该平衡关系来源进行梳理。该平衡公式受到苏联会计理论的影响，但确属中国会计人员独立提出。

② 见卢卡·帕乔利的《数学大全》（1494）和威廉·安德鲁·佩顿的《会计理论——兼论公司会计的一些特殊问题》（1922）。

下被抛弃。因此，本书认为资产负债表的平衡关系不单是左右平衡，还是结构平衡，其内涵是对权责利平衡关系的反映。在自然资源核算中，资产负债表同样应该是对权责利关系的反映，自然资源资产负债表必须包含自然资源权益的核算。

3.2　自然资源和自然资源资产

3.2.1　自然资源和自然资源资产含义辨析

早期自然资源核算研究并未注意区分自然资源和自然资源资产的不同，两者甚至经常被相互替代使用。李金昌（1991）认为，自然资源是经济发展的物质基础。钱阔和曹克瑜（1997）研究自然资源资产核算时，仍然使用自然资源而非自然资源资产。随着 20 世纪 90 年代国家国有资产管理局提出自然资源资产化管理，人们开始区分两者的不同。姜文来（2000）认为，自然资源是一定技术条件下自然界中对人类有用的资源的总称，广义上的自然资源包括全球范围内的一切要素；自然资源资产是指具有稀缺性和明确所有人的自然资源。SNA2008 规定，非生产非金融资产包括自然资源，但并非自然资源都是自然资源资产，自然资源必须满足所有者拥有并能够为所有者带来经济利益的条件，才能作为自然资源资产。SEEA2012 价值核算的自然资源和 SNA2008 相同，即具有经济价值的自然资源，但实物核算则不限于拥有经济价值的自然资产。胡文龙和史丹（2015）认为，自然资源是指天然存在、有使用价值、可提高人类当前和未来福利的自然环境因素的总和，自然资源资产是指其中具有稀缺性、有用性（包括经济效益、社会效益和生态效益）及产权明确的自然资源。其他关于自然资源资产含义的典型观点见表 3.2。

表 3.2　　　　　　　　　自然资源资产含义的不同观点

序号	作者年份	观点
1	洪燕云等（2014）	自然资源资产是天然存在的、稀缺的、能够用货币计量且产权明确的、有价值的自然资源
2	张友棠等（2014）	自然资源资产是指国家拥有或控制的各种具有使用价值的自然资源

序号	作者年份	观点
3	封志明等（2017）	自然资源资产是指产权清晰、预期能为权利主体带来利益的自然资源
4	盛明泉等（2017）	自然资源资产是指国家和政府部门通过过去的法定授权或让渡使用权形成的，由国家和集体所有，政府、企业或个人管理、使用或者控制的，预期能给各权益主体带来经济利益的自然资源或者在开发利用自然资源的过程中给权益主体带来经济流入的经济事项
5	沈镭等（2018）	自然资源资产是指能够给人类直接或者间接带来财富和福利的自然要素
6	张卫民等（2018）	自然资源资产是指由产权主体拥有或控制的，能给其产权主体带来一定经济利益的自然资源

从已有研究来看，大家一致认为，并非所有的自然资源都是自然资源资产。自然资源资产一般被认为是具有稀缺性、有用性（经济利益、使用价值）、产权明确的自然资源。广义地讲，一切自然之物均是自然资源，但实际上人类所讲的自然资源一般是指对人类有用的或者说有使用价值的自然物，而非全部自然物，因此，相关研究在界定自然资源时均强调有用性。这种有用性不单指经济上的价值，还包括社会价值和生态价值，例如，原始森林多数进行生态保护，不允许进行开发，因而不具有经济价值，但其仍是重要资源，提供重要的生态价值。另外需要注意，自然之物是否有用取决于经济社会发展和科学技术水平，是一个历史的、动态的概念，在短期内是确定的，但长期来看是变化的。

SEEA2012 明确规定，价值核算的自然资源资产必须具有经济价值，而实物核算的自然资源资产无须具有经济性，因为 SEEA 作为 SNA 的附属经济环境核算系统，SNA 是对国民经济的核算，经济核算的对象就是经济价值的增加，以货币作为价值尺度进行计量。SEEA 除了核算经济价值，还同时采用实物量核算资源变动，不具有经济价值无法运用价值尺度衡量的资源也可以核算。因此，是否具有经济价值不是区分自然资源资产和自然资源的标准，而是能否纳入经济核算，进行价值衡量的标准。当前，虽然货币计量是会计学的基本假设，但会计主要进行经济核算，因此，会计在资产的界定上特别强调经济利益。

稀缺性源自有用性，稀缺性是相对的，总量确定而需求不断增加则资源就具有稀缺性。相对于人口数量的不断增加，任何有用的资源都显得稀缺，需求来自有用性，无用之物不存在稀缺性，因此，有用性包含稀缺性，本身就是自然资源的特征之一，不能用来区分自然资源和自然资源资产。

产权明确是自然资源和自然资源资产概念区别的核心，无论是马克思主义政治经济学的产权理论，还是西方现代产权理论，两者均认为产权关系是社会发展的产物，随着人口的增加资源日渐稀缺，为了协调资源分配和实现人类整体利益最大化，才出现了所有权制度，因而产权出现在财产关系和资产的概念中。资产是伴随着产权关系出现而出现的，原始社会的自然资源，任何人、任何部落都可以利用获益，这些自然资源仅仅是自然资源而非自然资源资产。随着所有权的出现，自然资源为所有权人所有，所有权人通过开发利用自然资源而获益，其他人则无权利用和获益。因此，自然资源和自然资源资产的核心区别在于产权关系即财产关系，具有明确权利归属或者能够控制权益归属的自然资源属于自然资源资产。具体自然资源和自然资源资产具体关系如图 3.1 所示。圆形表示所有自然之物的范围，自然资源是具有有用性的横向实线以下部分，横向虚线以下部分产权明确的自然资源是自然资源资产，纵向虚线左侧产生经济价值的自然资源资产可以以货币进行计量，右侧不产生经济价值的自然资源资产只能以实物进行计量。

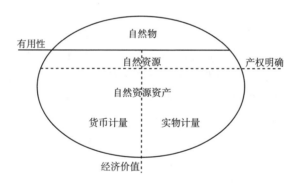

图 3.1 自然物、自然资源、自然资源资产

综上，本书认为自然资源是指现有技术条件下具有开发利用价值的自然物和自然条件。自然资源具体内容与技术条件有关，低品位的矿藏和深层地下水在技术不具备的情况下，人类无法利用，不能视为自然资源。自然资源并非完全不受人类活动影响，不受人类干预的自然物越来越少，全球 2/3 的大河无法自由流淌，我国森林资源多数是人工林，因此，受人干预但仍发挥原有生态环境价值的资源仍为自然资源。自然资源资产是指权利主体拥有或控制具有获益权利的自然资源。空气等自然资源具有经济价值和生态价值，但是无法明确产权，几乎不受人控制，不被视为自然资源资产。

因此，自然物未必具有开发利用价值，自然资源未必有主或被控制。从国际法来看，一国对其拥有的自然物具有永久主权，国界之内自然物均属一国所有，该国可以使用、处置。因此，国家层面上，一国所有自然资源均属一国自然资源资产。与世界多数国家特别是西方国家不同，在我国实行自然资源国家所有或集体所有，自然资源所有权是明确的，从理论上讲所有的自然资源均是自然资源资产，即自然资源资产的范围包括所有的自然资源，本书称这种界定为中国实践的或广义的自然资源资产。这正是钱阔和曹克瑜（1997）等学者在早期讨论自然资源资产核算而不作界定直接使用自然资源概念的原因。但是并非所有的自然之物均是自然资源或自然资源资产，因为自然资源和自然资源资产均需有用，即存在社会价值、生态价值或经济价值，可以被利用。

理论上，有用且能够开发利用带来利益的自然之物是自然资源，在我国，自然资源均属于自然资源资产。因为我国自然资源所有权和使用权的分离，没有设置使用权的自然资源更多产生社会价值和生态价值，不产生经济价值。SEEA 提出经济所有权的概念，即无论法律对所有权如何界定，我们只关注经济利益的归属，经济利益的所有者即为资产的所有者。借用这一概念，我国未设置使用权的自然资源不产生经济利益，因此，没有经济所有者，只有设置使用权的自然资源才具有经济所有者。以此界定，则设置使用权的自然资源属于自然资源资产，未设置的不属于自然资源资产。本书认为这是中国特色狭义的自然资源资产，是经济意义上的自然资源。

国有自然资源资产核算的内容应该是广义的自然资源资产。因为未设置使用权的自然资源未被开发利用，不会带来经济利益只是暂时的，一方面，当前存在违规违法开发利用未设置使用权自然资源的现象，这部分自然资源应该纳入政府管理；另一方面，随着科学技术进步和社会需求增加，自然资源均会被开发利用，设置使用权，只是在核算过程中对于狭义的自然资源资产和广义的自然资源资产核算要求不同。针对未设置使用权的自然资源，政府的监督管理是定期的、低频的存量管理，而非高频的日常管理；对于设置使用权的自然资源，政府则需要纳入日常管理。因此，两者均应纳入自然资源资产核算范围，核算要求有所不同，具体不同后文将详细介绍。综上，本书将自然资源资产定义为过去事项形成、核算主体因拥有和控制具有获益权利的自然资源。具体来说，以中国作为核算主体时，所有中国政府、居民和企业拥有或控制的自然资源，均在中国自然资源资产负债表核算的范围之内；以不同级别地方政府或集体组织为核算主体时，相应主体依法拥有或控制的自然资源即是自然资源资产，均纳入核算范围。

3.2.2　自然资源的类型

自然资源的类型各异，人类开发利用的方式不同，受益的形式不同，因此，政府监管的重点和方式也有所不同。根据自然资源的特征和人类开发管理需要，合理划分自然资源类型，确定自然资源监督管理的重点和权益的流入方式，是正确核算自然资源权益的基础。

按照属性，自然资源可以分为物质资源、空间资源和能源资源。SEEA2012 将土地分为土地资源和土壤资源，认为土地为人类提供活动空间，土壤为植物生长提供物质基础，因此，它将土地资源单列为空间资源。现阶段人类生产生活中，最重要的空间资源是地表土地，海洋与陆地水体的空间资源以及地下空间资源开发利用有限。空间资源需要物质载体，离开物质资源的承载空间资源将难以被人利用，因此，一般较少单独讨论空间资源，多数情况下空间资源作为土地资源的附属。能源资源包括煤、石油等不可再生能源和太阳能、风能、水能、潮汐能等可再生能源。煤、石油和天然气等能源矿产同时也是物质资源，产权清晰；太阳能、风能、水能和潮汐能等能源资源更多是一种环境资源，资源蕴藏和开发利用依赖独特的自然环境，虽然可以确定产权，但产权确定依赖于相应的自然环境资源，虽然目前开发利用逐渐增多，但是开发利用不确定性大，当前较少讨论这些能源资源的核算。一般自然资源核算研究的是对物质资源的核算，因为物质资源的利用涉及生产生活的方方面面，而空间资源和新能源的开发和利用还处于初级阶段，讨论较少，因此，本书以物质资源权益核算研究为主。

自然资源根据能否再生分为耗竭性资源和非耗竭性资源。人们对耗竭性资源和非耗竭性资源的范围认识有所不同，主要区别在于对可再生资源的归类上。比较有代表性的观点包括：中国资产评估协会（2014）编写的注册资产评估师教材认为，可再生资源为非耗竭性资源；而孙萍萍等（2017）认为，可再生资源为耗竭性资源。两者对土地资源的归类也有所不同，具体如图 3.2 所示。两者对耗竭性资源的界定是一致的，均认为耗竭性资源是在一定时间范围内资源的自然数量不变，会因人类开发利用而导致数量减少的资源。孙萍萍等一方面强调耗竭性资源质量不变，蕴藏量不再增加；另一方面强调非耗竭性资源数量丰富、人类时间范围内及时更新。其耗竭性资源和非耗竭性资源的界定标准严格上讲并不统一，因而本书更倾向于中国资产评估协会的观点。矿产资源无论是否利用、是否合理，只要开发利用则资源数量一定会减少。而森林资源和土地资源只要合理利用，资源总量是不会减少的，森林资源可以自然繁育，土地资源在空间上一般不减少，土地肥力会因利用而下降，所以两者数量增加或保持不变，质量可能下降，因而更宜归为非耗竭性资源，两类资源合理开发利用不会造成资源总量的减少。一定时空范围内，水资源是有限的耗竭性资源；但在自然界水循环中水资源总量是恒定的，可归为恒定的非耗竭性资源。

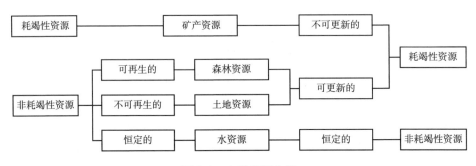

图 3.2　自然资源分类

注：左侧为中国资产评估协会（2014）的分类，右侧为孙萍萍等（2017）的分类，根据原文整理。

耗竭性资源管理的重点在于如何平衡当期使用和未来使用的关系，如矿产资源。可再生的非耗竭性资源管理的重点是如何在开发利用的过程中保证其再生能力，如森林。不可再生的非耗竭性资源管理的重点在于保证其资源品质，如土地。恒定的非耗竭性资源管理的重点在于如何充分开发利用，如水资源和水能等。自然资源的属性不同决定了开发利用的方式和监管重点不同，也决定了不合理开发利用的后果不同。

3.3　自然资源负债的含义和内容

当前关于自然资源负债主要存在三种不同的观点。第一种观点以耿建新为代表，这种观点暂不确认或者否认存在自然资源负债；第二种观点以李金华为代表，这种观点借鉴 SEEA 的理念认为自然资源负债是自然资源的耗减；

第三种观点以封志明、肖序、高敏雪、张卫民、沈镭等为代表，这种观点将对自然资源过度消耗、超采或不合理利用的部分视为自然资源负债。[①] 这三类观点各有合理之处。

3.3.1　暂不确定自然资源负债的观点辨析

耿建新等（2016）比较分析了负债和环境负债，认为负债必须有债权人、债务人、债务标的和偿债期限，环境负债符合负债的条件是企业存在与净化环境有关的义务；而自然资源负债更多是感性和概念上的，最起码现阶段无法确切定义。自然资源负债难以满足主体、客体、标的和期限四个负债基本条件，自然资源资产负债表编制目的在于摸清家底和确认管理责任，国家作为核算主体，不涉及借贷关系，国际核算经验并无自然资源负债。自然资源资产是国家资产负债表中资产的一部分；而国家资产负债表中负债是对应国外的债权，因此，至少现阶段自然资源负债是既无须确认也无法确认的。耿建新等的研究较好总结了国内外相关研究，论证严密，结论具有一定合理性。

本书认为自然资源核算和自然资源资产负债表从无到有，实现了需求推动下的实践和理论创新。自然资源资产负债表的目的是清家底、明责任，明责任并非单纯的行政管理责任，也包括企业事业单位开发利用应承担的责任。自然资源资产在国家资产负债表中的反映是货币计价部分，但并不能忽视无法货币计价的部分，SEEA 明确其实物量核算包括无法计价的自然资源。此外，自然资源资产负债表的编制并非单纯为了国家资产负债表的编制，这只是其目的之一；正如企事业单位会计核算的资产负债表会为国家资产负债表编制提供信息，但编制国家资产负债表并非企业资产负债表的目的，因此，不应完全套用国家资产负债表编制的理论和要求。如前所述，当前我国自然资源核算和自然资源资产负债表编制的主要目的是清家底、明责任，并兼有确权利、评收益的责任，因此，其兼有对外信息披露和对内提供管理信息的职责，可以视为兼有财务报表和管理报表的作用。

并非只有交易活动产生债权债务关系，企业管理活动虽并不涉及交易但会产生债权债务关系，如企业没有达到环保要求而被行政机关处罚，就会产

---

① 相关文献众多，本节仅对有代表性的文献进行探讨，未涉及文献同样具有重大价值，只是因为文体要求不能展开论述。

生企业对政府的负债。国家作为自然资源所有者，同时也是自然资源资产负债表编制主体，在自然资源管理和开发利用中会产生负债，如果行政管理机关及其工作人员违法违规造成自然资源非法利用带来自然资源损失，理应由相关责任人承担责任，如果是赔偿责任就会形成债务。企事业单位在开发利用自然资源过程中，因违法违规或不合理行为造成的自然资源损失而承担的责任，被罚款或赔偿的，本质上即是负债。

只是这种负债形式上与一般的企业负债不同，在这种债务关系中政府既是债权人，又是债务人。如同企业对外提供债务担保，当被担保人无法偿还债务时，债权人可以向作为担保人的企业追索，此时企业成为债务人；而企业又可以向被担保人追索，企业同时是债权人。当国家得到赔偿之后，需要对自然资源损失进行修复，以使自然资源恢复，国家对自然资源或者未来的自然资源存在恢复的义务。为了明责任需要确定自然资源负债，自然资源负债可以分两个层次进行理解。在第一层债权债务关系中，自然资源负债的债权人是国家，债务人是涉事企事业单位或个人，债务标的相应的罚款和赔偿以及清偿时间则由法律法规规定的追责期限决定。在第二层债权债务关系中，债权人是国家或未来的政府，而债务人是当前政府，债务标的是将自然资源恢复的相应水平，偿还期限则是依法应该恢复的时间。正如史丹（2015）、张金昌（2016）指出的，自然资源负债应视为当期政府对下届政府的负债，下届政府为了替代已耗尽的自然资源会产生利益流出。

从当前我国自然资源开发利用和管理实践来看，现实中是存在自然资源负债的，只是这种负债和企业一般的负债在形式上有所不同而已，但本质上是一致的，都是过去的交易和事项形成的会导致核算主体未来利益减少的现实义务。只是这种义务并不一定涉及经济价值，不一定能以货币计量。同时，自然资源跨国贸易本身也会形成自然资源负债。

耿建新等认为，负债有一个隐含条件，即能够货币计量。本书认为货币计量仅是对经济价值的计量，在经济核算中是否能够用货币计量、是否能够用货币准确计量只是能否登记入账并进行价值核算的条件，而非负债是否存在的条件，只要存在现实义务，即可视为负债。

3.3.2 将自然资源折耗作为负债的观点辨析

史丹（2015）认为，自然资源资产负债表是自然资源开发利用的记录，不涉及价值判断，负债大小不能说明问题，而依赖与其他指标进行比较。李金华（2016）认为，将自然资源折耗作为负债避免了资源耗减计量中超采、过度和不合理等主观和模糊标准，保证自然资源资产负债表编制的可行性，采用 SEEA 的理念，认为自然资源负债是自然资源耗减，即一定时期内因开发利用和其他原因造成的自然资源资产减少和损失的价值量。

SEEA 是统计体系中具有崇高地位的环境资源核算专门体系。正如潘基文对 SEEA 的评价，他认为其是收集综合统计数据、开发一致且可比的统计指标、测度可持续发展进程的有力工具。SEEA 自认为是一个多用途概念框架，用于考察经济与环境之间的相互作用，描述环境资产存量和存量变化。以统计理论为指导的 SEEA，通过描述统计对象存量及变化，为测度、评价和宏观调控服务，主要目标是清家底，不需要也难以反映环境资产的管理责任，难以清晰地明责任，更遑论确权利、评收益。而自然资源资产负债表不但要清家底而且要明责任，还兼顾确权利、评收益，抛开负债和权益核算这些目标是无法实现的。

李金华认为，自然资源资产负债表存在平衡公式：自然资源总资产 = 自然资源负债 + 自然资源净资产，同时认可自然资源资产负债表是时点报表，部分学者根据李金华的观点，不求甚解，直接将一定期间内的自然资源耗减视为自然资源负债，将期初自然资源资产存量作为自然资源资产，以期初的自然资源存量减去期间的自然资源耗减视为自然资源净资产，将时点概念和期间概念相混淆。资产负债表是时点报表，企事业单位资产负债表是对企事业单位等会计主体资产负债表日的资产状况的反映；国家资产负债表等虽然按年编制，相关指标和数据是年度数据，但是反映的资产存量和债权债务关系也是某一时点的，是时点报表。债权债务虽然有偿还期限，在一定时间内存续，但是，一旦某一时间发生了偿还，则债权债务关系解除，负债消失。因此，资产和负债均是存量概念，反映某一时点的状态，而非流量或累计发生量反映一定期间的情况。这种理解，混淆了负债的含义，所编制的报表本质上是自然资源资产变动表而非资产负债表。

因此，本书认为，该观点虽然有利于数据收集和报表编制，但是所编制报表并非严格意义上的资产负债表，能够反映自然资源资产的增减变动，但难以做到清晰明确责任。

3.3.3　自然资源负债含义的辨析

从法律上讲，各级政府授权代行自然资源管理职责，各级政府在行政管理中承担着保证一定时间内一定自然资源存量和质量的现实义务；各自然资源使用者也承担着依法依规合理开发利用自然资源的义务，因此，存在确认负债的法律条件。从理论上看，自然资源负债满足负债的基本条件，即利益流出的现实义务，所以理论上自然资源负债是存在的。

因此，本书认同封志明、肖序、高敏雪、张卫民、沈镭等诸多学者的观点，这些学者分别从资源管理、统计学和会计学的角度出发，结合负债的基本含义，论证了自然资源负债的定义，他们一致认为自然资源负债是自然资源过度消耗、超采或不合理利用的部分。为了避免不必要的误解，本书将自然资源负债定义为一定时点上因为政府、单位或个人等自然资源主体违法违规管理、利用自然资源，造成自然资源在数量上、质量上低于法律法规要求的标准，而需要承担相应修复或赔偿的现实义务。简单地讲，自然资源负债是自然资源主体因违规违法行为导致自然资源数量和质量低于法定标准部分应承担的现时义务。

当前，我国各类自然资源法律法规设置目的不同，但均对违规违法造成自然资源损失的法律行为的相应后果进行了明确，虽然并未覆盖所有不合理利用情况，但已初步形成了自然资源损害赔偿的法律体系，因而具有确认自然资源负债的现实条件。未来需要进一步完善法律法规，使之从面上能够覆盖各类违规违法行为，从量上能够实现对损害自然资源的恢复义务。任何核算体系都与核算对象的管理和运行机制相关，相互促进，共同发展。自然资源资产负债表的编制必然促进资源管理制度和方法的转变，而自然资源管理制度和方法的改进也将促进自然资源资产负债表的编制。

3.3.4 自然资源负债的内容

多数学者认为自然资源负债包括三个方面：资源过度耗减、环境损害与生态破坏（张金昌，2016；张友棠等，2014；封志明等，2015、2017；贾玲等，2017；杜文鹏等，2018）。环境损害与生态破坏必须与自然资源相关，能够以自然资源实物量或者以货币进行衡量。环境和生态是自然资源的集合状态，自然资源是环境和生态的重要组成部分，但环境和生态较之自然资源更难以测度和衡量；环境损害与生态破坏直接作为自然资源负债将造成资产负债的不匹配，因为纳入资产范围核算的仅仅是自然资产，暂时并不包含环境功能（高敏雪，2016）。学者之间关于自然资源负债具体内容的观点有所不同，具体见表3.3。

表 3.3　　　　　　　　　　　　**自然资源负债的内容**

序号	作者年份	自然资源负债包括的内容
1	张友棠等（2014）	污染治理成本、超载补偿成本、生态恢复成本、生态维护成本
2	肖序等（2015）	政府支付的开发补贴、生态修复成本、环境治理成本
3	盛明泉等（2017）	治理和恢复成本、维护和改良成本、开发补贴成本
4	陈燕丽等（2017）	应付生态维护成本、资源管理负债、污染治理成本、生态补偿成本、自然现象负债
5	闫慧敏等（2018）	污染治理、生态维护与恢复费用；自然资源过度消耗损失而支付的超载补偿成本

本书赞同高敏雪的观点，暂时不能将环境治理和生态修护的成本作为自然资源负债。自然资源具有生态价值，是生态环境的重要组成部分，但是自然资源资产负债表核算的是自然资源资产而非环境资产，单纯把环境治理和生态修复成本纳入负债将造成资产和负债核算对象的不匹配。闫慧敏等（2018）在讨论生态环境治理费用时，明确指出环境负债是"由于某类资源开发利用可能对多种资源造成负面影响"。当能够明确计量且确定各种自然资源的具体损失则可以计入对应自然资源的负债，否则不作为自然资源负债进行核算。

部分学者将恢复自然资源数量、质量或者寻找替代品的成本作为自然资源负债计量的标准，在理论上是合理的，在现实中是可行的。他们认为直接将相应修复成本作为自然资源负债是不合理的，应该在自然资源损害发生时，根据预计修复成本确认自然资源负债，而非修复完成的成本计入负债。自然资源的维护改良有利于增加自然资源的数量或质量，应该将其列入自然资源资产，是对自然资源负债义务的偿还，而非自然资源负债。自然资源开发利用的政府补贴是对自然资源使用者开发利用成本的补偿，一方面是政府行政管理的费用，另一方面作为自然资源使用者的收入，提高使用权人自然资源开发收益，既与一国国家自然资源资产无关，也与自然资源负债无关，因而也不应纳入自然资源负债。

综上，本书认为自然资源负债的主要内容是自然资源过度耗减，当环境损害与生态破坏能够明确对自然资源直接影响的大小和对象，则是相应自然资源的负债，否则不应该予以确认，否则会造成自然资源资产和负债核算范围的不一致。自然资源的恢复成本、维护改良成本和开发补贴不应该作为负债，当然，在自然资源损失发生时可以以恢复成本的金额或现值计入负债，但其本身不是负债，恢复成本发生时应该计入相应资产。维护改良成本在发生时根据资产确认条件计入资产或损益，而开发补贴则不应该包含在自然资源资产负债表内。

3.3.5　自然资源负债的分类

多数学者认为自然资源负债应该根据自然资源和负债的特征对自然资源进行分类。闫慧敏等（2018）认为，自然资源开发利用导致自然资源数量和质量的变化是自然资源负债产生的原因，自然资源是否可再生对自然资源数量变化影响巨大，应将自然资源分为可再生资源和不可再生资源，从数量和质量两个方面分别分析确定自然资源负债，并分析了森林和矿产资源的数量变化、土地和水资源的数量和质量变化，给出了相应自然资源负债的内容。王世杰和杨世忠（2020）提出，应注意国际贸易中的自然资源负债，这种负债是一种交易形成的负债，称之为国际贸易负债，这种负债在核算时点上债权债务关系多数已经消除，不体现在核算报表里，并根据自然资源负债的特征将其分为开发许可负债、耗竭性负债、损害性负债和降等性负债。

闫慧敏等（2018）与王世杰和杨世忠（2020）的研究均提出根据自然资源的特征分类确定自然资源负债，既有利于自然资源负债内容的确定，又有利于自然资源负债的计量。总结借鉴以上研究，本书提出自然资源的分类和对应内容，具体见表3.4。

表3.4　　　　　　　　　　　　　自然资源负债分类

资源类型	负债类型	负债内容	数量变化
土地资源	超量负债/降等负债	超量开发，污染或不合理利用导致下降	利用效率低下导致建设用地过度占用
矿产资源	耗竭负债	超标开发利用	矿产资源开发"三率"过低导致的损失量
水资源	超量负债/降等负债	超量开发，污染或不合理利用导致下降	取水量减去水资源回补量
森林资源	降等负债/耗竭负债	超标开发利用导致质量下降或严重下降	采运量减去自然增量

　　土地资源作为不可再生的非耗竭性资源，水资源作为一定情况下恒定的非耗竭性资源，合理利用并不导致资源总量的减少和质量下降。在管理过程中，一方面根据经济社会发展需要制定相应规划，如全国土地利用总体规划纲要、土地利用年度计划、取水许可总量控制指标、全国地下水资源开发利用规划等，根据这些规划的计划指标，对资源利用总量进行控制，超过控制指标利用的土地资源和水资源作为超量负债；另一方面因为不合理的开发利用导致自然资源质量等级下降，相应的社会价值和经济价值下降，根据地面水环境质量标准、耕地质量等级等国家、行业标准确定等级下降的资源量，作为降等负债。

　　矿产资源作为耗竭性资源，开发利用导致资源绝对量减少。但将资源减少直接作为负债，并非自然资源开发利用的目的，不符合自然资源资产负债核算的初衷。因此，应根据各类资源开发利用规划和年度计划，对于超过开发利用规划和年度计划的资源量视为耗竭负债。耗竭负债和超量负债均是超过规定利用资源量，但是，一类针对耗竭性资源，另一类针对非耗竭性资源。

　　森林资源作为可再生的非耗竭性资源，合理开发利用并不会降低长期的资源数量，一定时间范围内资源数量通过一段时间又会自然恢复。可再生资源开发利用超出这一范围，会导致资源质量下降，需要更长的时间或人工支持才能恢复资源数量和质量，超出规定范围的部分记为降等负债。需要强调的是，可再生资源严重超标准开发，将导致资源减少严重而无法恢复到可利用水平甚至是消亡，如原始森林资源的枯竭，严重超标准部分应该列入耗竭负债。

3.4　自然资源权益的含义辨析

　　一般认为，自然资源资产与负债的确认和计量决定了自然资源权益的确认和计量。在承认自然资源负债是超量或不合理利用的自然资源部分这一前提下，如何确认自然资源权益又被分为两种观点。封志明等（2017）承认自然资源权益的存在，但是，在试编自然资源资产负债表时，并没有核算自然资源净资产，而是通过倒挤核算自然资源资产与负债的差额。部分学者认为存在自然资源净资产而不存在自然资源权益。虽然当前诸多学者认为应该核算自然资源权益，但并未对如何核算进行研究，这正是本书要解决的主要问题。

　　自然资源资产和自然资源负债的含义虽然存在争议，但是学者们对它们名称的认识是一致的。学者们对自然资源权益存在与否、如何界定均存在较大争论，而且其概念和含义也存在不同意见，相关概念主要有自然资源净资产、自然资源所有者权益和自然资源权益。对此，本书认为自然资源净资产和自然资源权益两者在数量上是等价的，表述侧重点有所不同而已。自然资源所有者权益则过于狭隘，不宜使用。下文将详细阐述相应理由。

人们对自然资源权益的认识，从自然资源资本化开始。张白玲（2007）提出，自然资源资本是人类从自然可持续发展角度出发提出的对于自然资源参与财富生产的一种产权要求。杨世忠和曹梅梅（2010）提出，环境资本是能够带来环境收益的自然净资产，他们认为环境资本的实质是环境权益，是不同社会组织对环境净资产的权益归属。洪燕云等（2014）认为，自然资源资本是指自然资源资产扣除自然资源负债后由自然资源所有者持有的净资产，自然资源资本是对自然资源参与财富生产的一种产权要求。当自然资源所有权和使用权分离时，认清自然资源资本的主体显得尤为重要。自探索编制自然资源资产负债表以来，有学者借鉴会计核算沿用企业资产负债表中的所有者权益，认为自然资源净资产即自然资源所有者权益。也有学者认为我国自然资源产权现状与企业不同，不能照搬，在企业会计核算中净资产和所有者权益是同一事物的不同称呼，这在自然资源资产负债表中并不合适，因此，不适宜用自然资源所有者权益。多数学者认为应该使用自然资源权益，不再强调所有者，用于表示自然资源净资产部分。

当前是否核算自然资源权益、自然资源权益如何核算的相关研究大致可以分为四类，如图3.3所示。

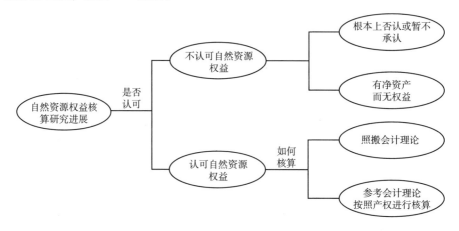

图3.3　自然资源权益核算主要观点

　　以中国人民大学耿建新教授为代表的学者认为，无论从国外经验还是从国内条件来说，当前都不适于确认自然资源负债，自然资源负债不存在就无所谓自然资源权益，因此，自然资源资产负债表更应该成为自然资源平衡表，按照资源应用等于资源供给的平衡关系，分类核算自然资源增减变动（耿建新等，2015；耿建新、唐洁珑，2016；耿建新等，2017）。以中科院地理所封志明为代表的学者认为，自然资源负债是人类活动使得自然资源过度消耗、环境质量下降与生态系统功能减弱；自然资源权益是国家或政府对自然资源拥有或控制权益的情况及其程度，是国家或地区所拥有的全部自然资源财富的综合（封志明等，2015、2017；闫慧敏等，2018），但实践中并未对自然资源权益进行核算，而是将期末资产和负债相减得出的差额作为自然资源净资产（杨艳昭等，2017、2018；闫慧敏等，2017）。中国社科院史丹（2015）、李金华（2016）认同 SEEA 的理念，将自然资源负债定义为自然资源耗减、损失。李金华（2016）进一步提出自然资源净资产是自然资源资产和负债的差额。部分学者沿用该定义，将期初自然资源资产减去当期自然资源负债的差额作为自然资源净资产，这一概念是对相关研究的误解，造成了理论和实践的自相矛盾。在早期还有众多学者照搬会计理论，提出按照会计对企业所有者权益的分类和核算方法核算自然资源权益，随着研究的深入，这些观点逐渐被否定。张友棠等（2014）、肖序等（2015）、陈艳利等（2015）、黄溶冰等（2015）、胡文龙和史丹（2015）、高敏雪（2015）、盛明泉等（2017）、李丰杉等（2017）、张卫民等（2018）、沈镭等（2018）均认为自然资源负债是超量利用的自然资源，应确认自然资源权益或净资产，自然资源权益或净资产是可以利用的自然资源，在数量上等于资产减负债，可以按照不同产权类型进行核算，这是多数学者认可的观点。

　　现代企业产权关系与自然资源产权关系无论是内容还是结构都有所不同，因此，不能照搬财务会计关于所有者权益核算的方法，而应该分析自然资源的产权关系，借鉴会计工作中权益核算的理论和方法进行自然资源权益核算。虽然诸多学者提及进行自然资源权益核算，但是较少进行深入研究，本书正是按照该思路研究自然资源权益的核算，以弥补现有研究的不足。

3.4.1　认可自然资源所有者权益的观点

　　乔晓楠等（2015）认为，自然界是自然资源的投资人和所有者，但考虑人类行为，自然资源是所有人类共同拥有的经济资源，自然资源所有者权益由人类一定时空范围内对自然资源占有、使用、收益和处置行为构成，可分为自然资源和生态资源两个层次；狭义的自然资源所有者权益指某国或地区当期拥有且可开发的自然资源总量中实际开发利用的数量；生态资源所有者权益指某国或地区当期可持续发展的基本环境要求。乔晓楠等将当期实际拥有可供利用或生态环境基本需求的自然资源作为自然资源所有者权益，超过实际拥有而开发利用的或者超过基本需求而应用的作为自然资源负债，而自然资源资产则是本身拥有和进口补充的自然资源。这一研究在自然资源所有者权益研究中独树一帜，但对权益内容探讨不够深入，后续研究较少。

陈艳利等（2015）认为，自然资源净资产是指自然资源资产扣除自然资源负债后可为自然资源权益主体拥有或控制的相关资源的剩余权益，是国家对自然资源所有权的体现。与企业会计核算类似，自然资源核算中所有者权益可与净资产画上等号。操建华和孙若梅（2015）完全从价值关系出发，认为自然资源资产是自然资源生态价值的综合，而所有者权益表示自然资源的资本价值归谁所有。封志明等（2017）认为，自然资源所有者权益是国家或政府对自然资源的拥有或控制的情况及程度，是所拥有全部自然资源财富的综合；而自然资源净资产则是国家利用自有资金对社会经营活动所产生的生态破坏、环境污染等治理后的剩余权益。自然资源资产负债表中的自然资源净资产项可以与所有者权益画上等号。

以上观点关于自然资源所有者权益具体内容的看法略有不同，但均认为自然资源所有者权益与自然资源净资产是相同的，数量是自然资源资产与负债的差额。乔晓楠强调所有者权益是当期自然资源存量中实际利用的部分或可持续发展的基本要求，反映了可利用自然资源来源问题，将其他部分作为负债，低估了权益，高估了负债，更没有区分不同资源利益相关者的权利和责任。陈艳利等强调资产扣除负债是国家拥有的自然资源剩余权益，较好地体现了国家作为所有权人的剩余权益，但在两权分离情况下，一旦设立使用权，自然资源开发利用的权利和收益主要归使用权人所有，这一主张忽视了对使用权人权益的反映。操建华强调资本价值，并尝试应用估值方法计算自然资源资本价值，一方面估计方法和结果是否准确可靠，影响核算结果；另一方面核算结果仅能反映价值总量，无法直接用于资源管理。封志明同样只强调国家对自然资源的控制，忽视了两权分离下使用权人的权益。

综上，自然资源所有者权益的论点更多强调国家所有权掌握或控制的自

然资源或资源资本价值。但是，无论根据会计学实质重于形式的要求，应该
分析法律形式背后的经济实质，还是 SEEA 提倡的经济所有权的观点，在两
权分离下，自然资源使用者的权益同样是重要且可核算的。自然资源所有者
权益的观点，突出所有权人的权益，而忽视了使用权人的权益，难以全面反
映自然资源权益现状，使人诟病自然资源所有者权益这一表述。

3.4.2　认可自然资源净资产的观点

由于自然资源所有者权益的观点紧盯所有者权益，而忽视自然资源两权
分离的实际情况，一些学者提出不存在自然资源所有者权益，只有自然资源
净资产。耿建新等（2015）认为，自然资源资产与负债之差只能称为"净资
产"，而不能叫作"所有者权益"。因为自然资源主体众多，核算中无法直接
计算"所有者"的投入和收益，只能间接得出净资产的数量。景佩佩
（2016）指出，自然资源资产负债表要素的界定以所有权为边界，不宜直接
沿用"所有者权益"。周志方等（2017）持有类似观点，认为自然资源资产
负债表针对整个经济体系进行核算，包含若干经济单位，若将资产与负债相
抵后，无法辨别谁是相应资产所有者，也无法区分不同所有者的原始资本和
留存收益，因此，自然资源所有者权益缺乏实际意义只能用净资产的概念。
盛明泉和姚智毅（2017）认为，自然资源核算情况复杂，无法反映政府对自
然资源的初始投资和留存收益，只能通过自然资源资产扣减自然资源负债的
方式间接得出自然资源净资产，反映政府对于国家或地区所拥有的全部自然
资源财富总和。

陈燕丽和王普查（2017）认为，自然资源投资者是自然界本身，将国
家、管理部门和生产经营者作为自然资源"所有者"有待商榷，实际上难以
计算这些人的初始投入和留存收益，因此，不应使用所有者权益的概念，应
该用自然资源净资产的概念，反映国家对自身拥有自然资源的实际控制量，
体现了主体对自然资源的剩余权益。朱婷等（2017）认为，自然资源资产和
负债的差额为自然资源净资产，他们否认所有者权益的概念，认为这一差额
是表示核算主体扣除每年应该承担的资源维护管理费用之后资源的净价值量，
因此，自然资源净资产只能以价值计量。

综上，这些学者认可自然资源净资产的表述，而否认自然资源所有者权
益的表述，其原因主要是认为自然资源核算主体众多，无法反映不同主体的

权益，也无法计算初始投入和留存收益，因而用所有者权益的概念是不合适的，应该使用自然资源净资产，仅作总量反映，不再分类核算，核算时通过自然资源资产减去自然资源负债直接得到总量。不过陈燕丽等强调自然资源净资产反映的内容仍然是国家所有权的剩余权益，因为主体众多，因而否定使用所有者权益的概念，但并非否认自然资源不同主体权益的存在。朱婷则突出净资产是资产对维护管理费用的扣除，是价值量的核算，而非实物核算。

3.4.3 认可自然资源权益的观点

多数学者认为在自然资源领域是存在权益的，但不能照搬会计中所有者权益的概念将之定义为自然资源的所有者权益，否则存在以偏概全的问题，因而提出自然资源权益的概念，不再强调所有者，而是涵盖不同权利主体。

武音茜（2014）提出，自然资源资产收益的分配应该根据不同责任主体进行，因此，应根据不同主体分别核算自然资源权益。张友棠等（2014）认为，自然资源权益是不同主体对自然资源的权利和要求，其在经济上的体现就是自然资源的权益价值。这些观点认为，自然资源涉及不同主体，并非单纯只有所有者，应该按照不同主体分类核算自然资源权益。

部分专家认可自然资源权益，并分析其核算内容。胡文龙和史丹（2015）认同自然资源权益的概念，提出资产负债权益分析框架，认为自然资源净资产是一国或地区所拥有的全部自然财富总和（绿色财富），即全部自然资源资产减去全部自然资源负债后的净值。肖序等（2015）同样认为，自然资源权益即自然资源净资产，并将反映内容分为政府原始投入、自然资源资本增值和政府剩余收益，需要通过价值核算最终实现。李丰杉等（2017）认为，自然资源权益核算的是某一区域内自然资源的有效部分，是区域资源资产总水平扣减了相关环境负债后的净额。以上研究均强调自然资源权益是资产减负债之后的净资产，这一观点得到广泛的认可。

陶建格等（2018）提出，自然资源负债权益被简称自然资源负债，认为自然资源权益是自然资源所有者享有的利益，分为自然生态系统的资源生态权益和经济社会系统的资源经济权益，自然资源的生态权益是满足可持续发展要求的限额，其余部分形成经济开发权益则是自然资源的经济权益。张卫民等（2018）认为，负债也是权益的一种，将各级责任主体尚未履行或尚未完成的自然资源管理和生态环境保护责任或修复任务界定为负债，则自然资源资产与负债之间的差额应该是自然资源净权益,其经济意义是编制主体拥有的自然资源财富扣减必须补偿或修复成本之后的净额,因此,提出净权益更能表达其内涵。陶建格等和张卫民等均认可威廉·佩顿的观点,负债也是一种权益,他们认为自然资源权益是资产扣除负债之后的剩余权益,因此,张卫民等强调使用净权益的概念,陶建格等则将权益分为生态权益和经济权益,其中,生态权益是基本权益,难以进行经济核算。

人们关于自然资源权益核算的具体内容和分类尚无统一认识,但均认为应该核算自然资源权益,并认可在自然资源核算中权益同样可以称为净资产,两者是相同的,只是权益更强调自然资源不同主体的权利和利益,而净资产则强调自然资源资产和负债之间的差额。因此,认可自然资源净资产的观点,一般认为仅需要报告资产和负债的差额作为净资总数即可;而认可自然资源权益的观点,则认为需要根据不同主体或特征进行分类反映。这两类观点的差异集中体现在是否认可自然资源权益的概念,但本质差异在于是否应该对自然资源权益进行分类核算。

3.4.4　自然资源权益的含义

在自然资源国家所有的制度背景下,我国自然资源所有权和使用权两权分离、分层代理,仅核算自然资源净资产的总额,无法反映不同权益主体的权利和责任关系。未设立自然资源使用权之前,自然资源主要体现为社会价值和生态价值,体现为所有者权益,仅以净资产总额进行反映未尝不可,此时并无经济利益,仅涉及政府内部对自然资源的行政管理,这种行政管理更多是总量管理,无须细节有关的信息。但对已经设立使用权的自然资源,在开发利用过程中涉及经济利益的分配问题,自然资源开发利用带来的经济利益是不同主体权益实现的来源。此时单纯以净资产的形式用总额进行核算,则无法反映不同权益主体的权利和利益分配问题,无法实现真正的清家底、明责任、确权利、评收益的目标,因此,必须根据自然资源不同权益主体的权利和利益进行分类核算。

本书认为,自然资源核算必须核算权益,在具体称谓上,自然资源权益和自然资源净资产所指均为同一内容,但应该承认权益关系的存在,并根据权益关系的不同进行分类核算,而非仅核算总额。在公司会计中,威廉·佩顿提出负债本身也是一种权益,本书与陶建格和张卫民的观点相同,认为在自然资源领域负债本身是权益仍然是正确的。自然资源负债是一种负的权益，虽然平衡公式依然是资产 = 负债 + 权益，自然资源负债是各权益主体需要承担的导致利益流出的现时义务，而自然资源权益是各权益主体拥有或掌握的自然资源权利及其所能带来的利益，一类是负权益，另一类是正权益。产权关系是人与人的利益关系，任何权利最终均体现为一种利益，无论是经济利益还是非经济利益，因此，自然资源权益可以定义为各权益主体能够从拥有的自然资源权利中获得的利益。

需要说明，在不同的学科领域，对所有权人或所有权或所有者的权益称谓有所不同。法学上常用所有人权益或所有权权益，而会计学上则多用所有者权益，本书将对应权益称为所有权益，而使用权对应称为使用权益。书中涉及相应名词沿用习惯称谓，所有权人或所有者含义相同。

第4章 国有自然资源产权和权益的现状

所有制和产权制度并非伴随人类出现而出现的。随着人口的增加和适宜居住资源的减少，原始社会形成了公有制。剩余产品和货币的出现，使社会逐渐形成了生产资料私有制，在奴隶社会，奴隶被作为生产资料归奴隶主所有；在封建社会，农民逐渐脱离和地主的人身依附，但是和地主形成了佃租形式，租种地主的土地；在资本主义社会早期，地主、资本家和工人三者分别占有土地、资本和劳动力，资本家租种地主的土地，随着经济发展和制度演进，当前资本主义国家地主和资本家逐渐合为一体；现代企业制度的出现，使产权关系不再是单纯的财产所有权，而成为财产权利束，不同权利可以相互搭配，以实现最佳效益。

马克思主义政治经济学指出了社会化大生产和私有制之间的矛盾，认为社会主义运动的起点应该是"为生产资料的公有化创造条件"，社会主义应该消灭私有制，实行生产资料公有制。中国自然资源作为重要的生产资料实行公有制，但经济发展的需要和中国特色社会主义制度的创新，使中国自然资源产权制度突破单纯的财产所有权概念，自然资源权利束的不同权利可以配置给不同的主体，不同主体根据自身权利获得相应利益，通过权利和利益的合理配置促使不同主体发挥比较优势，最大化自然资源开发利用效益，实现全社会福利的帕累托最优。自然资源产权制度是历史的、动态的，不同主体的自然资源权益应该是现实的、确定的，必须立足现实法定的自然资源产权制度讨论自然资源权益的实现和核算问题，因此，本章将对中国自然资源权益现状进行分析，首先，从自然资源产权制度入手，识别不同主体的权利；其次，分析自然资源利益的实现方式，明确不同主体相应的权益和经济后果，为后续章节的研究奠定现实基础。

4.1 自然资源管理现状

2018 年，国务院组建自然资源部，统一行使全民所有自然资源资产所有者职责，统一行使所有国土空间用途管制和生态保护修复职责，解决自然资源所有者不到位问题，这是中国自然资源管理体制的重大改革，自然资源管理由原来的分类管理走向综合管理。2019 年，中共中央办公厅、国务院办公厅印发了《关于统筹推进自然资源资产产权制度改革的指导意见》，要求加快健全自然资源资产产权制度建设，到 2020 年，要基本建立归属清晰、权责明确、保护严格、流转顺畅、监管有效的自然资源资产产权制度。管理体制的新变革和产权制度的新改革必然带来自然资源管理和产权的新变化，研究现有产权制度有助于把握改革方向、顺应改革需要，使研究内容具有一定的现实指导意义。本节将首先回顾中国自然资源管理体制和产权制度的演变历程；其次分析当前的自然资源产权制度和相应主体的权利；最后根据研究要求指出现有制度的不足和改进措施。

4.1.1 自然资源管理体制演变

自然资源及其产权安排是一国经济增长与发展的决定性因素（阿瑟·刘易斯，2015）。新中国成立之后，推翻了自然资源私有制，通过土地改革、收归国有等方式确立了自然资源公有制。1954 年，新中国第一部宪法规定"矿藏、水流、由法律规定为国有的森林、荒地和其他资源，都属于全民所有"[①]。宪法明确了国有自然资源的主导地位，但是并无相应的法律配套。改革开放之前中国并未制定自然资源相关法律对自然资源权利进行明确，而是由政府管理制度代替法律（肖国兴，1997）。管理体制上经历了从部门分类管理为主到相对集中管理，再到 2018 年成立自然资源部实施综合管理。新中国成立以来，截至 2018 年政府机构改革之前，土地、矿产、水和森林资源管理机构变迁具体情况见表 4.1。

---

① 五四宪法第 5 条、第 6 条、第 7 条。该宪法于 1954 年 9 月 20 日在第一届全国人民代表大会第一次会议上通过，此后 1975 年、1978 年和 1982 年分别再次制定宪法，现行宪法为 2018 年修订的 1982 年宪法。

表 4.1　　　　　　　　　　主要自然资源管理部门变迁

资源类型	成立年份	主管部门名称
土地资源	1949	内务部地政司
	1952	建筑工程部
	1954	农业部土地利用总局
	1956	农垦部
	1956	城市服务部
	1982	农牧渔业部土地管理局
	1982	房地产管理局等
	1986	国家土地管理局
	1998	国土资源部
矿产资源	1950	地质工作计划指导委员会
	1952	地质部
	1970	国家计委地质局
	1975	国家地质总局
	1979	地质部
	1982	地质矿产部
	1998	国土资源部
水资源	1949	水利部
	1958	水利电力部
	1979	水利部
	1982	水利电力部
	1998	水利部
森林资源	1949	林垦部
	1951	林业部
	1956	森林工业部
	1970	农林部
	1978	国家林业总局
	1979	林业部
	1998	国家林业局

　　资料来源：根据姚华军（2011）的《我国国土资源管理体制的历史、现状及发展趋势》和相关部门网站公开资料整理。

4.1.1.1　改革开放以前的自然资源管理

我国自然资源管理体制在中华人民共和国成立之初实行分类管理，自然资源被分为土地资源、矿产资源、水资源、森林资源等分别设立部门进行管理，其中，土地和水资源在多数情况下又按城市和农村分别管理。例如，1982 年改革之前，农业部管理农场和林场土地；城市土地归城建、房产、铁路和交通等部门管理；水利部负责对农村和国家大型水利建设工程的管理；城市建设部门管理城市自来水。在分类管理体制下，自然资源所有权职责由不同的政府部门承担。

改革开放以前，计划经济体制下自然资源行政管理和自然资源生产经营管理相结合，自然资源和资源产品根据国家计划进行调配，由政府主管部门对自然资源的生产、供给、分配进行计划管理。例如，在矿产资源管理中，1982 年之前地质部主要承担地质勘查工作，有色、冶金、煤炭、石油等行业主管部门承担矿产资源的开发工作，这些行业主管部门对矿产资源的生产经营活动进行管理，政企合一，既承担着相应资源的所有者职责，又承担自然资源行政管理职责，同时通过行政命令对资源生产、供给和分配等企业生产活动进行管理（姚华军，2001）。自然资源生产企业主要是国有企业，成为单纯的自然资源开发加工车间，没有自主权限。与此同时，广大农村虽然实施集体所有制，但因为实行计划经济模式，农村自然资源集体所有权受到政府指导管理，所以集体所有权由政府部门进行管理（肖国兴，1997）。

4.1.1.2　改革开放以后的自然资源管理

改革开放以后，伴随社会主义法制化进程，自然资源管理法律体系初步建立，不断修订完善，至今发挥着重要作用。面对新的经济社会形势，自然资源开发利用情况不断变化，自然资源管理体制改革从未中断。特别是在1998 年的政府机构改革中，我国撤销了煤炭工业部、冶金工业部、地质矿产部等工业专业经济部门，调整职责权限，实行政企分开以后，新组建的国土资源部、水利部和国家林业局更多地履行相应的自然资源行政管理职能，资源管理由分类管理向相对集中转变。在 1998 年的改革中，国家经贸委承担了能源资源的管理职责，分管国家煤炭工业局、国家石油和化学工业局，2000年以上机构转为国家经贸委内设局，2008 年组建国家能源局，负责能源产业和行业管理。

改革开放以后，自然资源集体所有权得到法律确认，虽然集体土地等自然资源可以通过征购、征用等形式转换为国有土地，但政府必须依法进行，不能通过行政命令直接进行转换。农村集体所有自然资源的所有权等产权归农村集体组织所有，不再受到政府直接管理和干预，自然资源国家所有和集体所有范围得到明确，使集体所有权和国家所有权逐步清晰。

随着中国市场经济体制的建立，国有企业体制改革逐步深入，政府不再干预国有企业经营管理，国有企业成为完全独立的法人主体。伴随自然资源有偿使用制度和自然资源转让制度的建立和完善，企业作为法人主体获得自然资源使用权，通过开发利用自然资源获得经济利益。

改革开放以后，在法律制度逐步健全的过程中，自然资源开发利用促进了经济发展，但也存在众多计划经济色彩，相关配套制度并不完善（贺骥，2001）。国有自然资源所有权地位模糊，被行政管理权代替，更多通过行政授权而非市场机制配置自然资源，自然资源无偿、无期限使用情况严重，自然资源粗放开发利用，造成了资源浪费，损害了国家权益。随着自然资源有偿使用制度的逐步建立，自然资源经营权可以依法流转，但自然资源有偿使用标准偏低、各级政府自然资源所有权和行政管理职责不清等问题仍然存在，造成国有自然资源所有者权益流失；自然资源分类管理造成的行政机构职权"条块化"分割，不利于自然资源统筹管理，造成自然资源管理的低效问题特别突出。针对这些问题，2018 年政府机构改革形成了自然资源综合统一管理的体制。

4.1.2　自然资源综合管理体制改革

为解决自然资源所有者不到位、空间规划重叠等问题，实现山水林田湖草整体保护、系统修复、综合治理，2018 年政府机构改革中，我国撤销国土资源部、国家海洋局、国家测绘地理信息局等部门，新组建自然资源部，将国土空间规划、测绘地勘、自然资源开发利用监管、统一调查、确权登记、有偿使用和全民所有者职责等职能由自然资源部统一行使。

自然资源部履行全民所有土地、矿产、森林、草原、湿地、水、海洋等自然资源资产所有者职责，负责全民所有自然资源资产划拨、出让、租赁、作价出资、确权登记等产权配置管理工作，负责自然资源价值评估、价格公示、分等定级、利用考评、市场监管等产权市场管理工作，同时负责征收相关自然资源资产收益。因此，自然资源部代表全体人民和国家履行国有自然资源资产所有者职责，成为国有自然资源所有权的代理人，同时作为行政主管部门对自然资源产权市场以及产权制度运行和执行情况进行监督，行使自然资源行政管理职责。从本质上看，所有权人具有自然资源最高产权，能够对产权关系进行调整和管理，因此，自然资源所有者拥有所有权人相应的管理权限，如价值评估、价格确定等。政府具有市场管理职权，能够对市场主体行为进行监管，对自然资源市场进行宏观调控，市场监管、利用考评等职能属于政府固有职能。因此，自然资源部具有双重身份，一方面是国有自然资源所有权的代理人，另一方面是自然资源市场行政主管部门，这双重身份使自然资源部拥有自然资源的管理权限。

4.2　自然资源产权现状

马克思主义政治经济学产权理论认为，产权是所有制的法律形态，是由法律规定和实施的由使用权、收益权等权能组成的排他性的独占权。现代产权理论认为，产权是对劳动、物品和服务的占有权利；占有是法律规则、组织形式、实施及行为规范的函数。由此可见，产权法定是产权理论的共识。在现代市场经济条件下，产权法定是产权市场运行的基本保障，也是产权清晰的基础，没有明确的产权和法律保障，就难以形成产权市场。

一般认为产权能够清晰界定并且需要清晰界定，但巴泽尔认为，产权界定是相对的、渐进的，因为交易费用的存在，产权完全界定的成本较高时，产权可能难以界定清楚。自然资源种类繁多、形式多样，开发利用方式不同，带给人类的利益也各不相同，因此，自然资源产权界定难度较大。自然资源产权清晰界定源自人类需求无限性与自然资源供给有限性之间的矛盾，但现实中尚存在暂未利用的自然资源，绝大多数并无产权界定的需要，具体产权并未界定。当前，我国建立了基本的自然资源产权法律制度，但是对产权权利束包括的不同权能的界定并不清晰。宪法作为国家根本大法，对自然资源所有权进行了规定，物权法作为民法领域调整产权关系的主要法律，也对涉及自然资源的产权关系进行了规定，另外，各个自然资源专门法对具体类型的自然资源产权也进行了规范。自然资源种类繁多，特点各异，本书以土地、矿产、水和森林四类经济社会价值大、开发利用程度高、现实问题突出、社会关注较多的自然资源作为代表研究权益核算问题，因此，本节将对这四类自然资源的所有权、使用权和管理权分别梳理，首先梳理宪法和物权法的相关规定，然后梳理专门法律的相关规定，以求明晰当前我国自然资源的产权关系。

4.2.1 自然资源所有权

根据现行《宪法》第六条的规定，我国实行生产资料的社会主义公有制，即全民所有制和劳动群众集体所有制。第九条规定，矿藏、水流、森林、山岭、草原、荒地、滩涂等自然资源，都属于国家所有，即全民所有；由法律规定属于集体所有的森林和山岭、草原、荒地、滩涂除外，城市的土地属于国家所有。第十条规定，农村和城市郊区的土地，除由法律规定属于国家所有的以外，其余均属于集体所有；宅基地和自留地、自留山也属于集体所有。国家为了公共利益的需要，可以依照法律规定对土地实行征收或征用并给予补偿。任何组织或个人不得侵占、买卖或者以其他形式非法转让土地。土地的使用权可以依照法律的规定转让。一切使用土地的组织和个人必须合理地利用土地[①]。

根据我国《物权法》第二条的规定，物权分为所有权、用益物权和担保物权，因物的归属和利用而产生的民事关系适用《物权法》。《物权法》第二编对民事所有权进行详细的界定，根据《物权法》第二编的有关规定，明确国家所有即全民所有，国有财产由国务院代表国家行使所有权，法律可另行规定。矿藏、水流、海域、城市的土地属于国有，森林、山岭、草原、荒地、滩涂、农村和城市郊区土地根据法律规定确定国家所有或集体所有。整体来说，《物权法》将宪法规定国有自然资源资产的范围进一步确认。这一范围也是本书研究的范围[②]。

《物权法》同时规定国家机关、国有事业单位、国有企业对其直接支配

① 现行《宪法》为 1982 年 12 月 4 日第五届全国人民代表大会第五次会议通过并公布实施，并于 2018 年 3 月 11 日第十三届全国人民代表大会第一次会议修正。

② 《物权法》为 2007 年 3 月 16 日第十届全国人民代表大会第五次会议通过，自 2007 年 10 月 1 日起施行。《民法典》已由第十三届全国人民代表大会第三次会议于 2020 年 5 月 28 日正式通过，将于 2021 年 1 月 1 日正式实施。《民法典》对国有自然资源产权的规定并无实质变动，届时将取代《物权法》发挥作用。

财产享有占有、使用和依法依规处分的权利，对相关单位作为资产所有权人
的权利进行了界定。国有财产监管机构和人员应依法监督管理，促进国有资
产增值保值，防止国有资产损失，对相关机构和人员的管理职责进行了明确。
有学者指出，自然资源国家所有权承载着不可分割的公共利益，从权利客体
和法律救济等方面看均适用于公法，而非民法，因此，自然资源国家所有权
不宜物权化，不应由《物权法》进行规范（陈丽萍，2018）。需要指出的是，
自然资源所有权具有普通物权的属性，应该将所有权主体和其他产权主体共
同作为平等的民事主体看待。但自然资源国家所有不应单纯由民法进行规范，
在行政法等层面也应该进行规范。

在我国法律体系中，除了《宪法》和《物权法》对自然资源产权关系进
行规范之外，各个自然资源专门法对相应自然资源产权进行规范。土地、矿
产、水和森林资源的相关法规见表4.2，伴随政府机构改革，部分法律法规
也正在修改过程中，如《土地管理法》和《城市房地产管理法》修正案草案
已经进入三审，《森林法》修正案已经分组审议，《地下水管理条例》修改已
经过公示①。考虑到自然资源相关法律法规修订主要针对相应程序修正，关
于产权内容改革不大，且修法并未完成，因此，本书以原有法律为主，产权
关系中若新法与旧法有实质性不同的将明确指出，进行对比研究，否则一律
以2019年底的现行法律为主。表4.2中实施时间以该法初次颁布实施时间或
最新修改之后实施时间为准。

表4.2 自然资源法律法规

序号	资源类型	名称	实施时间	法律层次
1	土地资源	中华人民共和国土地管理法	2004年8月	法律
2	土地资源	中华人民共和国农村土地承包法	2019年1月	法律
3	土地资源	中华人民共和国城市房地产管理法	2020年1月	法律
4	土地资源	中华人民共和国农村土地承包经营纠纷调解仲裁法	2010年1月	法律
5	土地资源	中华人民共和国土地管理法实施条例	2014年7月	行政法规

---

① 全国人大常委会法工委发言人：《土地管理法》和《城市房地产管理法》修正案草案将进入
三审［EB/OL］. 中国人大网，http：//www. npc. gov. cn/npc/c30834/201908/e3b62fc678d5438ca004f
dda8939c5e1. shtml；全国人大常委会组成人员分组审议《森林法》修订草案［EB/OL］. 中国人大网，
http：//www. npc. gov. cn/npc/c36739/201907/619fa67ef4b64951916946e2d8f13812. shtml；水利部关于
《地下水管理条例（征求意见稿）》公开征求意见的公告（已截止）［EB/OL］. 中华人民共和国水利
部官网，http：//www. mwr. gov. cn/hd/zqyj_23147/201707/t20170718_960705. html。

序号	资源类型	名称	实施时间	法律层次
6	土地资源	土地调查条例	2018 年 3 月	行政法规
7	土地资源	土地复垦条例	2011 年 3 月	行政法规
8	土地资源	中华人民共和国城镇国有土地使用权出让和转让暂行条例	1990 年 5 月	行政法规
9	水资源	中华人民共和国水法	2016 年 7 月	法律
10	水资源	中华人民共和国水土保持法	2011 年 3 月	法律
11	水资源	中华人民共和国防洪法	2016 年 7 月	法律
12	水资源	中华人民共和国水文条例	2017 年 3 月	行政法规
13	水资源	中华人民共和国水土保持法实施条例	2011 年 1 月	行政法规
14	水资源	取水许可和水费征收管理条例	2017 年 3 月	行政法规
15	水资源	城镇排水与污水处理条例	2014 年 1 月	行政法规
16	水资源	农田水利条例	2016 年 7 月	行政法规
17	矿产资源	中华人民共和国矿产法	2009 年 8 月	法律
18	矿产资源	中华人民共和国煤炭法	2011 年 4 月	法律
19	矿产资源	中华人民共和国石油天然气管道保护法	2010 年 1 月	法律
20	矿产资源	矿产开采登记管理办法	2014 年 7 月	行政法规
21	矿产资源	矿产勘查区块登记管理办法	2014 年 7 月	行政法规
22	矿产资源	中华人民共和国矿产法实施细则	1994 年 3 月	行政法规
23	矿产资源	矿产监督管理暂行办法	1987 年 4 月	行政法规
24	矿产资源	中华人民共和国对外合作开采陆上石油条例	2013 年 7 月	行政法规
25	矿产资源	中华人民共和国对外合作开采海洋石油条例	2013 年 7 月	行政法规
26	森林资源	中华人民共和国森林法	2009 年 8 月	法律
27	森林资源	中华人民共和国森林法实施条例	2018 年 3 月	行政法规

资料来源：根据司法部中国法律服务网法律法规数据库整理。

　　各自然资源法律均对相应自然资源所有权进行明确界定。《土地管理法》《矿产资源法》《水法》均对土地资源、矿产资源和水资源的国家所有权进行明确，并明确由国务院代表国家行使所有权。矿产资源和煤炭资源的国家所有权不会因为依附土地的所有权和使用权不同而变更，两者均属于国家所有。水资源归国家所有，但是农村集体组织的水塘和水库中的水由相应集体使用。土地资源和森林资源则分为国家所有和集体所有。森林资源由县级以上地方政府登记发证，经国务院授权，国务院森林主管部门可以对国家所有重点森林资源登记发证。

相关法律明确规定国有土地有偿使用，探矿权、采矿权有偿取得，水资源有偿使用，同时明确用材林、经济林、薪炭林及其土地使用权可以转让、作价入股。土地使用权出让应该支付国有土地使用权出让金。探矿权和采矿权通过招投标方式出让。水资源有偿使用则通过水资源费的形式进行。森林资源明确林木采伐许可，取得采伐许可时需要缴纳育林基金。综上可知，自然资源所有权是清晰明了的，但因为是国有产权，法律规定由国务院行使所有权，根据新一轮国家机构调整，自然资源部全面行使自然资源国家所有职责。各级政府具体职责通过行政授权，由主管部门代行相应所有权，当前体制改革先于法律改革，因而可能造成所有权授权不合理和相应责任的缺失问题。同时，相应自然资源有偿使用制度随着经济社会的发展也存在诸多问题。

综上，我国自然资源所有权归国家所有，所有权主体是国家中央行政机关，即国务院，而在国务院内部行使自然资源所有权职责的是自然资源部，自然资源所有权可以依法依规由各级地方政府代为行使。自然资源所有权受到法律保护，国家可以依法设立使用权并获得有偿对价。因此，自然资源国家所有权在经济上主要表现为可以有偿设立和出让使用，在法律上表现为他国、他人不能侵害国家所有权，必须依法取得、行使使用权。

4.2.2 自然资源使用权

《物权法》第三十九条规定，所有权人对自己的不动产或者动产，依法享有占有、使用、收益和处分的权利。《城镇国有土地使用权出让和转让暂行条例》第二条规定，国家按照所有权与使用权分离的原则，实行城镇国有土地使用权出让、转让制度，但地下资源、埋藏物和市政公用设施除外①。自然资源所有权和一般私法意义的所有权有所区别，自然资源国家所有权和使用权一般是分离的，因此，其所有权并非一般私法意义上的所有权，所有权人并不直接行使占有、使用、收益和处分的权利。

自然资源产权初始设定时，自然资源归国家所有，并未单独设置使用权，国家也不直接占有、使用自然资源。自然资源所有权人在法律上占有自然资源，但所有权人并不直接使用自然资源而受益，国有自然资源所有权不得转

---

① 《城镇国有土地使用权出让和转让暂行条例》为1990年5月19日由国务院发布并实施。

让和处置，国有自然资源的处置是对使用权的处置，此时自然资源使用权和收益权是空置的。在自然资源产权关系中，国有自然资源设立自然资源使用权的过程，既是自然资源所有者对使用权处置的过程，也是所有权人实现收益的过程。自然资源使用权一旦设立，所有权人或所有权代理人与使用权人分离，自然资源使用者将享有占有、使用、收益和依法处分使用权的权利。国有自然资源使用者享有一般私法意义上的占有、使用、收益和使用权处分的权利。因此，王克稳（2019）提出从法律上将自然资源使用权作为一项独立的财产权。这样的产权关系与产权理论中产权离散分割、分属不同的主体的相关研究是一致的。现代西方产权理论将产权分为所有权、使用权、用益权和处置权，其中，用益权即我国物权法规定的收益权，处置权即物权法规定的处分权。我国自然资源产权权利束和权能设置与其他国家相比有自身的特点（吴昱，2012）。综上，我国当前自然资源产权制度是合乎理论逻辑的，但因国家所有自然资源的特点，使自然资源所有权和使用权具有自身的特点。

《物权法》对自然资源的用益物权、担保物权和占有等进行了规范。用益物权不同于西方产权理论的用益权，它是指对他人所有财产依法享有占有、使用和收益的权利。物权法用益物权是对国有自然资源所有权和使用权关系的特殊协调安排，主要包括土地承包经营权、建设用地使用权、宅基地使用权和地役权。《物权法》第十章一般规定中特别指明海域使用权、探矿权、采矿权、取水权、水域和滩涂使用权等权利的保护。《物权法》中用益物权主要是对我国各项自然资源专门法律中自然资源使用权的补充，是在自然资源国家所有情况下，私法体系中对自然资源使用权的具体法律规定。现行自然资源专门法律更多体现行政管理的需要，自然资源专门法律中并未明确提出自然资源使用权，仅是对相应使用权权能的规范和界定；而《物权法》以规范不同民事主体自然资源使用行为将对应权利明确为用益物权，但具体权利多冠以使用权，因此，本书将自然资源相应权利统称为使用权。这一自然资源使用权与一般私法（《物权法》）意义上的使用权有所不同，权利束范围更广，包含因使用权而获得的占有、收益和使用权处置的权利。本小节将结合相应自然资源法律法规对土地、矿产、水和森林资源的使用权进行梳理。

4.2.2.1　土地资源使用权

在我国，土地资源分为国家所有和集体所有。集体所有土地主要集中在农村，集体所有土地由集体经济组织进行经营和管理。根据农村土地承包法，农村土地实行以家庭承包经营为基础、统分结合的双层经营体制，集体所有土地由集体内农户进行承包①。不宜承包的荒山、荒沟、荒丘、荒滩等土地可通过招标、拍卖、公开协商等方式承包。承包权人具有土地承包经营权，依法享有承包地使用、收益和土地承包经营权流转的权利。土地承包权不得买卖，但土地承包经营权可以依法采取转包、出租、互换、转让或者其他方式流转。因此，集体土地使用权可以分为承包权和经营权，经营权属于承包权的派生权利。本书主要关注国有自然资源权益，国有土地包括城市土地和农村及城市郊区土地中法律明确规定归国家所有的部分，当前国有农用地的产权与农村集体土地具体实现形式类似，国有土地产权集中在城市建设用地。

土地根据土地利用规划可以分为农用地、建设用地和未利用地。农用地包括耕地、林地、草地、农田水利用地、养殖水面等。建设用地包括城乡住宅和公共设施用地、工矿用地、交通水利设施用地、旅游用地、军事设施用地等。国有土地可以由单位或者个人承包经营，国有农用地主要由国有农场、林场等承包经营，这些单位具有国有土地使用权，具体表现为承包经营权。国有农用地使用权人利用土地从事种植业、林业、畜牧业和渔业生产，通过生产活动获取收益。

国有建设用地必须依法申请使用，通过转让或划拨设立土地使用权。占用土地为农用地的必须先转为建设用地，再设立国有建设用地使用权②。国有建设用地使用权人通过出让等有偿形式获得土地使用权的必须缴纳土地使用权出让金等有偿费用；通过划拨方式获得的需要缴纳补偿、安置等费用或无偿取得，但划拨方式一般为公共或公益建设。国有建设用地使用权人可以依法申请变更土地用途。国有建设用地使用权人可以通过经营建设项目获得收益，也可以转让、抵押、出租其土地使用权获益。

4.2.2.2 矿产资源使用权

我国矿产资源所有权归国家所有。无论矿产资源所依附土地的所有权和使用权的性质，矿产资源均归国家所有。当前法定矿产资源使用权分为探矿权和采矿权，统称矿业权。采矿权所有人开采获得的矿物、煤炭、石油和天

---

① 《农村土地承包法》为 2002 年公布施行，2018 年 12 月 29 日第十三届全国人民代表大会常务委员会第七次会议第二次修正，2019 年 1 月 1 日施行。

② 《城市房地产管理法》1994 年公布，1995 年 1 月 1 日施行，2019 年 8 月 26 日第十三届全国人民代表大会常务委员会第十二次会议第三次修正，2020 年 1 月 1 日施行。

然气等矿产资源，在法律上属于矿产品，其交易和使用依法由市场进行调节。我国矿产资源国家所有主要是指在矿产资源开采出售之前相应矿产归国家所有。当矿产资源被企事业单位开采之后这些矿产品归相应单位所有。因此，国有矿产资源所有权的客体主要是矿藏，相应的使用权即探矿权和采矿权的客体也主要是矿藏，而非开采之后的矿产品。

因此，我国矿产资源归国家所有，主要是指矿藏资源归国家所有，而矿物资源产品作为原材料其所有权由市场机制进行调节。国家所有矿产资源根据是否已经探明其矿藏将矿业权具体分为探矿权和采矿权，具有资质的单位可以依法申请获得，探矿权和采矿权有偿获得，开采矿产资源需要缴纳资源税和资源补偿费。矿产资源使用权人可以通过依法转让探矿权和采矿权获得利益，也可以通过对矿产资源的开采获得利益。探矿权人依法优先获得采矿权，也可完成最低勘查投入后转让探矿权，矿山企业作为采矿权人因企业合并、分立，通过与他人合资、合作经营，资产出售、变更产权等形式可以依法转让采矿权，或者通过矿产资源开发获得利益。矿产资源使用权人不得买卖、出租或者以其他形式转让矿产资源，不得收购和销售国家统一收购的矿产品，不得采用破坏性的开采方法。国家允许集体矿山企业采矿和个体采矿，矿山企业可以依法补偿集体或个人以获得相应采矿权。

4.2.2.3　水资源使用权

水资源包括地下水和地表水。《水法》明确规定，水资源属于国家所有，水资源的所有权由国务院代表国家行使。但农村集体经济组织的水塘和由农村集体经济组织修建管理的水库中的水，归该农村集体经济组织使用，无须取水许可。国务院代表国家行使水资源所有权，水资源实行流域管理与行政区域管理相结合的管理体制，实行取水许可制度和有偿使用制度，单位和个人应该依法向水行政主管部门或者流域管理机构申请领取取水许可证，并缴纳水资源费，取得取水权。

根据《城镇排水与污水处理条例》的规定，企事业单位和个人向城镇排水设施排放污水，应取得污水排入排水管网许可证，获得排污权[1]。根据《航道管理条例》的规定，企事业单位和个人依法具有航道通行权[2]。除了法

---

[1]　《城镇排水与污水处理条例》为 2013 年国务院令第 641 号公布，2014 年 1 月 1 日施行。

[2]　《航道管理条例》为 1987 年国务院发布，2008 年 12 月 27 日修订，2009 年 1 月 1 日施行。

定的取水权、排污权和通行权之外，取水权还在实践中衍生出用水权、调水权和经营权。城市公共供水单位、水资源产品生产单位、跨流域调水主体等单位或主体在进行取水时，同时获得向居民或市场供应水产品的权利，这些权利与一般自用取水有所不同，具有一定的经营性质。

综上，法定水资源使用权主要是取水权、排污权、航行权，但航行权属于公共权利，不具有排他性。一般水资源使用权人的取水和排污均为自身需要，作为消费终端。但存在企事业单位以水资源作为产品进行水资源产品供应或销售的，这类企业除了单纯意义的取水权和排污权之外，还具有用水权、调水权和经营权等水资源使用权。因此，一般来说，水资源多数为取水权人自用，少数由企事业单位作为产品进行销售。作为产品进行销售的水资源产品其所有权一般不再为国家所有，同时取水自用的单位或个人取得占用的水资源也不再为国家所有。因而实质上我国水资源国家所有主要是指天然存在的水资源归国家所有，而依法获得取水许可并依法进行加工生产的水资源归依法取水加工单位或个人所有。所以从法理上水资源开采加工单位具有水资源使用权，但实际上具有准所有权的占用、使用、收益和处置的权利。

4.2.2.4　森林资源使用权

森林资源归国家所有，但法律允许集体所有和个人所有森林、林木和林地资源。《森林法实施条例》明确森林资源包括森林、林木、林地以及依托森林、林木、林地生存的野生动物、植物和微生物[①]，因此，森林资源是复合资源。SEEA2012 将土地资源分为土地资源和土壤资源，森林资源分为木材资源、土地资源和土壤资源。SEEA 认为，土地资源体现土地的空间承载能力，一定时间内是不会发生变化的。土壤资源着重突出土壤提供惠益的能力可能随时间的推移而下降。本书认为，SEEA 的分类有一定道理，例如，农用地主要是耕地、林地、草地等，主要依赖于土壤肥力等惠益能力，而建设用地则主要提供空间资源。但我国自然资源核算并非单纯为了国民经济核算，而是为了全面自然资源管理需要，兼顾国民经济核算，将森林资源分为木材资源、土地资源和土壤资源，无法反映自然资源的整体状态，因此，我国将森林资源作为混合资源，主要核算其林木等生态资源，林地资源则作为土地资源的一种进行核算。

---

① 《森林法实施条例》为 2000 年发布施行，2016 年 2 月 6 日国务院令第 666 号修订。

　　单位和个人能够依法申请国有森林资源的森林、林木和林地使用权以及相应的林木所有权。国有森林资源由县级以上人民政府进行登记管理。法律许可范围内森林资源使用权人可以将使用权转让、入股或作为条件进行合资、合营等。根据森林采伐更新管理办法，林木资源采伐应取得林木采伐许可证，非国家统一调拨的木材运输应取得木材运输证，依法依规进行林木采伐和木材运输①。据此可知，森林资源国家所有针对森林整体，由林木和林地共同构成的生态复合资源归国家所有，相应林木资源所有权依法可以由单位或个人取得，依法采伐、运输和销售，单位和个人能够通过木材产品的经营获得利益。

　　森林是陆地生态系统的主体，保护森林和生态是建设生态文明的根基，我国林业发展一贯坚持生态效益、经济效益和社会效益相统一，生态效益优先。坚持将保护、培育森林，发挥森林蓄水保土、调节气候、改善环境的生态效益放在首位，其次考虑合理利用森林资源，提供林产品。长期以来，国有森林资源使用权人以国有林场和林区为主，国有林区和林场作为国有企事业单位承担森林保护、培育和合理利用的职责。根据国有林场改革方案和国有林区改革方案，应根据职责分类界定国有林场责任，主要承担保护和培育森林资源等生态公益服务职责的，按公益服务事业单位管理；主要从事市场化经营的，改制转型为公益性企业；国有林区政企分开，精简国有森林资源管理机构②。根据《天然林保护修复制度方案》的规定，我国将实行天然林保护与公益林管理并轨，全面停止天然林商业性采伐③。根据《森林法》的规定，国有单位营造林木由营造单位依法经营并支配林木收益。集体或个人承包国家所有宜林荒山荒地造林的林木归承包者所有。因此，国家所有天然林和公益林等森林资源使用权由国有林场或国有林区所有，主要考虑生态和社会效益，考虑经济效益较少，更多是一种责任而非利益，相应权益更多是森林资源的生态价值和社会价值，归森林资源所有权人所有，即全民所有。国家所有商品林由经营人依法取得森林、林木和林地使用权和林木所有权，依法通过林木交易获得利益，但需要承担相应的森林更新责任和税费。因此，国家所有商业林使用权人具有相应的使用权益，而公益林使用权人的法律权益更多是国家权益即全民权益。

---

① 《森林采伐更新管理办法》为 1987 年发布施行，2011 年 1 月 8 日修订。
② 中共中央、国务院印发的《国有林场改革方案》和《国有林区改革指导意见》。
③ 中共中央办公厅、国务院办公厅印发的《天然林保护修复制度方案》。

综上，自然资源使用权的内容因自然资源类型不同而有所不同，但自然资源使用权均需要依法取得，支付有偿使用金，使用过程中依法行使相应权利，否则自然资源所有者可以依法依规收回使用权。自然资源使用权与一般民法意义上的使用权有所不同，自然资源使用权表现为不同形式，但多数包括对自然资源的占有、使用、收益和使用权处置，是自然资源国家所有权制度下特殊的使用权形式。自然资源使用权主要对应经济利益，通过对自然资源的开发利用或经营实现相应的经济利益。不同的自然资源开发利用和经营形式不同，获益方式也不同，权利的内容也有所不同，因此，应该根据自然资源的类型分析相应的自然资源使用权和使用权对应的权益。

4.2.3 自然资源监管权

政府作为国家行政机关具有行政监督管理的权利，自然资源作为一国存在和发展的物质基础是政府监督管理的重要领域。中国实行生产资料公有制，自然资源归国家所有，由国务院行使自然资源所有权，自然资源部全面履行自然资源资产所有者职责。国务院作为最高国家权力机关的执行机关，是最高国家行政机关，因此，在中央政府层面自然资源行政监督管理权主体和自然资源所有权主体合二为一，在日常事务中并不区分政府行为是以行政监督管理主体的身份还是自然资源所有权主体的身份发起的。地方各级政府是地方国家权力机关的执行机关，是地方各级国家行政机关，向上一级报告并接受指导。国务院统一领导各地地方各级人民政府，各地各级地方政府作为行政机关应服从国务院的命令。自然资源监督管理权根据相关法律法规，依法或依国务院授权，由各级地方行政机关分层分类行使。

新一轮政府机构改革中，自然资源部作为国务院组成部门具体履行全民所有各类自然资源资产所有者职责。根据自然资源产权制度改革指导意见，我国将推进修法明确国务院授权国务院自然资源主管部门即自然资源部具体代表统一行使全民所有自然资源资产所有者职责，建立自然资源部国有自然资源资产所有权资源清单和管理体系，同时明确省、市和县级政府的代理行使所有权清单和委托省、市和县级政府的代理行使所有权的资源清单。因此，我国自然资源行政管理体制自上而下逐级委托行使自然资源行政监督管理权；自然资源所有权形成了自上而下的逐级委托行使所有权的权力结构。国务院作为中央政府，是自然资源行政管理主体和自然资源所有权主体，两个主体归于一身。根据相关法律法规和国务院授权，各级政府层面都可能存在自然资源行政管理主体和所有权主体的合二为一，主体身份的合二为一使各级政府在自然资源管理上具有双重身份，双重身份是统一对立的。

　　各级政府自然资源管理的双重身份在维护自然资源合理开发利用和调控自然资源产品市场上是统一的。无论是自然资源所有者还是自然资源行政管理部门都需要维护自然资源的合理开发利用，保证市场稳定，促进自然资源产品市场有效运行，但各级政府自然资源管理的双重身份在自然资源开发授权和地方经济发展上可能是对立矛盾的。地方政府为了维护地方经济利益或者生态环境，可能在法律许可范围内放宽或收紧自然资源开发利用标准，或者为了地区经济发展，降低自然资源资产有偿使用标准，因此，应该对自然资源监管权特别是行政管理权力的运行进行监督和评价。

　　自然资源监管权和所有权有所交叉。根据物权法理和产权理论，所有权和使用权都是产权权利束的一部分，所有权是权利束的根本部分，决定着使用权，拥有所有权就拥有占有、使用、收益和处分的权利。从我国自然资源产权关系来看，因为实行公有制，自然资源所有权和使用权分离，分离状态下所有权并不完全行使占有、使用、收益和处分的权利，这些权利多数归属于使用权。因此，我国《物权法》中采取用益物权规范自然资源使用权，自然资源所有权和使用权不是单纯民法意义上产权权利束的不同部分，而是一种特殊的全民所有、个体使用的形势下的产权状态。这种状态下，自然资源所有者在设立自然资源使用权时，已经获得或者按照协议未来获得确定的收益，实现所有权人权益；自然资源使用者通过有偿使用支付对价，获得使用权，使用权包含占有、使用、剩余收益和使用权处置的权利，通过对自然资源的经营和开发实现使用权人权益。因此，在自然资源设立使用权之前，自然资源主要表现出社会价值和生态价值，较少存在经济价值，自然资源所有者并无经济利益。在自然资源设立使用权时，即自然资源两权分离时，根据相关法律和约定，自然资源所有者依法当时获得或者未来获得有偿使用金，实现所有人权益中的经济收益，自然资源使用者则获得使用权。自然资源使用权设立之后，自然资源使用者依法自主开发或经营自然资源，获取经济利益，实现使用权人权益。在自然资源开发利用过程中，自然资源使用者和自然资源所有者作为平等的法律主体，自然资源使用者依法行使其使用权，不受所有权人的干预，除非违法违规或违反约定，自然资源所有者有权依法依规收回使用权。

政府具有双重身份，但是作为自然资源所有者，其职责主要是在自然资源设立使用权时，依法依规获得相应的对价，保证所有权权益的实现。其后自然资源所有者只有在使用权人违反约定时才能够依法依规收回使用权。因此，自然资源所有者的权利是获得使用权有偿使用金、依法依约收回使用权，自然资源所有者的身份和权利是清晰明了的。而政府作为行政机关对自然资源的管理则是全面的，根据梳理，自然资源管理权散见于各种法律法规中，并没有确定的管理权内容，根据现行法律梳理政府的自然资源监管权主要包括管理监督、监督检查、批准、审批、审查、许可、处罚、征收、规划、用途管制、统计、调查、评定、评价、水文、勘察、动态监测、建立信息系统、争议处理、保护和维护资源等权限。以上权力可以分为宏观调控权、微观管理权、信息获取权和维护执行权。具体分类见表4.3。

表4.3   **自然资源政府管理权力**

权力类型	具体权力
宏观调控权	规划、用途管制、评定、评价
微观管理权	管理监督、监督检查、批准、审批、审查、许可、处罚、征收、争议处理
信息获取权	统计、调查、水文、勘察、动态监测、建立信息系统
维护执行权	土地整理、水利基础设施建设、增加护林设施、森林火灾预防和扑救

资料来源：根据表4.2中法律法规梳理，已发表于《国土资源情报》2018年第9期。

这些权力多数属于社会公共服务、公共利益维护或宏观调控的权力。自然资源所有者作为自然资源产权权利束最高权利所有者，拥有对自然资源统计、调查、评定和评估等微观和宏观权力，相应的作为自然资源行政管理的国家机关同样也可以拥有相应权力，这些权力从理论上看存在交叉，难以明确区分权力的来源。但本书认为这些权力更应该属于自然资源行政管理机构的监督管理权，主要原因有如下三点：（1）无论一个国家的自然资源所有权制度，实行自然资源公有制还是私有制，世界各国均会对国民经济和自然资源进行统计、调查、评定和评估，以全面掌握本国国民经济和自然资源整体情况，这些权力是国家行政权力，为公共利益服务。（2）自然资源统计、调查、评定和评估更多是服务于国家决策和市场管理，如果自然资源所有权和使用权不分离，则自然资源所有者自行开发利用，无须进行统计、调查、评定和评估，根据自身需要进行决策即可，无须考虑进行相关统计和评定工作，因此，自然资源所有者并不必然需要这些权力。这些权力归属所有权人，是所有权和使用权两权分离存在自然资源市场的前提下，维护所有权人和使用权人各自权益才需要的权力，所有权人拥有所有权比使用权人更有条件和便利获得这些权力。因此，这些权力并非天然属于自然资源所有者，这些权力是为了调控自然资源市场和保护相应主体权益而产生的，而非单纯因为自然资源所有权而产生。（3）这些权力为自然资源市场和宏观调控服务，形成的信息不但由政府使用，还向社会公布，并为使用权人提供服务。因此，在我国，这些权力是自然资源管理部门因行政管理而获得的权力，而非因自然资源所有权代理人身份获得的权力。

综上，自然资源监管权是一种行政权力，并非为获得利益而存在，是为了维护社会公共利益、保证自然资源合理开发利用而存在的权力。根据权责相等的原则，自然资源行政主管部门行使相应权力，承担相应责任，例如，自然资源登记评定、自然资源使用权审批设立等，都是一个行使权力和承担责任统一的过程。这一过程并非完全为社会公共利益服务，还同时为特定自然资源使用者或利益相关者服务，这种服务是作为一种公共服务，但并非非公益服务，需要受益人承担相应成本，如唐在富（2008）指出的土地管理中的检测费、规划费、工本费等。这些服务性收费应该作为自然资源行政部门监管权的对价，是对管理成本的补偿，本质上并非收益，但可以作为相应权益核算，使自然资源行政管理部门提供的服务性成本和服务性收入相匹配，衡量行政管理成效。

自然资源使用者违法行使使用权、不按规定开发利用自然资源时，会受到相应的惩罚，其中包括罚款等。例如，不按照批准的用途使用国有土地的可以处以罚款，超越批准的矿区范围采矿可以没收违法所得并处罚款等。这些罚款是对非法行为的惩罚，作为国家收入，这些收入并非是因提供公共服务而获得的收入，收入发生不受行政主管机关主观意识影响，一般希望这类收入越少越好。这些收入是自然资源合理开发利用和市场稳定的负收益，是对社会整体权益的弥补，因此，应该作为自然资源资产和负债进行管理和核算，作为对社会整体权益弥补的负收益，这些收益应该越少越好。

综上，我国自然资源监管权和自然资源所有权均为国家权力，归各级行政机关即政府所有，并由相应部门行使。在我国，各级政府部门依法拥有的自然资源权力，从法理上难以完全区分其源于所有者权力还是行政管理权力，但从我国自然资源监管权立法目的和立法内容来看，更多来源于宏观的行政管理权力，为社会公众利益服务。自然资源所有权和监管权两者在具体权力上有所不同，监督权更多表现为一种行政管理的权力，在权力设置上遵循权责对等的原则，对应的更多是相应的行政责任，为公众利益服务，但不包括行政机关自身的经济利益。

4.3 自然资源的具体权益

权益是权利和利益的结合，权利是利益的基础，利益是权利的实现形式。权利的存在必然伴随着利益，但是利益能否实现取决于权利行使过程。以公司为例，作为股东因为投资企业拥有股东权利，拥有剩余索取权、资本收益权、参与决策权等权利，这些权利能给股东带来利益。利益是否实现取决于权利的利用，如果企业经营获利则资本收益权和剩余索取权能够给股东带来经济利益，实现利益流入。因此，利益是进行权利和权益核算的基础，在利益实现的情况下，通过确定和核算利益能够反映相应的权利。

利益是权利应用的结果。权利的不当利用产生的不是利益而是责任。例如，越界超采矿产资源会被处以罚款或要求赔偿损失。一般来说，权利使用不当造成的损失称为责任，当责任能够量化时，就形成了负债。在会计上负债被定义为：企业过去的交易或者事项形成的，预期会导致经济利益流出企业的现时义务。在法律上这种责任被称为债务，它是债的法律关系，是债务人依法对债权人所承担的为一定行为或不为一定行为的义务。对于权利应用产生的责任，无论是会计上的负债还是法律上的债务，多数都是经济利益，至少涉及两个相对主体。利益则可能是一个主体，企业开发利用自然资源，产品销售之后经核算实现净利润，则企业利益增加。不过利益通常需要通过交易实现。

权利应用或来源形成的经济后果，包括正向利益和负向利益，可以统称为权益，这样权益和权利一一对应起来。权利表示一种社会关系的状态或法律形式，而权益表示权利的效应或法律责任。权利只是一种状态，而权益则是权利的实现（周臣孚，1996）。当产权关系清晰界定时，权利能够清晰界定，相应的权益和剩余索取权能够进行计量，这时权利和权益相等。现在企业财务会计中，会计将资产界定为过去的交易或事项形成的、企业拥有或者控制的、预期会带来经济利益的资源。因此，企业控制或拥有带来利益的资源，本质上企业掌握这些资源获益的权利，即"权利＝权益"。从这一方面看，权益核算与企业的会计核算是等价的，只是会计核算更注重对产权关系的核算，而非权利具体形式的核算。正如巴泽尔所指出的产权是相对的、渐进的，未必是清晰明了的，此时权利和利益难以直接建立等价关系，因为权利应用的经济后果难以衡量。权益核算必须区分权利和利益进行核算，具体到自然资源权益核算，对于尚未开发利用的自然资源所有权和使用权上的经济利益尚未发生，难以进行经济利益核算，因此，可以用实物量对对应的权利进行核算；一旦相应的经济利益发生，则利益是确定的，可以采用货币量对权利进行核算。因此，自然资源权益核算必须结合实物量和货币量，根据自然资源所处的状态进行核算。

4.3.1　未设立使用权时的自然资源权益

当前，国有自然资源所有者职责由自然资源部承担，单位和个人可以依法申请自然资源使用权。根据有偿使用制度等制度，在申请人符合条件的情况下，自然资源行政主管部门可以批准设立自然资源使用权。在自然资源使用权设立之前，因为自然资源部代表国家行使所有权人职责，自然资源并未被开发利用，主要带来社会效益和生态效益，如河流的自净能力对污染物的处理、森林带来氧气等，产生的社会效益和生态效益，并不产生经济效益，无法确定其金额，不能进行货币计量，也难以将相应效益和直接受益人建立联系。此时并无自然资源使用权，相应的自然资源所有权并未带来经济利益，所以只有权利而没有经济利益。这使自然资源权益核算更多是对权利的核算，即自然资源所有权对应的自然资源实物量的核算。

4.3.2　设立使用权过程中的自然资源权益

单位或个人依法向自然资源行政主管部门申请自然资源使用权，主管部门依法审核之后对于满足条件的单位和个人，在支付有偿使用金之后，设立使用权，申请的单位或个人成为自然资源使用者。在申请过程中，自然资源使用权申请人向自然资源所有者支付对价，自然资源所有权的经济利益得以实现，自然资源所有权转化为自然资源所有者权益。自然资源使用权申请人通过支付经济利益得以获得自然资源使用权成为自然资源使用者，自然资源使用权的获得成本是确定的。

根据自然资源有偿使用制度，不同自然资源所有权实现的方式有所不同，并非全部的自然资源所有权权益均在此时得到实现。对于土地资源，所有权权益通过土地出让金实现，在土地转让过程中的土地增值税、城镇土地使用过程中的城镇土地使用税等都应该属于土地资源所有权权益。对于矿产资源，根据《矿产资源权益金制度改革方案》《资源税法》的规定，矿业权出让收益、矿业权占有费和资源税均是自然资源所有权权益的实现形式，设立矿业权时所有权权益对应的仅有矿业权出让收益①。对于水资源，根据《扩大水资源税改革试点实施办法》《资源税法》等法律法规的规定，水资源有偿使用制度主要通过水资源费或水资源税实施，2016 年 7 月，河北省试点水资源费改税，2017 年 12 月，北京、天津、山西等 9 个省份纳入试点范围，未来将统一改为水资源税。水资源费在设立水资源使用权，即发放取水许可证时收取，而水资源税则在取水行为发生后定期收取②。对于森林资源，森林资源的生态价值高于经济价值，我国森林资源以培育和保护为主，因而相关法律法规并未明确规定有偿使用金，在森林资源开发利用过程中存在育林费、林业基金、森林植被恢复费等费用。但除育林费外其他费用均非森林资源所有权权益，根据有关规定，当前我国育林基金征收标准降为零，因此，目前森林资源所有权形成的经济权益几乎为零③。

自然资源使用权设立过程中，自然资源使用权的权益并未实现，因为获得使用权并非自然资源使用者的最终目的，自然资源使用者获得使用权的目的是通过对自然资源的开发利用或经营获得经济利益。自然资源使用者的权益需要在自然资源使用权应用过程中实现。

4.3.3 使用权行使过程中的自然资源权益

自然资源使用权设立之后，自然资源使用者通过对自然资源的开发利用或经营，获得经济利益实现自然资源使用权权益。对于土地资源，农用地使用权人直接开展农业经营或出租土地使用权获得经济利益，实现使用权权益；建设用地使用权人可以将土地作为经营场所获取经营收益，或者进行房地产

---

① 《矿产资源权益金制度改革方案》为 2017 年 4 月 13 日国务院发布。《资源税法》为 2019 年 8 月 26 日第十三届全国人民代表大会常务委员会第十二次会议通过，2020 年 9 月 1 日起施行。

② 《扩大水资源税改革试点实施办法》为 2017 年 11 月 24 日发布。

③ 《关于取消、停征和整合部分政府性基金项目等有关问题的通知》为 2016 年 1 月 29 日发布。

开发将土地使用权和房屋所有权作为商品出售或出租获取经济利益，实现使用权权益。对于矿产资源，矿业权人可以通过对矿产资源开发利用获取经济利益，具体的探矿权人通过探矿活动根据探明矿权申请采矿权进行经营，采矿权人通过开采矿产资源，获得出售矿石等，实现经济利益。对于水资源，水资源使用权人可以直接使用水资源用于生产经营获取经济利益。对于森林资源，作为天然林使用权人的国有林场和林区承担国家林业事业职责，以公共利益和生态利益为主，不考虑经济利益；商业林的使用权人通过对林木资源的采伐，出售林木资源获得经济利益。

　　自然资源使用权合理利用能够带来经济利益，形成使用权权益。但若违法违规或不合理利用将导致经济利益流出。土地、矿产、水和森林等资源的监督管理权中均有不当行为和争议的处置权。自然资源使用者不当利用自然资源可能损害自然资源所有者、第三方或者生态环境。侵害自然资源所有者利益的行为将导致自然资源总量或者质量的下降，损害其他人和后代人的自然资源权益，一般被视为自然资源负债。对生态环境的破坏将损害全体人民的利益，能够可靠地计量的，一般也视为自然资源负债。对第三方造成的损害，使用权人需要对第三方进行赔偿。罚没相应收入或罚款作为行政处罚或者刑事犯罪进行处理。这些都将导致自然资源使用者自身经济利益的流出。

　　使用权行使过程也是部分自然资源所有者权益实现的过程。对于土地资源，因土地使用权转让而征收的土地增值税、土地使用过程中的土地使用税，均在自然资源使用权行使过程中征收，作为自然资源所有权带来的经济利益，即自然资源所有权权益。对于矿产资源，探矿权、采矿权使用期间的矿业权占用费和采矿权使用期间的资源税均属于自然资源所有者权益。对于水资源，水资源税试点地区取水之后收取的水资源税是自然资源所有者权益。

　　综上，在未设立使用权之前，自然资源未被开发利用不带来经济效益，主要是社会效益和生态效益，此时只有自然资源所有权的权利，没有自然资源所有权带来的经济利益，此时自然资源权益核算的内容是权利代表着的未来实现权益的能力和社会关系。在设立使用权的过程中，自然资源所有权的部分经济利益得到实现，可以计算并确定自然资源所有权权益，即自然资源所有权人权益；自然资源所有权对应的权益是使用权人获取使用权的成本。使用权设立之后，行使过程中，自然资源使用者通过开发利用和经营自然资源获取收益，实现使用权人权益。自然资源违规或不合理开发利用造成的负收益形成使用权人的责任，对应人是自然资源所有者或生态环境时，作为自然资源负债进行处理，这一部分责任的界定、评估、监督和执行来自自然资源监管权。自然资源使用者在开发利用过程中需要缴纳相应税费，作为自然资源所有者的收益，是自然资源所有权权益的一部分，应该进行核算。

因此，自然资源权益在不同的产权状况、不同的资源类型中具体的实现形式、金额和数量是不同的，需要具体问题具体分析。但根据相关法律法规，自然资源权益的实现形式、内容和数量是可以根据实际情况进行确定和量化的，因此，自然资源权益存在核算的现实可能性和制度基础。

第 5 章　自然资源权益的确认

　　人类经济社会发展史上，核算工作为人类社会经济活动提供决策和管理有用的信息，任何一项核算工作都有相似的经验流程，包括前期准备、核算过程、核算结果呈报和结果应用四个阶段。第一阶段是前期准备工作，主要根据核算目的确定核算对象，根据核算对象的特征对核算对象进行归纳分类，设置核算账户，确定核算的标准和计量基础，设计核算结果的呈现方式。分类设置账户确定核算方法能降低核算工作的难度，这是核算工作的基础。前期准备工作对初次核算十分重要，决定着核算的成败，为后续的常规核算提供了基础，在此基础上，后续常规核算只需要根据前期核算经验和教训略作调整即可。该阶段是核算工作的核心和基础，直接影响整个核算工作的质量。第二阶段核算过程是核算工作的主要内容，根据核算对象、核算账户、核算标准和计量基础，通过观察、观测、测量、测试和核实等方法确定核算对象的定量和定性指标，为核算结果提供数据基础，这一阶段主要是根据前期要求实施，其工作质量和结果受到上一阶段极大的影响，但工作量较大，涉及方面较多。第三阶段核算结果呈报是对核算过程中形成的核算数据资料进行整理，按照核算目的和要求形成核算结果，对结果进行报送，是核算结果的呈现，核算结果呈现的形式和质量直接影响对核算结果应用和评价的效果。第四阶段结果应用由核算信息需求者根据核算结果对核算信息进行分析，为决策等管理工作提供有用信息。在传统会计核算中将后边三个阶段称为记账、算账和报账；当前会计工作称之为确认、计量和报告。在统计工作中，四个阶段对应统计准备、统计调查、统计报告和统计报告应用。第一个阶段的工作决定后续三个阶段，是核算工作的基础，对核算工作起到指导作用，后续三个阶段的工作根据第一个阶段的结论和要求开展。

　　本书的主要研究内容是第一阶段，第一阶段是后续阶段的理论基础和操作指南，因而在研究过程中按照后续阶段的基本流程，要将自然资源权益核算分为确认、计量、报告和报告应用四部分进行论述。国际会计准则认为，确认是将符合要素定义和确认标准的项目纳入会计报表的过程。计量是为了在报表内确认和列示财务报表的要素而确定其金额的过程（IFRS，1989）。周华和戴德明（2015）认为，会计确认的过程包括会计计量，确认过程包括数量确认，即为计量，因此，记账、算账和报账能够更好地总结会计核算程序。会计记账包括填制凭证、登记账簿的过程，算账是根据账簿和凭证进行必要计算和汇总为编制报表的过程，报账是按照要求报送报表的过程。随着信息技术的发展，特别是机器智能的发展，报表编制过程中的计算、汇总和分析填列工作逐步被弱化，无论会计工作还是统计工作已经实现或正在实现，根据原始数据可以设置核算规则自动生成报告（王世杰、黄容，2016）。因此，未来核算中算账过程将不再重要，本书将主要研究自然资源权益的确认标准、计量基础和方法，以及呈报方式和结果运用。本章将主要讨论自然资源权益的确认，自然资源权益的计量和报告分别在后续章节介绍。

确认需要根据核算对象的特征和核算目标，分类设置核算要素，进而设计核算科目和核算账户。针对不同核算要素的内容和特点设计确认标准，进而根据核算需要设置不同账户的形式和内容。在核算中，针对具体事项根据核算要素的确认标准，分析事项涉及的核算要素和科目，决定相关事项影响在哪些科目中反映，记入哪些账户。因此，本章将从自然资源权益的特征出发，通过分析自然资源权益的核算内容和范围，设置自然资源权益核算的科目及对应账户，确定自然资源权益的确认标准。

5.1　自然资源权益的分类和特征

分类核算既有利于根据细分的不同类型确定核算标准和方法，以降低核算难度，也能通过分类反映更多的信息，增加信息含量。学者们从不同角度对自然资源权益分类问题提出了各自的看法。自然资源权益有别于传统会计权益，比较分析其特征有助于理解其含义和核算方法。

5.1.1　自然资源权益的分类

5.1.1.1　自然资源权益分类已有研究

当前，诸多学者根据不同标准，探索对自然资源权益进行分类。杨世忠和曹梅梅（2010）指出，可以根据自然资源开发和权益要求程度，将资源权益划分为未开发和开发中两大类，并进一步区分国家资源和集体资源。按照开发程度对自然资源权益分类能较好地区分不同开发利用状态下自然资源的监管重点，有利于实现明责任。

张友棠等（2014）认为，在我国自然资源管理和开发现状中，国家、各级管理部门和经营者分别行使自然资源的所有权、管理权和经营权，据此可以将自然资源所有者权益分为：国家所有者权益、部门管理者权益和业主经营者权益。操建华、孙若梅（2015）提出按照产权关系和责任主体类型将自然资源所有者权益划分为各级政府、村集体、农牧民个人和企业四大类所有者权益。政府权益按照行政级别分为中央、省、市、县、乡五级；所有者权益根据投资来源和收益变化，还可以细分为初始权益、追加权益和盈余权益。张友棠等和操建华等均使用自然资源所有者权益的概念，但是在分类的过程中，他们均将各级行政管理部门和自然资源使用者的权益包含在内，说明他们认可不同主体的自然资源权益，但是研究中没有区分不同权利类型，因而均混同称为所有者权益。盛明泉和姚智毅（2017）提出根据不同的自然资源使用者将自然资源净资产划分为政府净资产、企业净资产和居民净资产三类。这些分类着眼于不同类型权益主体对自然资源资产进行分类，有利于明确不同权益主体的权利和利益，能够反映不同权益主体的权利和责任，实现明责任、确权利、评收益的目的。

操建华、孙若梅（2015）参考企业会计权益的分类方法，对自然资源权益进行细分；肖序等（2015）也进行了类似的研究，按政府对自然资源权益要求程度将自然资源权益分为政府初始投资和剩余收益。高志辉（2015）认为可将自然资源权益分为初始投资基金和剩余权益。以上区分均建立在价值核算基础上，操建华等提出将自然资源的资产定义为生态服务价值，肖序等主张根据实物量估计价值量，高志辉主张通过估算现金流核算自然资源，三者都将政府投入的各项资金作为自然资源权益的来源，据此分为初始投入部分和剩余部分。这些学者均认可自然资源权益需要核算，并将之分为初始权益和剩余权益，认为应将政府对自然资源的各类投入作为初始权益。暂时不讨论价值核算可行性，政府对自然资源的各类投资未必是初始权益，当前政府对自然资源的各项投资更多是环境治理、生态修复的投资，对自然资源权益增加的投资较少，对于矿产资源等耗竭性资源的政府投资并不能增加资源数量。中国自然资源所有权归国家，国家的自然资源权益来自国际法和国内法律，众多早于政府直接投资天然形成的自然资源价值更适合作为初始权益。如果自然界和国家投资均作为初始权益，则几乎覆盖了全部权益，剩余权益无从取得，两者也难以区分。因此，本书认同否定自然资源所有者权益这一概念的相关理由，即自然资源的权益并非单纯的所有者权益，也难以区分初始权益和剩余权益。

李丰杉等（2017）根据权益主体和产权性质，按国家所有和集体所有对自然资源权益进行分类，并按资源类型进一步区分了植被、水、土地、矿产等不同资源类型权益的内容。按照自然资源类型对自然资源权益分类，有利于根据自然资源特征和管理方式的不同，分类核算和反映不同类型权益的具体权利和利益，清晰反映自然资源权益的具体内容。陶建格等（2018）则将自然资源权益分为满足最低生态需求的资源生态权益和进入经济系统的资源经济权益。将生态需求单列作为资源生态权益，有利于反映自然资源存量和需求之间的关系，但最低生态需求受到经济社会发展影响是动态变化的，难以进行核算，另外，当自然资源存量与最低生态需求量之间差额较大时，单列资源生态权益则并无必要。

5.1.1.2 自然资源权益分类辨析

本书认为，自然资源核算不能照搬企业会计核算理论，必须考虑自然资源的特殊性，将会计核算理念与自然资源管理现状和资源特征相融合形成新的核算理念和方法。自然资源权益分类的已有研究具体见表5.1。众多学者指出自然资源权益难以区分初始投入和剩余权益，因此，表中第3种分类方法是不合理的，其他方法都有各自可取之处。本书主要研究国有自然资源资产的核算，虽然研究结论和核算理论可以应用于集体自然资源，但第1种方法在本书中并不涉及。

表 5.1 自然资源权益分类情况

序号	分类标准	分类内容
1	自然资源所有权类型	国有资源权益、集体资源权益
2	自然资源权益人	政府权益（可根据层级细分）、企业权益、居民权益
3	参考企业会计权益分类	初始权益、追加权益、剩余权益
4	自然资源类型	植被资源权益、水资源权益、土地资源权益、矿产资源权益
5	自然资源开发利用状态	未开发资源权益、开发中资源权益
6	自然资源生态需求	资源生态权益、资源经济权益

资料来源：根据5.2.1节内容整理，为表述一致词句略有修改。

自然资源产权可以分为所有权、使用权和管理权，管理权更多是一种行政责任带来的权力，不存在对应的利益关系，因此，按照产权类型，自然资源权益应该分为所有权益和使用权益，相应的权益所有人是自然资源所有者和使用权人。① 所有权益是指所有权人能够从自然资源所有权中获得的利益，是自然资源所有者拥有的自然资源净资产对应的净价值或净财富。在中国，自然资源为全民所有，所有权人职责由政府承担，相应权益委托政府管理，这部分权益除了自然资源使用权转让形成的自然资源有偿使用金和相关税费表现为经济利益之外，其余更多地表现为社会价值和生态价值，难以货币化计量。使用权益是指使用权人能够从自然资源使用权中获得的利益。使用权益主要体现为经济利益，自然资源使用者对自然资源进行开发利用或者用于经营，在利用或者耗用自然资源的过程中实现自身经济利益。自然资源所有权益和使用权益能区分自然资源是否在使用，自然资源所有权益主要体现在社会价值和生态价值上，我国自然资源有偿使用标准偏低，自然资源经济利益更多体现在使用权益，整体来说，自然资源一旦设立使用权则多数经济权益归入使用权益，所有权益所占份额相对较少。因此，所有权益和使用权益可以一定程度上反映未开发资源和开发中资源的经济利益。

高敏雪（2016）将自然资源使用权益按照实现方式分为经营权益和开采权益，提出按照自然资源实体层面、经营权益和开采权益分别编制自然资源资产负债表。经营权益针对用来生产经营的自然资源，包括土地、森林等长期存在、反复使用的资源，通过开展农业、林业和畜牧业等经营活动实现收益；开采权益针对直接加工自然资源形成经济产品或者改变原有用途的资源类型，包括矿产资源和部分水资源，典型的是通过采掘、提取开发形式一次性开发利用资源，包括建设用地的开发，并以水资源为案例探讨了自然资源开采权益资产负债表的编制。高敏雪提出针对不同特征的自然资源将权益分为经营权益和开采权益进行核算，经营权益核算的重点是土地和森林，开采权益核算的重点是矿产和水资源，自然资源经营权益和开采权益同属自然资源使用权益，针对不同类型的自然资源根据其开发利用特征进行区分，其对不同类型资源的核算要点和分类方法的研究值得借鉴。

高敏雪的观点和方法可以融入不同类型自然资源权益的核算中，土地资

---

① 在第 4 章结尾已经阐述法学和会计学对权益的不同称谓，本书认为各类称谓均能表达其含义，并未区分。

源和森林资源更多用来生产经营，作为生产经营的手段、场所或方法可以反复利用，适用于高敏雪提出的经营权益；矿产资源和水资源主要通过开采加工，资源一次性利用，适用于开采权益。自然资源使用方式除了可以分为经营和开采两大类之外，其具体用途和使用方式也有很大不同，应在核算中区别对待。但单纯按照使用方式分类可能导致同类自然资源的权益分类不同，森林资源可以作为经营场所，同样可以进行开采使用，这导致分类的不一致。针对进入经济体系的不同自然资源设置两种形式不同但地位相当的核算方法和报表，也不利于不同资源间横向比较。

本书认为可以将自然资源权益分为所有权益和使用权益，并进一步根据自然资源的类型细分为土地、矿产、森林和水资源等。所有权益又可以根据是否设立使用权进一步分为原始所有权益和有偿使用公积。因此，自然资源权益可以分为原始所有权益、有偿使用公积和使用权益三类。

5.1.2　自然资源权益的特征

自然资源权益作为一种新的权益类型，虽然和企业所有者权益、消费者权益在内涵上均是权益人的权利和利益，但是因为对象和内容的不同具有自身鲜明的特点。正确理解自然资源权益特点有利于真正理解其含义，更好地开展核算工作。

5.1.2.1　命名方式不同

自然资源权益、企业所有者权益和消费者权益从词语结构上来看，都是主从结构偏正短语，但修饰词的含义不同。企业所有者权益和消费者权益中的修饰词：企业所有者和消费者表示权益的主体，指出什么样的主体所拥有的权益。而自然资源权益中的修饰词：自然资源是对权益对象和范围的界定，界定权益的对象是自然资源，其范围是围绕自然资源的相关权利和利益。类似的词语还有海洋权益，是指一国海洋的权利和利益，海洋是界定权益内容和范围的。因此，从命名方式上，自然资源权益与海洋权益类似，与企业所有者权益和消费者权益不同，见名知意，自然资源权益和企业所有者权益在权益主体、权益内容、实现方式和实现时间上都有众多差异。

5.1.2.2　权益主体不同

从命名上看，企业所有者权益的主体是确定的，即企业权益的所有者是企业的投资人，企业所有者权益的权益主体与权益对象的法律和经济关系是明确的，企业所有者权益包括拥有企业的剩余权益，能够参与企业重大决策，可以享有企业分红等。自然资源权益的主体是不确定的，可以是所有权人也可以是使用权人，不同权益主体与权益对象的法律和经济关系是不同的，因此，对于自然资源权益应该分不同的权益主体进行核算，而不能照搬企业会计核算，按照权益对象进行细分。

5.1.2.3　权益具体内容不同

自然资源权益的主要内容包括自然资源所有权、使用权及相应的经济利益。自然资源的社会价值和生态价值等具有非排他性和非竞争性的特点，我国实行自然资源公有制，因此，自然资源的社会价值和生态价值是一种公共物品，难以确定受益人。即便自然资源社会价值和生态价值可能远高于自然资源的经济价值，但在经济统计中，自然资源权益内容更多是自然资源所有权和使用权能够带来的经济利益。企业所有者权益是由所有者对企业资产享有的剩余索取权，体现剩余收益，主要是经济利益。但企业所有者权益既非对企业资产的所有权，也非使用权。因此，自然资源权益和企业所有者权益虽然都包含经济利益，但具体内容不同。

5.1.2.4　权益实现方式不同

自然资源权益的不同类型其具体实现方式不同。所有权益通过自然资源有偿使用制度，设立和让渡使用权获得所有者的经济利益，这一部分主要是经济权益。自然资源社会价值和生态价值的公共性、自然资源所有权的公共主体使得所有者对应的社会利益和生态利益较难体现出来。使用权益通过使用权人对自然资源的开发利用得以实现，主要是经济利益。企业所有者权益则通过剩余价值实现，享有对企业重大经营管理的决策权、获取股利和分红等权利和利益。

5.1.2.5　权益实现时间不同

自然资源权益的实现时间与其实现方式有关，因为自然资源国家所有权是宪法授予的，所有权益的实现不受时间限制，不存在间隔和消失问题，除非自然资源消失。使用权益的实现伴随着使用权的设立和自然资源的开发利用，使用权设立之后，开始开发利用自然资源则使用权益不断实现。对于非耗竭性资源使用权一般有时间和数量限制，耗竭性资源使用权会随资源消耗而减少，直至灭失。因此，自然资源所有权益是随时发生、不存在期限的；而使用权益会随资源开发利用而产生，其存在是有期限的。企业所有者权益随着对企业的投资而形成，因退出企业而消失，但是在企业存续期间，所有权人可能发生变化，所有者权益依旧存在。企业所有者权益的实现方式主要是分红和股利，对重大经营管理的决策权，主要体现在股东大会或董事会，因此，企业所有者权益法律上是时时存在的，但实际实现是有间隔的。

自然资源权益与企业所有者权益存在诸多不同，因此，自然资源权益核算过程中不能照搬照抄会计核算的理论和方法，必须结合自然资源权益的特点进行核算。

5.2　自然资源权益核算科目和账户

会计科目是对会计要素核算内容的细分形成的具体核算项目，是进行会计核算的基础。会计科目作为会计账户的名称，仅表示核算的具体内容，而会计账户需要设置相应的格式和结构，以反映要素具体的增减变动和余额。会计科目和账户的设置因核算主体、会计要素、核算内容的不同而不同。政府、企业和事业单位因为单位性质不同，涉及业务和事项不同，会计科目和账户也有所不同。自然资源核算的科目和账户，也需要根据自然资源要素的特点和核算事项的相关法律法规进行设置。

自然资源资产根据资产类型，按照相应的自然资源分类标准设置科目，优先选择国家标准，次之为行业标准，暂无标准则根据管理需要进行设置。根据现有标准设置核算科目和账户，容易使自然资源管理和研究人员理解和接受。对应的自然资源负债根据负债的类型和自然资源分类标准设计相应的科目和账户。本书将不再考虑自然资源资产和自然资源负债科目的设置，虽然已有研究中较少全面探讨自然资源资产和负债的科目和账户设置，但这并非本书主题，因而在文中直接进行借鉴使用，不再讨论。

5.2.1　自然资源权益的科目分类

自然资源权益分为所有权益和使用权益，分别表示自然资源所有权人和使用权人的权益。我国自然资源所有权和使用权分离，自然资源使用权并非当然存在，是在单位和个人向自然资源管理部门依法申请获批后设立的，此时自然资源所有权益和使用权益共同存在，并不互斥。未设立使用权的自然资源仅存在所有权益，设立使用权的自然资源同时存在所有权益和使用权益。同一自然资源的所有权益和使用权益的内容不同，所有权益体现为自然资源所有者通过有偿使用制度和相关税费从自然资源使用者分得的收益，使用权益体现为自然资源使用者依法开发利用或应用自然资源经营获得的收益。

根据我国自然资源法律法规和管理要求，考虑自然资源所有权益和使用权益现状，可以将自然资源所有权益分为原始所有权益和有偿使用公积。原始所有权益是尚未设立使用权的自然资源所有权益。在自然资源尚未设立使用权时，尚未对自然资源进行开发利用和直接管理，一般来说自然资源处于原始或初始状态，受人类活动影响较小，自然资源权益主要体现为社会价值和生态价值，经济价值可以忽略不计，这一类自然资源上仅存在所有权益，称为原始所有权益。有偿使用公积还可以称为自然资源基金，是设立使用权的自然资源所有权益。自然资源一旦设立使用权，所有权人主要通过自然资源有偿使用制度和税费实现所有权益，自然资源使用权设立时或设立后，使用权人应依法缴纳自然资源使用权对价以获取使用权，并在开发利用和经营过程中缴纳相关税费，从而自然资源所有者实现所有权带来的权益，此时的自然资源所有权益主要是经济利益。

原始所有权益主要是社会价值和生态价值，本身无法用经济价值进行度量，无法用货币表示。使用权益虽然最终表现为经济价值，但是在使用权益设立之初并不能可靠地估计相应的经济价值。首先，使用权益中的权利内容无法可靠度量，例如，矿产资源对应的探矿权或采矿权，相对应能够发现和开采的矿产资源类型、数量和品位是无法可靠度量的，只有在勘探开发之后才能确定。其次，即使权利内容能够可靠度量，相同自然资源的不同开发利用和经营使用方式需要的成本和带来收入是不同。例如，同样品位、同样数量的铁矿资源开采之后，分别冶炼为特种钢材和普通钢材，相应的成本和市场不同，最终使用权人获得经济利益是不确定的。最后，自然资源的经济价值受到开发利用技术和市场需求的影响，市场价格是不断变动。在人类历史上，很长时间铝的价格远高于黄金和白银，19世纪末随着发电技术的改进和电解铝技术的发现，铝的价格直线下跌，目前仅作为普通金属，价格远低于金银。因此，无论资源的使用权利还是资源使用的经济价值都难以进行度量，因而原始所有权益和使用权益均难以通过货币可靠地度量其经济价值。

综上，自然资源权益要素可以设置为三个项目，即原始所有权益、有偿使用公积和使用权益，并根据自然资源类型设置相应明细科目和相应账户。其中，自然资源原始所有权益和使用权益难以确定其经济利益的具体数额，无法以货币进行计量；而有偿使用公积是经济利益，具体数额可以以货币进行可靠计量。所以自然资源原始所有权益和使用权益只能以实物进行计量，而有偿使用公积则以货币进行计量。

5.2.2 原始所有权益科目

原始所有权益作为权益类项目，核算原始状态下尚未设立自然资源使用权的自然资源的所有权权益。这部分自然资源权益全部归属于自然资源所有者，即归属于全体人民。因为尚未设立使用权，没有进行有计划、有意识的开发利用，其价值主要体现为自然资源原始存在时带来的生态价值和社会价值，相应价值难以用货币度量。根据自然资源类型进一步设置明细科目，本书针对土地资源、矿产资源、水资源和森林资源分别设置相应一级科目：土地原始权益、矿产原始权益、水资源原始权益、森林原始权益。这些一级科目分别反映相应自然资源尚未进行有计划、有组织开发利用之前原始状态下，自然资源所有者具有的权益。原始所有权益四个一级科目分别根据对应的国家标准设置相应的二级科目，具体见表5.2。

表5.2 原始所有权益科目

一级科目	二级科目	分类标准
土地原始权益	政府储备土地权益	根据土地利用规划和使用权设立情况分类，政府储备用地设立政府储备使用权；纳入农用地建设用地规划尚未出让土地；未利用土地。可细分三级科目
	农用地原始权益	
	建设用地原始权益	
	未利用土地原始权益	
矿产原始权益	能源矿产原始权益	根据《中华人民共和国矿产资源法实施细则》的矿产资源进行分类，可细分三级科目
	金属矿产原始权益	
	非金属矿产原始权益	
	水气矿产原始权益	

续表

一级科目	二级科目	分类标准
水资源原始权益	地表水原始权益	根据国家水资源监控能力建设项目
	地下水原始权益	（SZY303－2018）标准细分三级科目
森林原始权益	天然林原始权益	可按林业资源分类与代码林业类型
	人工林原始权益	（GB/T 14721－2010）细分三级科目

　　土地原始权益是指尚未设立土地使用权的土地资源的所有者权益。我国可利用的土地资源已经被充分开发利用。根据《中华人民共和国土地管理法》的规定，国有土地按土地用途将土地分为农用地、建设用地和未利用地，编制土地利用总体规划。其中，农用地和建设用地是直接用于农业生产和建设的土地，这些已经使用的土地依法设立土地使用权。作为农用地和建设用地纳入规划，但尚未实际利用的土地存在两种情况：一种是政府储备土地，这部分土地由国有土地收储部门占有土地使用权，未来出让由收储部门代表国家获得利益，是特殊的国有土地使用权，土地使用权设置是为了土地出让实现所有者权益，因而是国有土地资源的重要组成部分，是特殊的全民所有土地资源；另一种是纳入规划、尚待设立使用权的农用地和建设用地，这部分土地虽然比例越来越少，但仍然存在，因为未设立使用权，仍然作为土地原始权益。未利用土地是农用地和建筑用地之外尚未纳入规划、尚未利用和设置土地使用权的土地，因此，土地原始权益核算的是未利用土地的所有者权益。土地原始权益可以分为三类：已纳入规划政府储备的农用地、建设用地，作为特殊使用权归国家所有；已纳入规划、政府暂未收储、尚待设立使用权的农用地、建设用地；未利用土地。这三类土地资源未设置土地使用权，或由政府委托单位持有土地使用权，以出让使用权为目的，相应权益完全归国家所有，对应土地原始权益。

　　矿产原始权益是指尚未设立矿业权的矿产资源的所有者权益。我国矿产资源的矿业权分为探矿权和采矿权。探矿权是对特定勘查区块进行矿产资源勘探的权利，通过勘探最终确定勘查区块内的矿产资源类型和存量，最终形成勘探报告，为矿产资源开采利用提供前提条件。探矿行为并不一定发现矿产资源，只有通过勘探确定资源类型和储量的矿产资源才能形成相应权益。因此，矿产原始权益仅包括已经通过勘探确定了矿种和储量但尚未设立采矿权的矿产资源对应的所有者权益，包括：国家出资勘探发现的矿产资源尚未设置采矿权的；探矿权灭失或到期后未设置采矿权的；国家决定暂不开采的；

普通建筑用砂石土类矿产（简称第三类矿产）等不需设立探矿权直接设立采矿权的矿产资源中尚未设置采矿权的部分。这些矿产资源能够确定矿种和储量，满足资产确认条件，自然资源所有者具有支配和获取收益的权利，但尚未进行开发利用，因而相应所有者权益作为矿产原始权益。

水资源原始权益是指尚未设置水权的水资源的所有者权益。我国当前水资源使用权可以分为取水权、排污权、通行权、调水权、用水权和经营权等。通行权是公共权利，无法私有化。调水权、用水权和经营权是在取水权基础上延伸出来的水资源使用权，将导致区域可用水资源量的减少。排污权可能导致水资源质量的下降。取水权和排污权都会影响水资源所有权的权益。因此，水资源原始权益中尚未设置水权是指尚未设置取水权和排污权。取水权许可的水量直接减少水资源原始权益。排污权的影响则相对复杂，需要分析具体情况。随着水环境和制度约束趋紧，依法取得的排污权并不会导致水质大幅降低，危害水资源存量，因此，依法取得的排污权并不会减少水资源量，并不影响水资源原始权益；但是非法排污造成水质不达标，将减少水资源量和水资源权益，形成水资源负债。扣除取水许可水量之后的水资源量可以全部确定为水资源原始所有权益，这部分水资源虽然受到人类活动的影响，但是尚未依法设立使用权，尚处于待利用的状态，因而确定为水资源原始所有权益。水资源原始所有权益可以按照水源类型进行分类。

森林资源可以分为林地资源和林木资源。在自然资源整体核算时，林地资源作为土地资源的一种，按照土地资源权益进行核算；单纯核算森林资源时，林地和林木资源分别核算。在自然资源核算中将林地资源纳入土地资源统一核算，林木资源单独核算，考虑到林木资源的生态价值，虽然主要核算林木资源，但是仍可称为森林资源。在国家统计局和林业局联合组织的"中国森林资源核算研究"中将林木资源资产分为培育资产和非培育资产，培育资产即人工林，非培育资产指非人工培育为主的林木资产，即天然林（胡利娟，2015）。我国已全面停止天然林商业性采伐[①]，国有林场和林区也将分类管理，国家所有天然林和公益林等森林资源使用权由国有林场或国有林区所有，主要考虑生态和社会效益，经济效益较少，更多承担责任而非利益，相应权益更多归所有权人所有，即归全民所有。因此，虽然天然林和公益林的

---

① 国家林业局. 中国已全面停止天然林商业性采伐［EB/OL］. 中新网，http：//www. chinanews. com/gn/2017/03－15/8175012. shtml。

林权授予国有林场或林区，但是这种使用权更多的是一种授权管理，为了保护发挥森林蓄水保土、调节气候、改善环境的生态效益，因此，天然林和公益林虽然设立了使用权，但仍主要发挥原始作用，较少改变原始形态，所有者权益变化较小，是一种国有使用权。因此，已设立使用权的国有林场和国有林区天然林的权益仍作为所有者权益进行核算，计入森林原始权益。可以看出，森林原始权益包括两部分：一部分是未设立使用权的天然林或人工林；另一部分是设立使用权但禁止商业采伐的天然林或公益林，所对应的是所有权人的权益。

需要强调的是，并非中国所有的国有土地、矿产、水和森林均纳入自然资源核算中来，前文已经强调本书所述的自然资源核算是对自然资源资产的核算，而自然资源要先满足有用性，有用性是动态的、历史的概念，是否有用取决于技术上和经济上是否可行。从法律上看，除法律规定属于集体所有的土地、矿产、水和森林资源之外，中国领土范围内所有的土地、矿产、水和森林均属国有自然资源；但是从实际情况来看，当前政府管理和开采利用的必然是技术上和经济上可行的自然资源。因此，再次强调本书核算的自然资源权益和自然资源资产必须是技术上可行的，否则不能作为自然资源，更无从谈起自然资源资产。所以人迹罕至沙漠或高寒地区的土地、尚未勘探发现或已发现但不具备开发利用条件的矿产、大山深处无法开采利用的森林等，虽然法律意义上属于国有自然资源，但当前不具备开发利用条件，现实中政府较少直接管理，因此，以上自然资源均不纳入核算范围，待未来技术和经济的发展，条件成熟时纳入核算范围。综上，纳入核算的未利用土地并非《土地管理法》中的全部未利用土地，而是具有开发利用的价值但暂未列入规划的土地资源。

5.2.3　有偿使用公积科目

我国自然资源所有权和使用权两权分离，一旦依法设立使用权，所有权人对应权益通过有偿使用制度实现，通过收取自然资源使用权转让或占有税费等形式实现，使用权对应开发利用和经营带来的权益归使用权人所有。为清晰核算自然资源两权分离时的所有权益，我国根据自然资源类型和所有权益实现方式设置相应科目，反映不同类型资源不同形式的所有权益。

根据自然资源类型可以设置五个一级核算科目：土地资源公积、矿产资源公积、水资源公积、森林资源公积和待收使用公积。前四个核算科目核算对应资源当期实现的收益，待收使用公积核算当期应收但尚未收到的自然资源公积。前四个核算科目可以依次根据相应资源的有偿使用方法设置二级科目，待收使用公积直接按照资源类型设置明细科目。

5.2.3.1　税收形式的所有者权益辨析

根据公共经济学或财政学的观点，资源税、城镇土地使用税和土地增值税一般认为是国家公权力强制、无偿收取的税收。但是，从我国税制改革发展的历史进程和相关税收的内容来看，这些税种均具有对自然资源收益调整的作用。

从性质来看，邓子基（1999）认为，国有资产收益等财政收入的背后具有强制性和无偿性分配的成分，源自国家政治权力，与税收是类似的，都是以国家为主体的分配关系；国家征税依据存在"权力说"与"权益说"相统一，国家通过征税提供安全保护和公共秩序，纳税人享有纳税带来的利益，也承担纳税义务。因此，从某种意义上来说，税收和国有资产收益具有相同的特征，具有强制性和无偿性分配的成分。资源税、城镇土地使用税和土地增值税等同样可以看作是自然资源资产所有者的收益，最终将转化为权益。国有资产收益的获取，凭借所有权对所有者和经营者收益进行分配，是契约关系，但这并不否定自然资源税费的所有者权益属性，因为这些税费都是以自然资源为征收对象，不存在相关资源就不存在这些税费，没有自然资源所有者与自然资源使用者之间的契约关系，也就不存在这些税费。

从历史来看，我国 1983 年和 1984 年两次进行利改税，以税收形式作为国有企业资产的收益形式，实现国有资产所有者权益，1987 年恢复利润上缴。2016 年，河北试点水资源费改税，2018 年扩大到 9 省市，将作为水资源有偿使用金的水资源费改为水资源税，2019 年，《资源税法》明确，水资源税属于资源税的一种，因此，水资源税既具有税的形式特征，又是自然资源所有者权益的实现形式。中国自然资源税费改革的历史表明，因为我国实行自然资源公有制，国家在国有资源管理过程中具有双重身份，相关税收虽然具有税的形式，但同样是自然资源所有者权益实现的方式。

从全球范围来看，除土地税相对普遍之外，其他税种并非世界各国的通用税种，具体见表 5.3。不同国家的土地税内容有所不同，多数类似于我国土地增值税，而土地增值税本身就是国家享有土地增值所带来的极差地租的一部分。从世界范围来看，资源税开征的法律依据不同，自然资源私有制国家，开征资源税的目的主要是保护和促进资源的合理开发利用，促进经济和社会的可持续发展。而自然资源国有的国家，开征资源税除了保护自然资源之外，还具有以资源税的形式补偿国有资源权益收入的意义（吴利群、杨春玲，2016）。由此可见，这些税种或税收为中国独特的财政行为，不能单纯套用西方经济学通用的税收理论，否定其税收特征之外的自然资源所有者权益特征。

表 5.3　　　　　　　　　　　　　部分国家税种概要

国家	税种
法国	公司所得税、个人所得税、增值税、社会保障税、房地产税、营业执照税、财富税和登记税
德国	增值税、工资税、个人所得税、公司所得税、关税、消费税、保险税、团结附加税、土地购置税、土地税、遗产（赠与）税、机动车税、啤酒税、猪场税、火灾防护税、工商税、房地产税、娱乐税、饮料税、养狗税、猎钓税、赛马税
意大利	公司所得税、个人所得税、增值税、社会保障税、消费税、遗产和赠与税、土地财产税、登记税、资产净值税、不动产税、印花税和法人资格税
俄罗斯	公司所得税、个人所得税、增值税、社会保障税、财产税和土地税
挪威	公司所得税、个人所得税、增值税、社会保障税、水力发电收入税、石油收入税、船舶吨位税、财产税、财富税、遗产赠与税
瑞典	公司所得税、个人所得税、增值税、社会保障税、印花税、房地产税
美国	公司所得税、个人所得税、社会保障税、销售税、遗产和赠与税、财产税、累积盈余税和消费税
英国	企业所得税、个人所得税、增值税、国民保险税、银行税、地方市政税、印花税、消费税、环保税和保险费税
加拿大	公司所得税、个人所得税、货物和劳务税、社会保障税、资本税、销售税、消费税、土地和财产税
澳大利亚	公司所得税、个人所得税、货物与劳务税、社会保障税、石油资源租金税、附加福利税、工薪税、印花税、土地税、豪华汽车税、果酒平衡税
日本	法人税、个人所得税、继承和赠与税、消费税、酒税、烟税、烟花水、汽车重量税、居民税、法人事业税、不动产购置税、汽车税、汽车购置税、轻油交易税、固定资产税、城市规划税
韩国	个人所得税、公司所得税、社会保障税、增值税、特别消费税、遗产与赠与税、酒税、印花税、证券交易税、交通能源环境税、教育税、农村开发特别税、综合不动产税、财产取得税、注册税、闲暇税、许可证税、公用设施税、地区开发税、地方教育税、居民税、财产税、机动车税、农业所得税、屠宰税、烟草消费税、汽车燃料税

续表

国家	税种
印度	公司所得税、个人所得税、增值税、消费税、社会保障税、可选择最小税、服务税
印度尼西亚	增值税、公司所得税、个人所得税、社会保障税、奢侈品销售税、印花税、进口税、地方税、土地和建筑物税
菲律宾	公司所得税、个人所得税、增值税、社会保障税、附加福利税
泰国	公司所得税、个人所得税、增值税、社会保障税、特别营业税、都市税、不动产税、广告税、地方发展税
越南	公司所得税、个人所得税、增值税、社会保障税、特别销售税、进出口关税、资源税
新加坡	公司所得税、个人所得税、货物与劳务税、社会保障税、财产税、消费税、印花税和外籍劳动税
以色列	公司所得税、个人所得税、增值税、社会保障税、土地增值税、消费税、购置税
巴西	公司所得税、个人所得税、社会保障税、产品税、进口税、金融交易税、经济管辖权缴款和财产税

资料来源：根据国家税务局税收科学研究所（2014）的《外国税制概览》（第4版）整理。

从立法意图来看，1993 年税制改革统一盐税与资源税，以调节不同资源开采企业的盈利水平，资源税立法原则是普遍征收、级差调节，对应税行为依法征收资源税，实行有偿开采，以保证国有资源价值补偿，体现国家作为资源所有者的权益。土地增值税具有财产性质和收益性质，我国土地增值税不但调控房地产市场，而且能够实现国家土地资源增值收益，是国家参与土地增值收益的分配方式。城镇土地使用税的目的在于促进土地合理利用、调节土地的级差收入，国家既可以凭借财产权力对土地使用人获取的收益进行分配，也可以凭借政治权力对土地使用者的应税行为进行征税，城镇土地使用税实质上是运用国家政治权力，将纳税人获得的本应属于国家的土地收益集中到国家手中（庞凤喜等，2014）。

从我国学者对相关税费的认识来看，我国学者按照征税对象对税种的分类各不相同，具体见表 5.4，他们对城镇土地使用税和土地增值税的认识并不统一，但是，当存在资源税时，多数学者认为这些税种属于资源税。

无论从历史脉络和国际比较来看，还是从立法目的和普遍认知来看，我国自然资源的相关税费都具有调整自然资源使用者和所有者权益的目的与作用，因此，本书认同刘尚希等（2015）的观点，认为这些税费是自然资源权益实现的一种方式。在核算自然资源所有权益时将之纳入，作为自然资源所有人权益实现的一部分。

表 5.4　　　　　　　　　　　　　自然资源相关税种分类

作者 （年份）	税种分类	相关税种的归属		
		资源税	城镇土地使用税	土地增值税
胡怡建（2009）	流转税、所得税、资源税、财产税、行为税	资源税	资源税	行为税
庞凤喜等（2010）	商品劳务税类、所得税类、资源税类、收益税类、财产税类、行为目的税类	资源税类	财产税类	财产税类
李晶等（2010）	商品税类、所得税类、资源税类、财产行为税类、特定目的税类、关税	资源税类	资源税类	特定目的税类
曹越等（2015）	商品与劳务税、所得税、财产税、行为税	财产税	财产税	财产税类
马海涛（2016）	流转税、所得税、资源税、财产税、行为税	资源税	资源税	资源税
刘佐（2016）	货物和劳务税、所得税、财产税、其他税收	财产税	财产税	所得税

资料来源：作者根据相关资料整理。

5.2.3.2　土地资源公积

　　土地资源从设立使用权开始，政府作为土地所有权的代理人所获得的权益，主要是所有者权益，根据我国现有法律法规的规定，土地所有者权益主要通过获取土地出让金、征收城镇土地使用税、土地增值税等形式实现。

　　土地出让金并非现行法律的专用名词，而是原有法律法规延续下来的常用语。1992 年财政部颁布的《关于国有土地使用权有偿使用收入征收管理的暂行办法》明确规定，土地出让金是各级政府土地管理部门将土地使用权出让给土地使用者，按规定向受让人收取的土地出让的全部价款（指土地出让的交易总额）。该办法还规定，土地使用者将土地使用权转让或出租的收入或租金应该比例缴纳土地收益金（或土地增值费）。① 随着土地管理制度改革，1994 年《中华人民共和国土地增值税暂行条例》实施，土地收益金（或

---

　　① 财政部．财政部关于颁发《关于国有土地使用权有偿使用收入征收管理的暂行办法》和《关于国有土地使用权有偿使用收入若干财政问题的暂行规定》的通知，1992 年 9 月 21 日颁布并实施。

土地增值费）被土地增值税所取代。1998 年在修订的《土地管理法》中将土地收益金称为土地使用权出让金，该法第五十五条规定：以出让等有偿使用方式取得国有土地使用权的建设单位，按照国务院规定的标准和办法，缴纳土地使用权出让金等土地有偿使用费和其他费用后，方可使用土地。① 而国务院办公厅 2006 年颁布的《关于规范国有土地使用权出让收支管理的通知》则明确国有土地使用权出让收入（以下简称土地出让收入）是政府以出让等方式配置国有土地使用权取得的全部土地价款。② 因此，无论土地出让金、土地使用权出让金还是土地使用权出入收入，主要是指国有土地使用权出让时，政府作为国有土地所有权人获得的土地价款。

　　土地出让金虽然不再是法律术语，但实践工作中一般作为简称指代国有土地使用权出让金或国有土地使用权出让收入。国有土地出让收入是土地所有者获得权益实现的主要方式，它扣除土地出让的各类成本，即土地出让收入扣除土地出让费用等土地出让支出，余额即可视为土地所有者实现的土地出让权益。根据相关规定，土地收入支出范围包括征地和拆迁补偿支出、土地开发支出、支农支出、城市建设支出和其他支出。这些支出中征地和拆迁补偿支出、土地开发支出是为了实现土地出让而支出的费用或成本，应该作为土地收入的减项。根据会计核算的原则，收入－费用＝利润，而利润经过分配之后最终形成的未分配利润属于所有者权益，因此，土地出让收入减去与土地出让相关的费用的余额应作为土地所有者权益和土地资源资产。此时不仅应该核算自然资源权益，而且应该核算自然资源收入和成本。

　　考虑到当前土地出让收入采取收支两条线的方式，并未按照配比原则计算土地出让形成的利润，而且土地收入的支出并非完全作为土地出让的成本，虽然政府会计改革，未来政府部门和事业单位按照财务会计原则应该核算相应利润，但考虑到自然资源核算和政府财务会计工作中土地出让的收入、成本和损益核算均在探索展开阶段，在此均不作探讨，而直接将全部土地出让收入计入权益和资产，对应的土地资源权益本书称为土地出让公积，设置为土地资源公积下的二级科目。

　　同时，针对土地增值税和城镇土地使用税分别设置土地增值公积和城镇土地使用公积科目，因为以税收形式实现的自然资源所有者权益具有税收的

---

① 《土地管理法》在 2004 年和 2019 年的两次修改中，均延续这一表述。

② 国务院办公厅. 关于规范国有土地使用权出让收支管理的通知（国办发〔2006〕100 号），2006 年 12 月 17 日发布实施。

相应特征，因此，这些收入可以直接计入权益，而无须冲减相应成本。

综上，土地资源公积设置三个二级科目，分别是土地出让公积、土地增值公积和城镇土地使用公积，二级科目可根据土地类型进一步设置明细科目。

5.2.3.3 矿产资源公积

当前，国家自然资源管理体制和制度处在改革过程中，矿产资源权益制度正处在新一轮新旧交替阶段，部分旧制度正在修正，部分新制度正在试点，本书将以最新制度为基础开展科目设置，并兼顾旧制度[①]。

2016 年，中办、国办下发《矿业权出让制度改革方案》，要求健全资源有偿使用制度，矿业权除特殊情形采取协议出让之外，其他一律采取招标、拍卖或挂牌方式公开出让，允许矿业权出让收益按年度分期缴纳，并要求建立累进动态的探矿权占用费制度以及动态调整的采矿权占用费和最低勘查投入制度。为了更好地发挥矿产资源税费制度对维护国家权益、调节资源收益、筹集财政收入的重要作用，2017 年，国务院下发了《矿产资源权益金制度改革方案》（以下简称《矿权改革方案》），对矿产资源有偿使用制度改革提出相应要求。根据《矿权改革方案》，在矿业权出让环节将探矿权和采矿权价款调整为矿业权出让收益，以体现国家作为矿产资源所有者的权益。在矿业权占有环节，将探矿权和采矿权使用费整合为矿业权占用费。在矿产开采环节，将矿产资源补偿费并入资源税，资源税改为从价计税。在矿业权灭失之后，将矿山环境治理恢复保证金调整为矿山环境治理恢复基金。将矿业权出让收益、矿业权占用费纳入一般公共预算管理。此后，我国进行了一系列配套制度的建设，以实现改革目标。

在矿业权设立时，根据 2019 年颁布的《矿业权出让管理办法》，矿业权统一采取招标、拍卖或挂牌方式公开出让，特殊情况下满足一定条件可通过协议和申请审批方式出让。依法根据公开出让程序达成出让协议的应制定矿业权出让收益缴纳计划，由矿业权出让收益取代矿业权价款作为矿产资源有偿使用金，因此，矿产资源的所有者权益在出让环节通过矿业权出让收益实现，本书设置矿权出让公积科目进行核算。

在矿业权持有环节，配套制度建设尚未到位，目前矿业权占用费改革的配套制度尚未出台。根据现有制度，探矿权使用费按区块面积逐年缴纳，前三年

---

① 截至 2019 年 12 月以前已正式颁布执行的法律法规和政策制度。

每平方千米每年 100 元，以后每年增加 100 元，直至最高 500 元；采矿权使用费按矿区范围的面积逐年缴纳，每平方千米每年 1000 元。[①] 根据《矿权改革方案》，矿业权使用费将改为矿业权占用费，根据矿产品价格变动情况和经济发展需要实行动态调整，因此，相应的自然资源所有者权益需要根据矿业权占用费或使用费进行核算，本书设置矿权占用公积（或矿权使用公积）核算矿业权占用费或使用费。在改革到位之前，使用矿权使用公积科目核算相应矿业权使用用费，在改革完成之后，使用矿权占用公积科目核算相应矿业权占用费。

在矿产资源开采过程中，资源税是矿产资源所有者权益实现的形式。根据《中华人民共和国资源税法》[②] 的规定，开发应税矿产资源的单位和个人均是资源税纳税人，纳税人按照应税资源产品从价计征或从量计征由销售额或销售量乘以适用税率计算应纳税额，按月、按季或按次申报缴纳，具体征收由税务机关负责。资源税可以视为矿产资源所有者权益在矿产资源开采环节的实现形式，应设立资源税公积科目进行核算。

综上，矿产资源公积科目下设三个二级科目：矿权出让公积、矿权占（使）用公积和资源税公积，分别对应矿业权出让环节的矿业权出让收益、矿业权占有环节的矿业权占（使）用费和矿产资源开发环节的资源税这三类矿产资源所有者收益实现方式。二级科目之下可以根据矿产资源类型和矿业权类型设置明细科目。

5.2.3.4 水资源公积

我国目前水资源有偿使用制度处于改革过程中，水资源费和水资源税两种形式共存。2016 年 7 月，河北省开始试点水资源费改税，2017 年 12 月，水资源税试点范围扩大到北京、天津、山西、内蒙古、河南、山东、四川、陕西、宁夏 9 个省份。当前，水资源所有者权益实现的方式有两种，分别是水资源费和水资源税。征收水资源费是国家作为公共管理者和资源所有人进行的调控措施，[③] 水资源税改费有利于完善资源有偿使用制度[④]。无论水资源

---

① 财政部、国土资源部：《探矿权采矿权使用费和价款管理办法》，1999 年 6 月 7 日。

② 《中华人民共和国资源税法》，第十三届全国人民代表大会常务委员会第十二次会议于 2019 年 8 月 26 日通过，自 2020 年 9 月 1 日起施行。

③ 就《取水许可和水资源费征收管理条例》国务院法制办负责人答记者问，http：//politics. people. com. cn/GB/1026/4175590. html. 2006 年 3 月 8 日。

④ 税政司. 财政部 税务总局 水利部有关司负责人就扩大水资源税改革试点答记者问 [J]. 安徽水利财会，2018（4）：8-10.

费还是水资源税都是水资源有偿使用的制度安排，是水资源所有者权益实现的一种方式，也是综合应用政治、法律、经济手段调控水资源使用行为的一项制度措施。

根据《取水许可和水资源费征收管理条例》的有关规定，除另有规定外，单位和个人取用水资源（以下简称取水人）均应申领取水许可证，缴纳水资源费。水资源费征收、管理和监督由水行政主管部门、财政部门和价格主管部门依规行使，三部门依法确定水资源费征收标准，经省级政府批准，报国务院备案，水资源费征收金额根据取水口所在地的水资源费征收标准和实际用水量确定。水资源费按月征收，取水人收到水资源费缴纳通知单后 7 日内办理缴纳手续。取水许可实行总量控制与定额管理相结合，各区域取水不得超过批准用水量，批准用水量不得超过可利用水资源量。在核算中，超过批准水量和可利用水资源量的部分应该分别确认为降等负债和耗竭负债，相应超计划或者超定额部分累进收取的水资源费和水资源税应作为负债核算，而非权益。

在水资源税试点地区，根据试点安排要做到税费平移。在水资源费改税过程中，征收对象、计征依据等基本要素维持不变，实现收费制度向征税制度的平稳转换。水资源税实行从量计税，根据适用税额和实际取水量确定应纳税额，水资源税最低平均税额由国务院相关部门依法确定，试点省份政府根据地区情况分类确定具体适用税额，水资源紧缺地区、特种行业和超计划（定额）取用水从高确定税额。水资源税按季或者按月征收，可以按次申报纳税。纳税人自纳税期满或者纳税义务发生之日起 15 日内申报纳税。

综上，虽然水资源费和水资源税的制度形式与特征不同，但是本质上都是水资源有偿使用和管理调控的手段，是取用水人为获得水资源使用权而支付的对价，是水资源所有者权益实现的方式。因此，本书设置水资源费公积和水资源税公积作为核算科目，分别核算不同地区不同实现方式的水资源所有者权益。未来我国实施全面水资源费改税之后，核算科目统一为水资源税公积。水资源费公积和水资源税公积作为水资源公积的二级科目，可以根据水资源类型和取用水人类型进一步设置细分科目。

5.2.3.5 森林资源公积

当前，国有森林资源按照产权主体分为国有林区和国有林场，根据《国有林场改革方案》的规定，国有林场分为事业型国有林场和企业型国有林场。按人类影响程度将森林资源分为天然林和人工林，根据经营特征将森林资源分为商品林和公益林，薪炭林、用材林和经济林属于商品林，防护林和特种用途林属于公益林。国有森林资源产权主体的特殊性和我国森林资源的管理体制决定了长期以来国有森林资源有偿使用情况较少，我国森林资源有偿使用主要体现在集体所有制下的林木、林地的有偿使用（周海川，2017）。

当前，国有森林资源资产的有偿使用国家尚未出台统一政策。国有森林资源只有针对非国有单位的转让、抵押、出资入股、林地发包等方式进行森林资源流转时，才会进行森林资源评估，而流转收益一部分进入国家财政，另一部分用于林场日常运营（周海川，2017）。2017年7月，国家林业局印发了《重点国有林区国有森林资源资产有偿使用试点方案》，在阿尔山林业局开展试点工作。2019年1月，全国林业厅局长会议提出将出台《国有森林资源资产有偿使用改革方案》，但截至2020年11月尚未公布。公开资料显示，我国有10个省份已经或正在制定相应的国有森林资源资产有偿使用制度，具体见表5.5。

表5.5   **省级森林资源有偿使用政策文件**

公布日期	文件名
2018年6月7日	江苏省国有林场森林资源资产有偿使用管理办法（试行）
2018年7月4日	内蒙古自治区国有林场森林资源资产有偿使用办法（试行）
2018年9月4日	黑龙江省国有林场森林资源资产有偿使用办法（试行）
2018年12月13日	广西壮族自治区国有林场森林资源资产有偿使用改革指导意见
2018年12月18日	福建省国有森林资源资产有偿使用办法（试行）
2018年12月26日	贵州省国有森林资源有偿使用办法（试行）
2018年12月27日	河北省国有林场森林资源有偿使用管理办法（试行）
2019年1月3日	宁夏国有林场森林资源有偿使用管理办法（试行）
2019年3月29日	云南省国有林场森林资源资产有偿使用管理办法（征求意见稿）
2019年8月15日	吉林省国有林场森林资源资产有偿使用指导意见（试行）

我国国有森林经营管理主体是国有林场，除了偏远地区国有森林资源之外，国有森林资源均由国有林场经营管理，根据政策文件，除了福建和贵州两省政策文件未提及国有林场之外，其他8省份文件均以国有林场森林资源进行命名。国有森林资源管理方式与其他自然资源不同，中华人民共和国成立之初国有林场作为全额拨款事业单位，如今逐步转变为差额拨款或自收自

支事业单位或企业，存在着政企、政事、事企、管办不分，其地位类似于企业中的分公司，代理行使森林资源的部分所有权、使用权和经营权，存在部分森林资源使用权有偿出租行为。随着改革的深入，国有林场实施分类管理，根据功能将其分为公益服务事业单位或公益性企业分类管理。

各省在有偿使用办法中均认为国有森林资源有偿使用，是国有林场等林业事业单位将自身占有、使用的森林、林木、林地及林副产品等森林资源在一定期限内有偿提供给单位或个人使用（以下称为有偿使用人），有偿使用人向事业单位支付租金等有偿使用费用。各省均对森林资源有偿使用的范围和方式进行了限制，一级公益林禁止有偿使用，二级公益林限制性有偿使用，对森林资源有偿使用人的使用方式和经营范围也进行了严格控制。森林资源的使用方式包括休闲、观光、康养等旅游项目，种植、采摘、养殖等林副产品项目，营造采伐经济林等项目，等等。有偿使用的形式有租赁、承包、合作、特许经营等。各省具体规定的有偿使用程序和制度规范，应该符合林地用途管制、森林生态系统保护、森林分类管理和生态公益林管理等规定，应该依法对森林资源进行评估，引入竞争机制，保证公开透明，应在协议或合同中规范有偿使用费用及其支付方式。部分省份要求有偿使用费用应执行"收支两条线"，纳入公共预算。

当前，国有森林资源使用权主要归公益性国有林场和公益性企业。这些企事业单位被定义为公益性单位，并不考核经济效益，因此，虽然设立森林资源使用权但并未给所有者带来经济利益，其经济上的所有者权益可以忽略不计。当国有林场等事业单位将相应的经营使用权通过有偿使用方式转让给单位和个人时，则会形成经济收益，这些收益本质上是所有者权益的实现方式，应该将这些收益计入所有者权益。因此，可以在森林资源公积科目下暂时仅设森林有偿使用公积一个二级科目，反映森林资源有偿使用形成的经济上的所有者权益。

5.2.3.6　待收使用公积

土地资源公积、矿产资源公积、水资源公积和森林资源公积分别核算相应自然资源有偿使用金，是国家已收到的相应税费形成的财政收入，即国家权益。在有偿使用事项发生时，相应的权利义务关系已经发生。即自然资源使用者获得使用权，但尚未支付相应对价，国家收取有偿使用金的权利已经形成，但尚未收到相应的对价。国家应收未收的有偿使用金在待收使用公积科目中反映，并根据自然资源类型分别设置相应二级科目：待收土地税费、待收矿业税费、待收水资源税费和待收林业租费。在自然资源使用权出让时，应根据相关协议内容进行确认。

一般情况下，自然资源有偿使用金和相关税费在出让时或者纳税申报时缴纳，当期发生当期结清，年末余额为0。但现实中跨期收缴的情况是存在的，例如，土地出让金应在合同签订一年内缴清，陕西、云南等地允许特殊情况可以两年内缴清，① 这使自然资源有偿出让对价的收取期间和核算期间不匹配，造成期末待收使用公积不为0。

为了掌握下年度年自然资源公积的情况，应在期末根据财政预算收入中自然资源税费和有关收入预计下年自然资源公积。资源税、城镇土地使用税、水资源费、矿业权占用费和森林资源使用权租金等都可以根据期末自然资源使用权出让情况、财政预算情况等，将已出让自然资源的相关税费，作为期末待收使用公积，反映已出让土地使用权等下一年度带来的所有权人收益。这些待收使用公积金额并非与对应预算收入完全一致，预算收入包括预计下一年度使用权出让产生的税费，而待收使用公积不包括预计下年出让使用权对应的税费，仅包括目前已出让使用权对应部分。土地增值税依赖下一年度土地使用权转让行为，数量和税率均难以确定，因而预计难以可靠，不具有确定性。土地出让金、矿业权出让收益等也完全依赖下一年度土地和矿业权出让情况，因而也难以可靠预计。

综上，可以根据自然资源类型、使用管理情况和所有者收益实现形式，将自然资源有偿使用公积设置5个一级科目和对应的13个二级明细科目，可以根据管理要求和相应标准进一步细分明细科目，具体见表5.6。

表5.6　　　　　　　　　　　　　有偿使用公积明细科目

一级科目	二级科目
土地资源公积	土地出让公积、土地增值公积和城镇土地使用公积
矿产资源公积	矿权出让公积、矿权占（使）用公积和资源税公积
水资源公积	水资源费公积、水资源税公积
森林资源公积	森林有偿使用公积
待收使用公积	待收土地税费、待收矿业税费、待收水资源税费、待收林业租费

① 各地政策文件，http://www.miit.gov.cn/n973401/n7486690/n7496564/c7497293/content.html；云南省降低企业用地成本，http://www.cinic.org.cn/zgzz/fc/402281.html。

5.2.4　使用权益科目

使用权益作为自然资源权益一级项目，核算两权分立状态下，自然资源使用者拥有的自然资源权利和利益。自然资源使用者依法支付有偿使用金，并在使用过程中支付相关税费，获得自然资源使用权，根据使用权具体内容利用自然资源进行生产经营或者对自然资源进行开发利用，以实现自身经济利益。其权益内容是自然资源使用权和使用自然资源的获益。本书针对土地资源、矿产资源、水资源和森林资源分别设置相应一级科目：土地使用权益、矿业权权益、水资源使用权益和森林使用权益，分别反映相应自然资源的使用权及对应权益。

5.2.4.1　土地使用权益

土地资源根据用途，在 SEEA 中被分为具有空间性质的土地资源和具有物质生产力的土壤资源，我国则分为农用地和建设用地。两种分法的分类标准是类似的，农用地主要利用土地资源中土壤的物质生产力，用以生产各类农作物；建设用地则主要利用土地的空间属性，土地作为建筑物、构筑物的空间载体。不同的是，SEEA 是将同一土地分为土壤和土地；而在中国是将不同土地分别分为农用地和建设用地，相对来说，SEEA 将同一土地分为土壤和土地，在理论上是合理的，但当前土地开发利用实践这种情况较少，而且同一土地两者分开核算在技术上和经济上都是不可行的，因此，除了极个别土地资源如此分类之外，多数国家在土地核算中采用与中国类似的分法。

耕地、林地、园地、草地等土地使用者主要利用土地耕种、营林、植草等，将土地产出作为商品或作为原材料进一步加工，因此，农用地主要利用形式是进行农业生产，农用地使用者的使用收益主要通过农用地经营获得，将经营收入扣除经营成本获得经营收益。根据萨伊的生产三要素理论或马克思的劳动价值论，可以测算土地要素投入带来的收益，这部分收益扣除对应的土地使用成本就是土地使用权带来的最终收益，形成农用地使用权益。

建设用地可以用于商业、服务业、工业和住宅等。一般工业用地使用者直接获得土地使用权，并将土地作为生产经营场所，通过生产和出售产品获益，经营收入扣除经营成本形成经营收益，经营收益中对应土地成本的部分，视为土地使用权带来的收益。一般的商业、服务业和住宅用地，多数由房地产企业首先取得土地使用权，进行房地产开发之后，将土地使用权和建筑所有权一并出售给商业和服务业企业及住户，在此过程中，房地产企业通过建设和出售房屋建筑物获益，土地使用权成本对应的收益，最终能形成土地使用权益；商业和服务业企业与工业企业类似，将获得的土地和房屋作为经营场所，通过经营获益，所获收益中对应土地使用权成本的一部分可以视为其土地使用权收益。住户等将住宅作为生活场所，除了转让可能获益外，并无直接经济利益，因而更多的是社会价值和生活价值。

建设用地中公共管理和公共服务用地、交通运输用地、水域及水利设施用地或未设立土地使用权，或者设立土地使用权但更多提供社会公共服务或生态价值的建设用地，并无或较少有经济收益，因而无法形成经济利益。

综上，土地资源或土地使用权被土地使用权人作为生产要素、生产经营场所或产品的一部分，被用于生产经营或开发获益，土地资源作为生产要素之一，所对应的收益是土地资源即土地使用权人所拥有土地使用权所对应的经济利益，是土地使用权益的表现形式。

5.2.4.2　矿业权权益

我国矿产资源使用权即矿业权分为探矿权和采矿权。探矿权人获得勘查区块范围内矿产资源的勘察权和优先申请探矿权的权利。长期以来，我国的探矿主体是地质勘探单位，地质勘探单位作为事业单位当前主要是差额拨款事业单位，目前有部分企业和地质勘探单位合作或者独立进行地质勘探获得探矿权（王希凯，2017），因此，探矿权人一般为企业和事业单位。探矿行为具有很大的不确定性，国家出资勘探发现的矿产资源矿业权归国家所有，非国家出资勘探发现的矿产资源矿业权可以由探矿权人优先获得。对于探矿权人来说，矿业权带来的经济利益主要是完成自身任务或为获取后续权利，同时不确定性较高。探矿权并不对应相应矿产资源，一旦勘探发现矿产资源则勘探结束，探矿权消失，因此，本书认为探矿权人并无相应的经济权益，当前探矿权主要体现为一种责任或任务，主要权利体现为后续可获得的采矿权，因而探矿权不应确认探矿权权益。

采矿权人获得采矿权，通过开采、加工、出售原矿或者矿产品获益。

《矿产资源法实施细则》将矿产资源分为能源矿产、金属矿产、非金属矿产和水气矿产。受自然地理条件的影响，矿产资源的贫富程度、矿产品的品质好坏、矿山的地理位置以及交通运输条件等有所不同，生产同类矿产的不同企业，投入同量的劳动和资金所取得的矿产品的数量和质量，往往也差别很大，甚至非常悬殊（崔彬等，2015），原矿和矿产品的价格变化也比较快。因此，不同采矿权人同样类型、相同规模、同类矿产的采矿权所能获得的收益可能不同，收益中采矿权成本所对应的部分即为矿业权权益。

综上，矿业权权益主要是采矿权人所获收益中矿业权成本对应的权益，受到具体环境、矿业权成本计算方法、生产经营方法等多方面因素的影响。在我国的矿业管理体制下，探矿权更多表现为一种责任和任务，主要权利是优先获得后续采矿权，并无对应矿产资源标的，所以探矿权对应的利益是不确定的，没有明确标的物，不能确认为矿产资源权益。

5.2.4.3　水资源使用权益

水资源使用权主要体现为取水权。对于不同类型的水资源使用权人，水资源使用权益实现方式不同。公共供水企业和矿泉水等水生产企业获得水资源使用权，通过对水资源的进一步加工处理，形成一定标准的水，将这些水作为商品进行出售；农业灌溉用水主要用于灌溉，促进作物生长等；火电和核电企业利用水资源进行冷却；一般工业企业用水因为产品类型、工艺设计等因素不同，水资源的用途也有不同，可能是原料用水、产品处理用水、锅炉用水、冷却用水等，不同产品和工艺用水方式不同，企业获益形式也不同。即使不同用水方式取用相同水量的水，其耗水量不同、废水的质量等级不同，需要进一步治理的成本也不同。因此，不同类型的水资源使用权人通过不同形式对水资源开发利用，进而获益，但是等量等质的水资源因使用方式的不同而获益不同。

综上，公共供水作为城市基础设施，具有公共和公益属性，一般较少产生经济利益；而其他用水主体则因行业、产品、生产工艺等的不同，用水方式不同，带来的收益也不同。水资源使用权益一般是收益中水资源使用成本对应的部分，同量同质水资源的使用权益会因为使用方式的不同而不同。一般分行业对水资源进行管理，水资源使用权益可以按照行业设置二级科目，根据水源类型设置三级科目。

5.2.4.4 森林使用权益

国有林场长期以来作为事业单位，其代理行使森林资源所有权和使用权，随着改革的推进，中国林业发展的主旋律由木材生产转变为生态修复和建设，由森林开发利用获取经济利益转变为保护森林提供生态服务。国有林场分为公益类事业单位和公益类企业，事业单位性质的国有林场承担保护和培育森林资源等生态公益服务职责，企业性质的国有林场将转型为公益性企业或政府购买服务进行公益林管护。国有林场作为自然资源使用者，实际代行政府所具有的森林资源所有权，对应存在的经济利益本质上是代理行使森林资源所有权通过自然资源有偿使用而得到的使用对价。

除了国有林场之外的其他单位和个人通过租赁、承包、特许经营等方式获得使用权，开展森林观光、体验、康养等旅游服务，种植、采摘、养殖等林副产品经营和经济林营造采伐等，通过这些经营活动获得相应的经济利益。这些经营活动带来的经济利益中对应森林资源使用成本的部分，是自然资源使用权益的实现方式。

综上，自然资源使用权益科目所核算内容，因自然资源的种类、使用权内容、开发利用方式等因素的不同而不同。各类自然资源使用权益均通过使用权人对自然资源开发利用或者经营获得经济利益的方式实现。但因为开发利用方式的不同，这种经济利益是不确定的，自然资源必须与劳动、资本、生产工具等相结合才能产生经济利益，自然资源资产所产生的经济利益，是经过不同因素分配之后自然资源使用权成本对应的收益，必须结合实际的生产经营情况进行确定。因此，自然资源使用权益所对应的经济利益是难以预测、具有很大不确定性的。使用权益科目可以根据自然资源的不同分为土地使用权益、矿业权权益、水资源使用权益和森林使用权益四个一级科目，并根据具体情况设置明细科目，但难以直接核算权益中的经济利益。

5.3 自然资源权益的确认条件

在会计核算中，确认条件用来衡量相关交易和事项对会计要素的影响是否应该记入相应的会计账户，即是否对会计事项入账核算。因此，是否满足确认条件可以看作交易和事项是否进行会计处理、是否登记入账进行会计核算的基本条件。只有满足确认条件，相关的交易和事项才进行会计处理，登记入账记入报表，否则相关事项只能在账外记录，简单来讲，确认条件是相应会计要素的核算标准。在统计核算中，同样有统计标准，以规范整个统计过程，统计核算对象广泛，所以统计标准规范的对象更多、范围更广，包括不同类型的核算对象和核算标准。自然资源核算也需要明确标准以确定相关事项是否进行核算，借用会计核算的概念称之为确认条件，满足确认条件的事项进入自然资源核算程序，反映在自然资源资产负债表中，否则不作核算处理，通过表外记录。本小节首先回顾会计核算中的确认条件，其次针对自然资源特征提出自然资源权益核算的确认条件。

5.3.1　会计核算的确认条件

世界各国会计准则中的会计确认条件大同小异。广泛认可的国际会计准则和美国会计准则对会计确认条件的规定基本相似。不同会计要素的确认条件体现出不同要素的特点，具体规定略有不同。

5.3.1.1　美国会计准则和国际会计准则的确认条件

美国财务会计概念公告（Statement of Financial Accounting Concepts No. 5）中对基本确认标准的规定包括：①符合会计要素的定义（definition）；②可计量（measurability）；③具有相关性（relevance）；④具有可靠性（reliability）（FASB，1984）。会计交易和事项只有满足这些基本确认标准才能对相应的权利和义务进行确认，登记入账，进行会计核算（周华、戴德明，2015）。

国际会计准则理事会在 2010 年和 2018 年先后两次修订批准财务报告的概念框架（Conceptual Framework for Financial Reporting）。2010 年的概念框架（以下简称概念框架 2010）规定符合要素定义的项目确认条件有两个，具体是：①与该项目有关的未来经济利益将很可能流入或流出主体；②该项目的成本或价值能够可靠地计量。而中国企业会计准则在制定过程中借鉴了这两项确认条件。

2018 年的概念框架（以下简称概念框架 2018）对确认条件进行修改。符合要素定义项目的确认条件包括：①有关会计要素变动的相关性（relevance）信息；②对会计要素变动的如实反映（faithful representation）。修改主要基于以下原因：其一，原有国际财务报告具体准则对可能性的判断标准不一；其二，以可能性作为确认条件可能损害信息的相关性；其三，"可靠地"不够清晰，已经不再作为信息质量要求。因此，在概念框架 2018 中直接引用信息质量要求界定会计确认条件，允许具体准则在此基础上自行界定不同会计要素的确认条件。

概念框架 2018 并未否认概念框架 2010 关于确认条件的规定。会计确认就是判断涉及资产和负债等的相关事项是否满足确认条件，因此，涉及资产和负债等的相关事项带来的影响存在与否是不确定的，若存在经济利益流入或流出的可能性较低，这两个因素都将影响第一个条件即相关性，不确定性高或可能性低都将减少相关事项的信息与信息使用者决策的相关性，直观来讲，不确定性越高，相关事项带来的信息含量越低，信息相关性越低。

概念框架 2018 中，规定的如实反映受到计量的不确定性水平影响。如果资产或负债计量唯一的估计方法是采用基于现金流量的计量技术，可能结果的范围异常广泛、对不同结果可能性估计变动异常敏感、格外依赖主观的现金分摊等都说明计量的不确定性水平可能过高。当存在高度的计量不确定性时，相关事项的具体影响将难以如实反映，有关项目不应确认。

因此，国际会计准则概念框架 2018 和概念框架 2010 及美国财务会计概念公告关于确认条件的核心内容是一致的，即：首先满足核算要素定义要求；其次需要确认事项的信息是否与使用者决策相关；最后看相关信息是否能够可靠计量，是否能够确定地计算清楚，即如实反映。

国际会计准则概念框架 2018 中明确提到成本效益原则，即向信息使用者提供信息带来的利益，可以证明提供和使用该信息的成本是合理的，则可以进行确认和核算；否则不予以确认，即确认所需成本与增加信息带来的利益不恰当时，相关事项不予确认。相关项目未能确认，则不能在报表中反映信息，可以在附注中提供与该项目相关的信息。这两项规则可以看作是对确认条件的补充，即会计核算的确认应考虑成本效益，成本效益不合理则不予确认；对于不予确认的事项，在附注中披露相关信息。

5.3.1.2 中国企业会计准则的确认条件

中国企业会计准则与国际趋同，会计要素确认条件和国际准则相似。会计确认的前提是满足会计要素的定义，在此基础上要满足具体会计要素的确认条件。中国企业会计准则中并无会计确认条件的总规范，而是分别规定了资产、负债、收入和成本四类要素的确认条件，具体见表 5.7。

表 5.7 **企业会计要素确认条件**

要素类型	确认条件
资产	a. 与该资源有关的经济利益很可能流入企业； b. 该资源的成本或者价值能够可靠地计量
负债	a. 与该义务有关的经济利益很可能流出企业； b. 未来流出的经济利益的金额能够可靠地计量
收入	a. 在经济利益很可能流入导致企业资产增加或者负债减少； b. 经济利益的流入额能够可靠计量
支出	a. 经济利益很可能流出从而导致企业资产减少或者负债增加； b. 经济利益的流出额能够可靠计量

资料来源：根据《企业会计准则——基本准则》整理。

从表 5.7 可知，中国企业会计准则关于资产、负债、收入和支出四类会计要素的确认条件是类似的，首先要求相关交易或事项对会计要素的影响是确定的，即很可能发生，这里隐含对会计信息使用者决策相关的要求，因为经济利益的流入流出与企业会计信息使用者有着直接或间接的密切关系，当事项很可能发生时，这些信息与信息使用者的利益和决策密切相关。其次是要求影响的数量能够相对确定的计量，即能够在数量上如实、准确地予以反映。整体来说，这一表述与国际会计准则概念框架 2010 的表述相似，与概念框架 2018 的基本规定是基本一致的。

中国企业会计准则的基本准则并未对所有者权益的确认标准进行规范，对于一般企业来说，无论采取何种记账法方法，均遵循会计恒等式"资产 = 负债 + 所有者权益"或期间动态平衡公式"资产 + 支出 = 负债 + 所有者权益 + 收入"，在会计业务处理时，当资产、负债、所有者权益、收入和支出等要素的金额确定时，所有者权益的金额自然也是确定的。因此，中国企业会计准则仅指出"所有者权益金额取决于资产和负债的计量"。众多学者将该方法直接应用到自然资源核算中，提出自然资源权益由自然资源资产和负债的差额决定，并不讨论也未注意两者的不同。

当前，中国会计核算中企业所有者权益包括实收资本（或股本）、资本公积、其他综合收益和留存收益等内容。实收资本和资本公积（资本溢价部分）与股东直接投资相关，需要根据相应法律文件进行确认和计量，它们不

但与报表使用人利益相关，而且数量确定。留存收益由企业管理层根据企业
股东大会等企业权力机构的要求，对利润进行分配，不但有规范程序，而且
也要有相应法律文件，同样不但与报表使用人利益相关，而且数量确定。只
有资本公积（其他资本公积）和其他综合收益一般与其他会计要素一起核
算，其金额的确定依赖于其他会计要素的金额，但也依然具有法定程序和依
据。可以看出，企业所有者权益相关项目的金额都是依法确定的，根据法律
文件和原始会计凭证可以准确确定，只要存在相关事项，则相关金额不会存
在不确定性和相关性的确认判断问题，这是会计准则未对所有者权益确认条
件进行规范的根本原因。

综上，企业会计准则因为两方面原因未对所有者权益的确认条件进行规
范。其一，其他要素金额确定时，根据会计等式，所有者权益的金额是确定
的，因而会计准则仅规定"所有者权益金额取决于资产和负债的计量"；其
二，企业所有者权益相关事项与会计信息使用者的决策相关，而且在发生时
根据法定程序和原始会计凭证进行确定，不存在金额可靠计量的问题，所以
会计准则无须规定所有者权益的确认条件，因为一旦发生依据相关法律进行
确认即可。本书认为后一个是根本原因，企业所有者权益相关事项均由《公
司法》或《企业法》等商事法律规定，当事项发生时，金额可依法确定，对
信息决策者的影响是显而易见的，因而无须再对确认条件进行规范。对所有
者权益金额的规定，反而导致理解上的歧义，如果需要对所有者权益的确认
进行规范，可能仅需要规定"所有者权益依法确认"即可，以免理解错误。
自然资源与企事业单位的所有者权益是不同的，《公司法》等商事法律对企
业所有者权益进行了规范，但自然资源的相关权益虽然现有法律有所涉及，
但并无具体规定，因此，自然资源权益的核算不能照搬企业所有者权益的核
算方法，而应根据自然资源权益的特点和核算要求，设计自然资源权益的确
认标准，弥补现有制度的不足。

5.3.2　自然资源权益的确认条件

当前，学者们借鉴会计核算中的确认条件研究自然资源核算的确认条件，
关于自然资源资产和自然资源负债确认条件的研究较多，而关于自然资源权
益的研究相对较少。自然资源资产和自然资源负债确认条件的研究总结见
表 5.8。

表 5.8　　　　　　　　　　　自然资源资产和负债确认条件

要素类型	作者年份	确认条件
自然资源资产	陈艳利等（2015）	①产权明确性；②可计量性；③效益可能实现性
	高志辉（2015）	①拥有所有权或完全控制权；②探明规模和数量，能够货币计量；③能够开发利用预期带来经济利益
	杨海龙等（2015）	①稀缺性；②所有权明晰；③能够带来效益
	李清彬（2015）	①直接或间接收益；②所有权或者使用权属于核算主体
	李四能（2015）	①具有稀缺性；②明确所有权；③能够可靠计量
	盛明泉等（2017）	①产权明晰；②经济利益很可能流入；③具有可计量性
自然资源负债	陈艳利等（2015）	①责任确定性；②很可能发生性；③可计量性
	陈燕丽等（2017）	①明确权责划分；②可以用货币计量
	陈红等（2017）	①政府对环境资源应承担的现时义务；②会导致经济利益流出或提供经济利益的潜能流出；③金额可靠计量

　　自然资源资产和负债的确认条件主要参考会计核算的标准，可能实现性、能够开发利用预期带来利益、很可能流入、现实性、未来效用可能性、很可能已经发生等表述对应会计核算中相关影响的可能性；可计量性、可靠计量、金额可靠计量、可用货币计量等表述主要代表相应事项影响的数量可以度量。可能性和可度量是进行核算的基础，包含在国际会计准则概念框架 2018 中。

　　已有研究突出了自然资源核算的特点，如产权明确、责任确定性、稀缺性等。但本书认为这些因素并不能作为确认条件。从现有核算来看，满足相应要素的定义是进行确认的前提，其次才考虑是否符合确认条件以进行核算。产权明确、责任确定和稀缺性等是自然资源、自然资源资产、自然资源负债等要素的基本特征，不应该作为确认条件，而应该是确认的前提条件，即先满足相关定义。

　　综合来看，自然资源核算的确认条件和会计核算的确认条件应该基本一致，任何核算的目的都在于通过核算提供信息以供管理使用。会计的职能一般被总结为反映和监督，自然资源核算的目的是实现清家底、明责任、确权利、评收益，本质上是对自然资源情况反映和自然资源相关职责的监督。因此，自然资源核算的基本确认条件也可总结为与自然资源管理和开发利用相关，同时能如实反映。

　　自然资源权益的确认也应该遵循基本要求，当前自然资源权益核算研究较少，陈艳利等（2015）提出自然资源净资产确认应该具有四个条件：①相关产权的明晰性；②地域范围的无争议性；③可计量性；④权益的权利性。封志明等（2017）提出自然资源所有者权益确认的三个条件：①自然资源产权明晰；②自然资源地域范围确定；③核算主体对自然资源的权益能可靠计量。两者提出的自然资源权益确认条件虽然具体数量和表述不同，但是含义相同。陈艳利等提出的条件③④和封志明等提出的条件③含义是一致的，权益能可靠计量，首先要求具有获得利益的相应权利，其次要求相应利益能够度量。两者条件①②如前所述，本书认为是不需要的，产权清晰是自然资源权益的存在前提，自然资源资产、负债和权益的概念均建立在产权基础上，否则无从谈起。产权建立在一定的时空范围内，产权清晰的含义包含自然资源空间范围的确定，因而包含条件②。综上，条件①②是自然资源权益所具有的基本特征，即自然资源权益概念包含的内容，满足自然资源权益定义则必然满足这两个条件，因此，这两个条件是自然资源权益确认的前提条件，而非自然资源权益确认条件。

再次强调，自然资源权益确认的前提是满足自然资源权益的定义，然后才考虑满足自然资源权益的确认条件。总结来说，自然资源权益核算的内容要与自然资源管理要求相关，同时能够如实反映。一般来说，与管理需要相关性越高的事项越需要如实反映，但事实上，相关性和如实反映的要求在某些情况下可能存在矛盾，与自然资源管理高度相关的事项，可能难以如实反映。当相关事项直接影响自然资源管理时，发生的不确定性反而较高，可靠度量的程度较低；而不影响管理的事项，反而能够确定发生，能够可靠计量。例如，农用水的耗水量一直是农用水管理的重要问题，但是农业灌溉耗水量截至目前依然难以准确计量；相对来说，农业灌溉的直接退水量，如果具有相关设施则较为容易测算，但是退水量直接进入自然水体，反而与农用水管理决策的相关性不大，更多用来测算耗水量。因此，在自然资源实际核算过程中应综合考虑，在具体条件上应尽量明确。

综上，本书提出自然资源权益是各自然资源主体能够从拥有的自然资源权利中获得的利益。首先自然资源权益具有权益主体；其次各权益主体拥有相应权利；最后各权益主体能够从权利中获得相应利益。本书所界定的利益并非单纯的经济利益，还包括社会价值和生态价值。自然资源权益变动必然与自然资源管理相关，只是相关性大小不同，因此，自然资源权益确认的主要条件应集中在如实反映。如实反映首先要求相关事项的发生和对自然资源权益的影响是可以确定的，其次要求影响的具体程度可以通过数量度量。

考虑到自然资源管理实践，自然资源所有权归国家所有，所有权依法确认，较少存在变动事项，变动源自自然资源数量的变化，一定与自然资源管理和决策相关。自然资源使用权的变动事项，既涉及法律规定，又是使用权人的开发利用，一定与自然资源管理和决策相关。因此，自然资源权益度量关键在于相关事项对自然资源权益影响的数量度量，例如，矿产资源 122 以上的可采储量是通过勘探得出的，与实际储量可能有出入，而矿产资源 232 的潜在储量勘探与实际储量数据出入可能更大；即便资源数量能够明确的土地资源，同样的面积因区位不同、开发利用方式不同，带来的经济利益和社会利益也差别很大，使自然资源权益度量成为核算的难题。

因此，兼顾科学性和可行性，本书将自然资源权益的确认条件表述为：①相关事项能够对自然资源权益产生影响；②相关事项对自然资源权益的影响能够度量。当满足这两个条件时应该确认相应的自然资源权益，影响和度量不限于经济利益或货币；当相关事项不影响或难以度量时，则不予以核算，仅做备查记录。

第6章 自然资源权益的计量

《国际会计准则》（2015）对计量的定义是，为了在资产负债表和收益表内确认与列示财务报表的要素而确定其金额的过程。财务报表中确认的要素以货币为单位进行量化，因此，会计核算仅需要确定金额。会计计量和会计确认是同时进行的，会计确认时要知晓相关会计事项是否能够可靠地计量。企业会计以货币计量，按照规定的会计计量属性进行计量，确定其金额。事实上，计量首先要选择核算对象的适当属性特征作为计量标准，其次要根据计量标准选择基础计量单位，再次要选择确定影响程度的合适计量基础，最后要度量相关事项影响的程度，即以基础计量单位衡量影响带来的数量变化。

在自然资源核算中，学者们几乎一致认为应该以实物核算为基础，最终探索建立价值核算。在技术条件不具备的情况下，要以实物量作为主要的计量标准进行核算。为了不同自然资源之间纵横向比较，反映更多信息应该以价值量核算为最终目标，加紧研究估值技术，最终实现自然资源价值核算。现有文献对自然资源估值方法进行了广泛的讨论，但多数研究仅适用于个别类型的自然资源，研究不够深入，系统研究少，现有方法都存在着局限（李成宇等，2018）。高敏雪（2016）指出，实物量是最直观、与管理最贴近的表达方式，而当前资源估值方法着眼于对国内生产总值（GDP）等经济总量的资源耗减价值的调整估计，并非着眼于自然资源核算，因此，自然资源核算更适宜应用实物量进行核算。本书赞同高敏雪教授的观点，认为自然资源核算更适宜用实物量核算，价值量核算在适宜条件下也未尝不可，但是应该遵循宜用则用的原则，以实物为准，价值为辅。本章首先回顾当前研究对估价方法的研究，其次讨论价值计量的应用，最后分析不同自然资源权益的计量方法。

6.1 自然资源价值和估价方法

自然资源价值量计算或估价方法研究由来已久，但是并不成熟。皮尔斯等（1989，1994，1995）将环境资源经济价值分为利用价值、存在价值和选择价值。自然资源估价方法相对成熟的大致分为市场法（Pratt，2005）、收益法（Roefie，2011）和成本法（Repetto，1989）三类。在我国，李金昌（1992）提出以功效论、财富论和地租论进行自然资源估价；蒲志仲（1993）则以劳动价值论建立自然资源价值理论；章铮（1998）提出根据边际机会成本确定自然资源的价格。不同的学者对自然资源的价值有不同的认识，提出了不同的估价方法。自然资源因自身不同特征，适应的估价方法也不相同。

6.1.1 自然资源价值的认识

自然资源价值的讨论由来已久，改革开放之初，探讨土地有偿使用问题曾引发对自然资源价值的探讨，至今没有结论。马克思劳动价值论和西方经济学效用价值论是当前经济学体系中两大主流价值理论，不可避免地被人应用到自然资源价值研究中。效用价值理论从物品满足人的欲望或人对物品效用主观心理评价的角度揭示价值规律，而劳动价值论则认为劳动是价值的唯一源泉。

效用价值论经历了一般效用论、边际效用价值论和均衡价值论三个阶段。萨伊（1803）认为，"物品的效用是其价值的基础""价格是衡量物品价值的尺度，而物品价值又是衡量物品效用的尺度"，劳动、资本和土地所有三个因素"共同合作创造价值"。一般效用价值论认为，自然资源是有价值的，价值越大效用越大，但无法解释水、空气等效用很大，但价值很小的问题。维塞尔（1884）提出，边际效用就是人们消费某一财物时随着消费数量的增加而递减的一系列效用中最后一个单位的消费品的效用。[1] 维塞尔将由边际效用决定的价值叫作"自然价值"。边际效用价值论认为，价值取决于边际效用，而稀缺性是价值形成的条件。瓦尔拉（1874）将稀缺性定义为"消费一定量商品所满足的最后欲望的强度"（豪伊，1999）。边际效用理论回答了"价值之谜"，受到西方经济学的广泛接受。马歇尔（1890）结合生产费用论

---

[1] 第一次提出"边际"是维塞尔在 1884 年出版的《经济价值的起源和主要价值》一书中。

和边际效用论建立了均衡价值论，商品价值是由商品的供求状况决定的，由商品的均衡价格衡量，在供给和需求达到均衡状态时，产量和价格也同时达到均衡。效用价值论以人们的心理预期和稀缺性作为价值的衡量标准具有一定的科学成分，但效用价值论将价值视为一种主观心理现象，无法在数量上准确计量统计。需要结合人们的预期或者供求关系进行分析，只能进行事后估计，这一理论也成为当前价值评估的基础理论。

在效用价值论的指导下，西方经济学一般将自然资源价值分为使用价值和非使用价值。最典型的是皮尔斯的五分法，具体见表 6.1。直接使用价值是自然资源直接用于生产消费过程的经济价值，一般通过市场或调查手段可以测算出来，尽管不十分精确。间接使用价值是自然资源所提供的调节功能、承载功能和信息功能形成的潜在价值。生态学家所指的生态功能，无须经过市场，其价值需要经过一定方法测算，经济学家尝试利用替代市场法和意愿评估法进行量化。选择价值是人们为了保存或保护自然资源以便未来作为各种用途所愿意支付的数额，衡量的是一种未来使用价值，类似人们为未来使用价值支付的保险金。遗传价值是为后代保留自然资源的价值，是当代人为后代人使用某种资源而支付的费用，遗传价值体现出可持续发展代际均等的思想，有人认为遗传价值应属于选择价值的范畴。存在价值是人们愿意为一种资源的存在而支付的费用（曹俊文，2004）。在自然资源价值评估中，将各类价值相加综合形成总支付意愿（TWP），即人们愿意为未放弃使用或者使用自然资源支付的最大费用，作为自然资源的价值（裴辉儒，2009）。克鲁梯拉（Krutilla，1967）提出将自然资源价值分为比较"实"的、有形的、物质性的商品价值和比较"虚"的、无形的、舒适性的服务价值的两分法。五分法细致深刻地分析了自然资源价值的内容和范围，但是相关价值难以定量计算；二分法相对简略概括，但同样不利于定量计算（曹俊文，2004）。

表 6.1　　　　　　　　　　　　　　资源价值的构成

价值分类			价值内容
资源总价值（TEV）	使用价值（UV）	直接使用价值（DUV）	可直接消耗的量
		间接使用价值（IUV）	功效价值
	非使用价值（NUV）	选择价值（OV）	将来的直接和间接使用价值
		遗赠价值（BV）	为后代遗留下来的使用价值或非使用价值的价值
		存在价值（EV）	继续存在的使用价值

资料来源：戴维·皮尔斯，杰瑞·米沃福德，《世界无末日：经济学、环境与可持续发展》，张世秋等译，中国财政经济出版社 1996 年版。

马克思认为，"使用价值或财物具有价值，只是因为有抽象人类劳动对象化或物化在里面"。劳动价值论认为，价值是抽象劳动的凝结，商品的价值量就是生产商品所耗费的劳动量，即凝结在商品中的一般人类劳动量（中国资产评估协会，2016）。而使用价值则是对人的有用性。"一个物可以是使用价值而不是价值，在这个物并不是由于劳动为中介而对人有用的情况下就是这样。例如，空气、处女地、天然草地、野生林，等等。"劳动价值论认为劳动是价值的来源，物品未经劳动改造可以有使用价值，但无价值。据此判断自然资源是没有价值的。

因此，蒲志仲（1993）认为，从历史辩证的观点看，现代经济社会的可持续发展需要人类维护自然资源，自然资源也非完全的自然之物，而是经过人类的改造，自然资源的价值正是人类投入的社会劳动。苏月中（1995）继承该观点，认为人类必须投入劳动更新和维护自然资源保证其再生产能力。马传栋（1995）认为，尚未进入经济系统的自然资源不能认为是有价值的，只有进入人类社会、经过人类劳动、被发现和利用、进入生态经济系统的自然资源才存在价值。韩嵩（2010）认为，关于自然资源劳动价值的观点，即尚未开发利用的自然资源没有价值，只有经过劳动开发利用才有价值的观点，本质上认为自然资源价值是劳动价值的体现，没有摆脱资源无价的理念。因此，根据马克思的劳动价值论，自然资源是不存在价值的，劳动价值论无法解决自然资源价值计量的问题。

效用价值论和劳动价值论是当前两大主流价值理论，后续研究难逃窠臼延续这些基本观点。李金昌（1992）尝试融合效用价值理论和劳动价值理论，在财富论、效用论和地租论的基础上提出，自然资源的价值包括自身的价值和社会生产投入的价值，自身的价值通过地租理论计算获得，社会生产投入的价值可以通过资本投资价值方式计算。吴军晖（1993）认为，劳动价值论解决不了自然资源定价，现实的抉择必须承认自然资源的有价性，要合理确定自然资源价格，他认为自然资源租金由供求关系决定，不是由劳动决定，采用了效用价值论的观点。蒲志仲（1993）和车江洪（1993）认为，自然资源的价值是由再生产其使用价值所必需的劳动价值决定的，自然资源价值的社会必要劳动时间包括三部分，即自然资源开发利用过程中的直接耗费、自然资源简单再生产所付出的必要劳动和自然资源扩大再生产的必要劳动。黄贤金（1994）提出自然资源二元价值论：自然资源物质无价值，自然资源资本具有虚幻的社会价值，因为自然资源的垄断性、稀少性和不可或缺性，所以自然资源具有稀缺价格。林向阳等（2007）赞同效用价值论的观点，认为自然资源具有稀缺性，自然资源价值应根据自然资源满足人类欲望的能力来确定。梅林海等（2012）赞同边际效用论，认为自然资源的价格包括资源开发利用的边际成本和边际机会成本。刘清江（2011）认为，自然资源价值由产权价格、社会生产价格和补偿价格组成。产权价格是资源的天然价格，通过市场利率贴现计算，社会生产价格是投入在资源上的劳动价值，补偿价格包含代际补偿和代内补偿，是为补偿可持续利用而投入的成本。因为根据经典的劳动价值理论，自然资源不存在价值，中国学者研究自然资源的价值问题时，或者部分承认效用价值论，或者完全利用效用价值论论证自然资源的价值或价格，从根本上讲这是对劳动价值论的误解。

劳动价值论是马克思主义政治经济学的重要组成部分，马克思主义政治经济学研究的是人与人的社会关系，即生产关系，恩格斯认为："经济学所研究的不是物，而是人和人之间的关系"。马克思从物质资料生产出发，借助劳动价值论分析生产关系中剥削阶级和被剥削阶级的关系，研究的是人与人之间的关系，并不是人与自然的关系。马克思主义政治经济学通过研究商品生产、分配、交换和消费的全过程，分析人与人之间形成的生产关系。马克思指出，一个物可以有用，而且是人类劳动产品，但不是商品。谁用自己的产品来满足自己的需要，他生产的虽然是使用价值，但不是商品。马克思的劳动价值论分析的是进入生产领域进行分配和交换的商品的价值规律，这一价值规律即劳动价值理论。马克思并不否认除了劳动价值之外的其他价值，或者说马克思劳动价值理论中价值特指劳动价值，但并不否定其他价值。

马克思认识到商品具有二重性，是使用价值和价值的统一。"价值通过交换价值表现，交换价值只能近似地反映出价值并围绕价值上下浮动。"马克思指出，"使用价值构成社会财富的物质内容，反映的是人与自然的关系。"因此，使用价值而非（劳动）价值是用来衡量自然资源的。"商品通过交换让渡给他人使用进入消费环节，因此，商品的使用价值是交换价值的物质承担者。"价格是商品的交换价值在流通过程中所取得的转化形式。对于没有价值的自然资源，虽然不是马克思劳动价值论中定义的商品，但现实生活中存在交易和价格，其根本原因是使用价值的存在。价格是交换价值在流动过程中的转化形式，使用价值是价值的物质承担者。自然资源同样存在这样的规律，其价格是交换价值在流动过程中的转化形式，使用价值是（交换）价值的物质承担者。

　　马克思批判性地接受了亚当·斯密的理论，认为劳动是价值之母，土地是价值之父，自然资源或者自然之物"作为使用价值，它仍然有它的自然效用""劳动并不是它所生产的使用价值即物质财富的唯一源泉"，因此，劳动价值论并不适宜讨论自然资源价值，马克思在地租理论中对基于自然资源所有权的生产关系进行了详细的研究，① 他敏锐地意识到自然资源的重要性，认为"地租是土地所有权在经济上借以实现增值价值的形式""土地所有权的垄断是资本主义生产方式的一个历史前提，并且始终是它的基础"。马克思主义政治经济学通过对生产关系的研究提出生产资料私有制是一切剥削制度的基础，在私有制下土地等自然资源作为生产资料，并非商品，较少进行交换，即便进行交换其价格也是地租的表现形式，即"资本化的地租，……表现为土地价格""在购买者看来，地租不过表现为他用以购买土地以及地租索取权的那个资本的利息""这个权利本身并不是由出售产生，而只是由出售转移""创造这种权利的，是生产关系"。马克思认为，最差的土地也存在地租，地租是因为生产关系即私有制产生的，这种私有制的背后隐藏着自然资源的价值，即"土地是价值之父"，但是马克思地租理论并没有论述土地价值如何体现，仅是对地价和地租的产生进行了研究。马克思认为，自然资源具有使用价值，但并无劳动价值，生产资料私有制的存在使土地等不具有交换价值，土地价格是资本化的地租，这些研究为自然资源估价提供了基础。这些研究结论都基于对生产关系的讨论，而非对自然资源自身价值的讨论。

　　综上，马克思劳动价值论并不涉及自然资源的价值问题，劳动价值论通过对商品价值规律的讨论，揭示人与人的关系，劳动价值论的对象是商品。在马克思生活的年代，土地等自然资源更多作为生产资料，不涉及生产、分配、交换和消费，不是商品，因而不能用劳动价值论讨论自然资源的价值问题。虽然土地等自然资源作为生产资料交换活动较少，但是马克思观察到该问题，认为土地的价格即资本化的地租。马克思承认自然资源具有使用价值，是物质财富的源泉之一。马克思主义政治经济学虽然没有系统研究自然资源的价值和价格问题，但是通过地租理论对自然资源的价格形成机制进行

---

　　① 马克思地租理论并不单纯指土地，而是包括土地在内的各类自然资源，马克思在对地租理论的研究中一再强调，"为了全面起见，必须指出，在这里，只要水流等有一个所有者，是土地的附属物，我们也把它作为土地来理解。""不管是为耕地、建筑地段、矿山、渔场还是为森林等等支付的，统称为地租。"

了研究，因此，研究自然资源价格问题应该应用地租理论，而非劳动价值论。

古希腊哲学家普罗泰戈拉提出，人是万物的尺度；马克思曾指出"'价值'这个普遍的概念是从人们对待满足他们需要的外界物的关系中产生的"。因此，曹俊文（2004）提出，从哲学角度看，价值是客体对主体的效应，主要是对主体发展、完善的效应。本书认同曹俊文的观点，认为价值是人类评价客观事物的尺度，并非单一概念，是人类对事物带给人类自身效应的评价。因此，本书认为，马克思主义政治经济学对价值规律的认识与西方现代经济学市场均衡理论对价值表现形式的认识具有内在一致性。

综上，马克思主义政治经济学的价值规律认为：商品价值量是由生产商品的社会必要劳动时间决定的，商品交换要以价值量为基础，实行等价交换。价格围绕价值上下波动是价值规律的表现形式，能够调节生产资料和劳动力在各生产部门的分配，最终实现社会生产和消费之间的平衡。西方经济理论的市场均衡理论认为：消费者和生产者根据市场价格决定，愿意并且能够购买或者能够提供的商品数量，以及供给和需求的相互作用，会导致价格的变化，当供求相等时市场达到均衡，商品的市场均衡价格即商品的价值。可以看出，马克思主义政治经济学认为，价格围绕劳动价值上下波动，长期看会实现价格和价值的平衡；西方现代经济学认为，市场均衡时的商品价格即商品价值。因此，虽然两者对价值的界定有所不同，但是两者均认为通过价格对供需关系的调整，长期看价格是价值的表现形式。当前，中国自然资源所有权归全民所有，而使用权是可以进行市场交易的，因此，自然资源使用权的价格或价值规律适用于马克思主义政治经济学和西方现代经济学关于长期的市场均衡价格是价值的表现形式的结论。通过自然资源使用权的市场价格来衡量价值，价格是价值的表现形式，这也是当前各类估价模型的理论基础。

6.1.2 自然资源估价的方法

估价方法的基本原理来自经济学理论，资产评估的主流方法主要有三种，即成本法、收益法和市场法。孔含笑等（2016）按照这一分类对现有自然资源估价方法进行了梳理，具体见表6.2。

表6.2 自然资源估价方法（一）

类型	分类	具体做法	评价
市场法	直接比较法	利用相近地区、相似情况自然资源的交易价格估计本地区自然资源价格	条件：依赖市场价格。优点：易于理解和掌握，反映市场变化。缺点：缺乏直接相关参照物时，受主观因素影响较大
	间接比较法	按照各类标准对参照物和自然资源进行比较，确定差异，根据参照物估计自然资源价格	
	替代市场法	包括旅行费用法、意愿调查评价法。用替代物品价值估计自然资源价值	
收益法	收益倍数法	按照平均收益和预期倍数，确定自然资源价格。包括影子价格法，即以线性规划求解最优配置的自然资源价格	条件：对未来收益的预测。优点：单独计算收益结果易被供求双方接受。缺点：预测难度较大，适用范围小
	收益还原法	将自然资源每年预期收益按照一定折现率还原为自然资源价格	
成本法	生产成本法	根据自然资源价格构成因素和表现形式来确定其价格	条件：假设可比的历史资料。优点：适用于特定资源估价，使用范围广。缺点：工作量大，不易计算资产未来收益
	净价法	按自然资源产品价格和产品其他成本之差确定自然资源价格	
	机会成本法	通过估算自然资源的投入成本所牺牲的替代用途收入来确定其价值	

资料来源：改编自孔含笑等（2016）。

孔含笑等较好地总结了国外自然资源估价方法的优缺点，但各种方法均有使用条件和相应的缺点，没有统一的方法可供参考。除了直接市场价格法之外，多数方法存在不可避免的主观估计成分，难以准确反映自然资源价值。替代市场法的各类方法本质上是调查统计的测算方法，与传统的市场法有着很大差别。但各类方法均着基于对自然资源带来的收益进行调整计算自然资源价值。

蒂坦伯格等（2016）则提供了另一种环境和资源价值估价方法的分类，具体见表6.3。蒂坦伯格等的方法更侧重于环境，特别是环境损失的评价，而且评价方法更趋向于用统计和数学方法求解。传统的市场法、收益法和成本法几乎都纳入了市场价格法，并详细论述了很多新兴方法。揭示偏好法是基于实际可观察的选择，直接从选择中推断具体资源的价值。陈述偏好法则利用调查手段得到实现改善或避免损失的边际支付意，作为相应价值。其中，模拟市场法即孔含笑所指的替代市场法，市场价格则是孔含笑所指的直接市场法和间接市场法。

表 6. 3　　　　　　　　　　自然资源估价方法（二）

要素类型	揭示偏好法	陈述偏好法
直接	市场价格	条件价值评估
	模拟市场	
	旅行成本	基于特征的模型
间接	特征资产价值	联合分析
	特征工资	选择实验
	预防支出	条件排序

资料来源：改编自蒂坦伯格等（2016）。

条件价值评估法即孔含笑提到的意愿评估法，国内相关译名还有随机评估法、条件评估法和应急评估法等。通过直接调查假定条件下人们的支付意愿来获取自然资源的价值。条件价值评估法需要对被调查对象的回答偏差进行处理，由于所得数据来自假定市场，调查结果可能存在偏差（曹俊文，2004）。基于特征的模型、联合分析均是基于项目具有多个水平的不同特征，针对不同特征建模或联合分析选择不同特征针对的支付意愿，通过数学方法计算相应资源价值。选择实验法让被调查对象选择不同特征的各类组合，每个组合特征都存在一个价格单位，根据调查结果推导出边际支付意愿。条件排序法则是给被调查对象一组舒适性有差异的情景，通过比较排序发现环境舒适性与其他特征的替代关系，寻找能够用货币价值表征的特征估算环境舒适性的价值。

旅行成本法即孔含笑提到的旅行费用法，通过调查游客的支付意愿信息，建立游客的需求曲线，计算确定游客的消费者剩余，确定自然资源资产的价值。特征资产价值和特征工资法分别通过调查资产周边或工人周边环境特征，分析资产价值或者工人求偿工资的变动与周边环境的关系，利用统计学多元回归法分析环境变化要求的支付成本，作为相应环境和资源的价值。预防性支出法则是通过采取维护资源或者防治环境损害降低污染的支出，作为现有资源或环境的价值。

此外，宾厄姆（Bingham，1995）、弗里曼（2002）、曹俊文（2005）、乔晓楠等（2015）、操建华等（2015）、王乐锦等（2016）、陈燕丽等（2017）

对自然资源估价方法进行了总结和分析，其主要方法与上述总结类似。总结现有自然资源估价方法，传统的市场法、成本法和收益法方法成熟，相对完善，这些方法的使用需要有相关自然资源及其产品的市场价格、成本构成等历史信息，必须满足相关要求才能使用。其中以市场法最为可靠，成本法和收益法均以现有相关市场为基础估计相应成本与收益，进而得出自然资源价值。条件价值评估法和旅行成本法等新兴估价方法，完全依赖调查统计和数学模型，适用范围广，使用要求低，但是这些方法主要针对部分类型的自然资源或者环境资源，而且存在较大偏差，使用成本较高，耗费时间较长。

王乐锦等（2016）在梳理环境资产价值计量主要方法的基础上，总结国际上环境资产计量的主要经验，认为世界各国通常以 SEEA 为基础进行环境经济核算，但核算范围、计量单位、价值计量的属性和方法各不相同，各国根据本国的计量目标、重要程度及基础数据等因素进行选择。价值计量以市场价值法为主，美国对自然资源价值的计量，同时采用市场估值法和非市场估值法，其他国家则仅采用市场估值法计量自然资源价值，其中主要有市场价值法和净现值法（折现法）。

SEEA2012 提供了自然资源资产的估价方法，认为市场价格法是一种理想方法，除市场价格法外，自然资源资产的估价还包括减记重置成本法和未来回报折现法两种方法。减记重置成本法认为资产在其寿命周期中任何给定时间点的价值，等于与之相当的新资产的当期购置价减去寿命周期中的累计固定资本消耗。未来回报折现法依据过去使用这种环境资产获得回报的情况，将预期回报现金流折现，计算自然资源资产的价值。SEEA2012 自然资源估价方法中市场价格法、重置成本法和净现值法本质上是市场法、成本法和收益法的一种，以市场价格为最优。SEEA2012 的估价方法分别对应企业会计计量属性中的公允价值、重置成本和现值。

企业会计核算对自然资源的计量，主要通过历史成本和公允价值。土地使用权、矿业权作为固定资产或无形资产入账，部分具有活跃市场的土地以公允价值计量。森林资源中的林木资源作为生物资产入账，根据用途分为消耗性、生产性和公益性三类生物资产，按照成本进行计量，对于天然起源的按照名义金额确定，生产性生物资产需要计提折旧和减值，且减值不可转回；消耗性生物资产无须计提折旧，计提减值原因消失可以转回；公益性生物资产无须计提折旧和减值。满足条件的情况下，生物资产以公允价值进行计量。对于水资源使用权，企业支付的对价为水资源费或水资源税，一般计入营业成本与附加，不作为资产核算，只有部分企业计入产品成本，企业并不单独计量水资源资产。

综上，当前自然资源估价方法以传统的市场法、成本法和收益法为主，世界上多数国家对环境资源的核算以市场价格为主，但在中国，因为自然资源使用权市场的不完善，使市场法的估价可能偏离均衡市场；而成本法和收益法受到自然资源开发利用形式的影响，对同一资源的估价差异很大。新兴的市场价格、条件价值评估、模拟市场、旅行成本、条件排序等方法，则主要用于单个自然资源项目的评价，成本高，耗时长，估价偏差同样较大，不适用大规模的自然资源估价。SEEA 和企业会计核算主要基于自然资源的市场交易价格或成本进行核算，依赖于自然资源使用权或自然资源产品的市场交易，存在与传统估价方法类似的缺点。总体来说，当前自然资源的估价方法不足以支撑对自然资源及其使用权进行大范围的估值评价。

6.2   自然资源权益计量标准选择

从自然资源价值的含义和自然资源估价方法分析，考虑中国的现实情况，本书认为自然资源计量标准应该同时采用实物量和货币量两类计量标准，根据自然资源权益以及自然资源资产和负债的特征选择适宜的计量标准。具体来说，原始所有权益以实物计量，有偿使用公积以货币计量，使用权益以实物计量，待条件成熟以后可以统一采用货币计量。

6.2.1   自然资源权益的货币计量

杜文鹏等（2018）和李成宇等（2018）总结已有自然资源资产负债表研究时，分别指出自然资源核算分为实物量核算和价值量核算，实物量核算是价值量核算的基础，实物量核算相对成熟，价值量核算因为估价方法差异大、精度差、不可比存在估价方法选取等问题，成为自然资源资产负债表核算研究的最大难关。姚霖（2016）在总结我国自然资源资产负债表编制试点经验时也指出，当前以实物量与价值量为计量方法，先实物量后价值量，但"价格"核算方法存在较大差异，是实践中的瓶颈问题。

当前，多数研究认为自然资源资产负债表应该采用实物量和价值量进行双重计量，多数学者指出以实物量为基础核算价值量，先实物量后价值量，这一顺序仅是核算程序上的先后顺序，在计量模式选择上并无先后次序和主次分别。基于估价方法的众多问题，部分学者敏锐指出，应该先进行实物量核算，再逐步突破价值量核算。耿建新等（2015）提出，要对自然资源进行实物量和价值量的双重核算，现阶段尚不存在经济价值的自然资源，可以不进行价值量核算。肖序等（2015）认为，应先建立详细的实物量核算，再选择适宜的估价方法进行价值量核算。张卫民等（2018）认为，自然资源核算采用实物量和价值量双重计量模式，考虑到价值量计量的难度，第一阶段先采用实物量计量，待条件成熟再采用双重计量。但也有学者认为应该以价值量核算为主，如黄溶冰和赵谦（2015）认为，实物量核算是第一步，价值量核算是综合核算，实物量数据可以作为附注呈现。

基于理论发展和现实考虑，本书认为宜用"货币量"核算取代"价值量"核算，根据核算内容，适宜实物量核算的采用实物量核算，适宜货币量核算的采用货币量核算，计量标准根据核算内容选择，两类计量模式共存。

（1）在价值的哲学和经济学意义上，中国传统哲学认为"天地不仁，以万物为刍狗"，古希腊哲学家认为"人是万物的尺度"，价值是人类赋予事物对人类效用的评价。当前，无论哲学还是经济学对价值的含义都有着不同的认知，经济学对价值认知的不同体现的是哲学对价值的不同认知。马克思主义政治经济学主张劳动价值论，认为价值是凝结在商品中无差别的社会劳动。现代西方经济学主张效用价值论，认为价值是商品对购买者的满足程度。在不同理论体系中，价值的含义不同。马克思主义政治经济学体系中"价值"特指劳动价值，同时还有使用价值和交换价值，自然资源具有使用价值，但无（劳动）价值。现代西方经济学体系中价值几乎专指边际效用。因此，将"价值量"作为衡量标准在理论内涵上存在争议。

（2）在价值的测度上，无论马克思主义政治经济学还是现代西方经济学所界定的价值都无法直接进行测量。马克思主义政治经济学认为，价格围绕价值上下波动是价值规律的表现形式，长期看价格等于价值。现代西方经济学认为，供需相当、市场达到均衡状态时的商品价格即商品价值。两类价值均无法进行直接测算和衡量，无法准确进行确定，都是事后得到。因此，以"价值量"作为计量标准，在计量时只存在理论上的标准，不存在实际的标准。

（3）在价值的评估方法上，估价理论和方法并不统一，存在着众多争议，不同估价方法之间差异大、可比性低、精度差等问题难以突破。即便不考虑理论差异，以市场价格作为自然资源的价值，但大多数自然资源并无活跃市场，难以获得相应市场价格，使得自然资源以"价值量"作为计量标准在实践中难以广泛应用。

（4）在核算实践上，当前，多数核算并未提出以"价值量"作为核算标准，SNA 和 SEEA 以效用价值理论为基础构架宏观经济核算体系，但核算体系中并未强调以"价值"计量。西方语言体系中，较少区分价值和价格，现代西方经济学对价值和价格也未进行区分，而汉语中价值和价格的含义则截然不同。在 SNA2008 中文版中，虽然提到价值，但该价值是指价格和数量的乘积，即总价格。在 SEEA2012 中文版中则对价值和价格不加区分，将实物和价值作为两种不同的计量模式，而在英文版中均以"Value"或"Valuation"进行表述。SEEA 作为 SNA 的附属核算系统，两者是一脉相承的，SNA 中提出价格和物量核算，由此可知，SNA 和 SEEA 并未要求价值计量，而是因为中西方语言含义的不同造成了当前中国学者对 SNA 和 SEEA 计量标准的误解。

王泽霞等（2014）认为，SEEA2012 实际上主张采用实物量与货币量两套指标体系进行计量。耿建新等（2015、2017）在介绍 SEEA2012 时使用"价值量表"进行表述，但在表格中使用"货币计量"。中国国民经济核算体系（2016）则沿用 SEEA2012 中文版的提法，提出实物量核算表和价值量核算表，但价值量核算表采用市场价格估计、重置成本或现值进行计量，这些都是借鉴会计核算中的会计计量属性。[①] 会计货币计量有五种计量属性：历史成本、重置成本、可变现净值、现值和公允价值，会计是对经济事项的核算，因此，全球会计核算几乎均以货币计量，不同的计量属性适用不同的资产和不同的情况。部分学者一方面主张以价值量为计量标准，另一方面在计量时又采用货币计量下的五种计量属性（陈艳利等，2015）。可以推测，这些学者并未深究价值的含义，在讨论价值计量的背后，表达上或实际想使用的是货币计量，对价值计量的讨论，往往也落脚到用货币计量价值，其本质上是货币计量。当前所有的经济核算几乎完全采用货币计量，以价格为衡量基础。

---

① 中国国民经济核算体系（2016）参照联合国等发布的《国民账户体系 2008》即 SNA2008 制定。具体见《关于印发〈中国国民经济核算体系（2016）〉的通知》，http：//www. stats. gov. cn/tjgz/tzgb/201708/t20170823_1527059. html。

以价格为基础的"货币量"计量是当前经济核算体系的普遍现象，因为价格的货币数量易于测算，避免了理论上的分歧，更具有现实基础。因此，不宜再提"价值量"计量或"价值计量"，而应以"货币量"计量或"货币计量"取代之。SEEA2012 中文版和中国国民经济核算体系（2016）也不适宜继续使用"价值量"核算或"价值量"表的表述。本书以下部分除了引述已有文献和价值本意之外，均以"货币"作为计量标准。

6.2.2　货币计量和实物计量的选择

自然资源以货币计量并不否定实物计量，应该根据核算内容，选择不同的核算方式。李清彬（2015）认为，自然资源资产和负债应区别计量，资产以实物量和价值量同时计量，负债只需以价值计量。盛明泉等（2017）提出类似观点，认为自然资源负债满足货币计量条件的，应以货币计量；应分别编制货币量和实物量为计量标准的报表，暂时无法以货币计量的仅以实物计量。部分学者赞同根据实际情况确定货币计量和实物计量的范围，对于不宜货币计量的部分暂以实物计量，一般认为自然资源负债作为恢复或超采的成本能够进行货币计量，自然资源资产则需要根据情况确定。

已有核算系统也根据核算对象选择不同的计量标准。在 SEEA2012 中，自然资源按照实物量和货币量双重核算。货币量核算方面，SEEA 的资产定义与 SNA 相同，SEEA 进行货币量核算的自然资源资产只包括按照 SNA 的估价原则拥有经济价值的那一部分。而实物量核算则将范围扩大到不拥有经济价值的资产，包括所有自然资源和为经济活动提供所需资源和空间的经济领土。因此，SEEA2012 根据对象不同分别核算，具有经济价值的部分进行实物量和价值量双重核算，而不具有经济价值的自然资源则仅进行实物量核算。

在统计核算中，除了国民经济核算（以 SNA 为主要核算标准）完全以货币为单位计量，其他各类统计中都存在实物计量。核算选择的计量方法和核算对象、核算目的有着密切关系，国民经济核算完全采用货币计量，经济环境责任核算（以 SEEA 为主要通用核算标准）则同时以货币量和实物量进行计量，而其他专项统计涉及非经济事项均以相应实物量作为核算标准，例如，人口普查、工业普查和农业普查等统计工作中，既使用实物量，也使用货币量。

企业会计核算主要是对企业经济事项的核算，因此，核算对象几乎都有相应的经济价值，能够进行货币核算。但为了提供更多的信息，会计核算中并非将货币量作为唯一的核算标准。数量金额式账簿同时以货币量和实物量进行计量，对于不可计价的资产以名义价格核算或者记入备查簿。在财务报告附注中也需要对部分实物量数据进行说明。

人类进行自然资源核算的目的在于通过核算提供的信息，合理评估自然资源供求关系、制定自然资源开发规划和进行自然资源管理，自然资源具有社会、生态和经济功能，社会、生态价值甚至远高于当前的经济价值。众多自然资源无须也无法产生经济价值，因而无法以货币计量。如果所有自然资源均进入经济系统，产生经济价值，能够以货币计量，此时只能是自然资源已经极其稀缺，人类在社会、生态和经济价值之间只能考虑直接开发利用，此时可能离人类社会的崩溃已经不远，不会再有市场和价格，也无须进行自然资源核算了。

综上，本书认为并非所有的自然资源及其权益均需要货币计量，只有满足货币计量条件，并考虑成本效益原则适宜进行货币计量的进行货币计量，不适宜货币计量的进行实物计量。具体来说，自然资源权益中有偿使用公积以货币量进行计量；原始所有权益以实物量进行计量；而使用权益当前以实物量进行计量，条件成熟可以考虑实物量和货币量同时进行计量。

6.3　自然资源权益的具体计量

自然资源权益根据核算内容采用不同的计量标准进行计量，根据计量标准选择计量单位，确定相关账户的发生额和余额是核算的重要过程。会计核算中根据会计科目和发生事项的性质选择不同的会计计量属性，根据原始凭证按照具体会计准则对相应事项的影响程度进行初始计量和后续计量，确定科目发生额和余额。类似地，在自然资源核算中，自然资源权益的计量应该根据自然资源权益科目的性质和内容，选择相应的计量属性，确定相应的发生额。

现阶段，本书主张自然资源权益中有偿使用公积以货币量进行核算，原始所有权益和使用权益则以实物量进行核算。以下将分别探讨不同类型自然资源权益的具体计量。首先探讨有偿使用公积的具体计量，然后依次探讨自然资源使用权益和原始所有权益的具体计量。

6.3.1　有偿使用公积的具体计量

有偿使用公积是设立使用权的自然资源的所有者权益。设立使用权的自然资源所有者权益主要通过收取有偿使用金来实现，主要体现为收缴相应的税费金。自然资源相关税费金从财政学的角度来说，具有不同的特征。但基于我国自然资源管理体制，这些税费金是国家所有自然资源的有偿使用公积实现的方式，主要内容是国家自然资源资产的收益。

6.3.1.1　自然资源有偿使用公积核算的必要性

中国"十三五"发展规划提出"保护自然资源资产所有者权益，公平分享自然资源资产收益"，并要求"建立事权和支出责任相适应的制度，建立健全现代财税制度"。2015 年 9 月，中共中央和国务院发布的《生态文明体制改革总体方案》要求"建立权责明确的自然资源产权体系……全面建立覆盖各类全民所有自然资源资产的有偿出让制度，……理顺自然资源及其产品税费关系，明确各自功能，合理确定税收调控范围"。[①] 建立权责明确的自然资源产权体系，需要自然资源有偿使用制度的配合，也需要相应的财税政策支持。长期以来，因为自然资源的条块化管理体制，我国并未建立统一的国有自然资源有偿出让制度和相应的财税制度。随着自然资源部统一行使全民所有自然资源资产所有者职责，建立统一的自然资源有偿使用制度和与之相适应的财税制度，成为当前自然资源管理和财税制度改革需要关注的重点。

权责对等是权力配置的一条基本原则（王长江，2015）。当前，自然资源管理职责和自然资源权益实现并未很好地建立起对应关系。《生态文明体制改革总体方案》提出，自然资源"实行中央和地方政府分级代理行使所有权职责的体制"；国家"十三五"发展规划提出"建立事权和支出责任相适应的制度……进一步理顺中央和地方收入划分"。合理分配自然资源所有者职责和财政收支是国家治理现代化过程中的重要问题，自然资源所有权责任分级代理制度必须形成相应的自然资源税费合理分配制度，与财政体制改革相适应。众多学者主张对自然资源有偿使用金和相关税费，统一纳入预算，

---

① 中共中央、国务院印发《生态文明体制改革总体方案》，http：//www. gov. cn/guowuyuan/2015 –09/21/content_2936327. htm。

相对单列核算（朱为群，2014；刘尚希等，2015）。

　　国有自然资源资产是重要的国家资产，2017 年 12 月，《关于建立国务院向全国人大常委会报告国有资产管理情况制度的意见》中明确将国有自然资源与企业国有资产、金融企业国有资产、行政事业性国有资产相并列，要求国务院向全国人大报告国有资产管理情况。[①] 两权分离状态下，国有自然资源除了作为国家生存发展的物质基础之外，还主要为政府、企事业单位和个人所使用，多数作为企业和个人的生产资料，国家权益实现的方式或者能获得的收益即为相关税费金，因此，国有自然资源报告除了报告自然资源实物存量之外，还应该考虑报告自然资源资产收益的实现情况和相应的经济权益。因此，基于权责对等、权利匹配的原则，与国有自然资源责任分级代理制度相匹配，应该对自然资源经济权益进行核算，以实现相应经济利益的合理配置和责任考核。

　　从当前制度现状来看，根据分税制改革方案，城镇土地使用税、土地增值税和国有土地有偿出让收入属于地方政府固定收入，资源税按不同的资源品种划分，大部分资源税作为地方收入，海洋石油资源税作为中央收入。水资源费和矿产资源权益金则依有关制度由中央和地方共享。自然资源相关税收作为国家财政一般收入并无适用方式和范围的限制，而国有土地有偿出让收入、水资源税、矿产资源权益金则根据对应原则，对支出范围进行了规范，具体见表 6.4。

表 6.4　　　　　　　　　　　　自然资源权益收入的支出范围

要素类型	确认条件
土地出让收入	征地和拆迁补偿支出，土地开发支出，支农支出，城市建设支出，其他支出
矿产资源权益金	专项用于矿产资源勘查、保护和管理支出
水资源费	水资源调查评价、规划、分配及标准制定，取水许可的监督实施和水资源调度，水源地保护和管理，水资源信息采集与发布，节约用水标准体系建设以及科研开发推广，节水示范项目和试点工程补助和贴息，水资源应急事件处置，节约宣传和奖励，水资源节约、保护和管理有关事项

资料来源：根据有关法规整理。[②]

---

① 中共中央关于建立国务院向全国人大常委会报告国有资产管理情况制度的意见 [EB/OL]. 中国政府网，http://www.gov.cn/zhengce/2018‑01/14/content_5256573.htm。

② 详见 2006 年 12 月的《国务院办公厅关于规范国有土地使用权出让收支管理的通知》、1999 年 6 月的《探矿权采矿权使用费和价款管理办法》和 2011 年 3 月的《中央分成水资源费使用管理暂行办法》。

自然资源权益中的有偿使用公积，除了相关税收作为地方主要税种形成一般财政收入统筹支配以外，其他费金则主要用于相关自然资源保护和合理开发利用。为了更好地反映国有自然资源权益给国家带来的经济利益，无论从治理体系完善的需要，还是从当前的制度设计来看，都有必要将自然资源相关税费金单独进行核算，以反映国有自然资源为所有者带来的经济利益，反映国家持有自然资源资产形成的收益，为自然资源的开发利用和保护提供信息支持，为生态文明制度和财政体制建设提供信息和理论支持。

6.3.1.2　自然资源有关税费金核算现状

自然资源税费金作为自然资源使用者获得使用权的对价或因使用自然资源而被征收的税收，依法定期缴纳，自然资源使用者将这些对价作为产品成本、期间费用或无形资产等进行核算。

我国自然资源实行公有制，国有自然资源所有权由国务院行使，国务院同时是国家最高权力机关的执行机关，是国家最高行政机关。在中央政府层面，自然资源所有者和行政管理机构合二为一，因此，自然资源相关税费金等自然资源经济权益和税收等作为财政收入并未区分核算。基于自然资源长期分类管理和财政收入集中管理的制度安排，在财政收入核算中并未区分自然资源税费金作为自然资源权益，而是统一纳入财政预算。

为了适应权责发生制政府综合财务报告制度改革需要，财政部发布了《政府会计制度》和相应的政府会计准则，要求各级各类行政单位自2019年开始执行。根据相关要求，政府单位会计核算应当具备财务会计与预算会计双重功能，实现财务会计与预算会计适度分离并相互衔接，财务会计核算以权责发生制为基础，预算会计核算以收付实现制为基础。与预算相关的支出需要双分录核算，要提供财务会计报告和预算会计报告。但事实上，政府单位的财务会计和预算会计并不涉及自然资源资产权益核算的内容，只有自然资源相关税费支出即自然资源权益具体使用的内容。

自然资源税费金以税收为主，作为财政收入，由国务院授权国家税务局、国库和财政部代理或办理，并不适用于一般政府单位的会计核算，而是特殊的财政预算会计，主要通过税收会计和国库会计进行核算。当前，政府会计制度改革已经完成对政府单位会计的改革，但国家财政收入会计核算仍然执行原有相关制度。

我国一般公共预算收入包括各项税收收入、行政事业性收费收入、国有资源（资产）有偿使用收入、转移性收入和其他收入。资源税、城镇土地使用税、土地增值税作为税收收入，土地出让金、水资源费、矿产资源权益金作为国有资源（资产）有偿使用收入。我国实行一级政府一级预算，从中央到地方设置五级预算。各级政府每年根据国务院通知要求编制预算草案，各级预算根据年度经济社会发展目标、国家宏观调控总体要求和跨年度预算平衡的需要，参考上一年预算执行情况、有关支出绩效评价结果和本年度收支预测，按照规定程序征求各方面意见后，按政府收支分类科目、预算支出标准和要求，以及绩效目标管理等预算编制规定，根据其依法履行职能和事业发展的需要以及存量资产情况进行编制。各级预算需要经过本级人大审查和批准，并经上级人民政府备案。因此，各级政府需要根据国务院要求和相关法律法规对下一年自然资源税费金进行预算，并根据预算组织执行，在年末进行决算。

在预算执行过程中，自然资源税费金的征收由税务会计和国库会计进行核算。其中，土地使用金由各级财政部门收取，矿业权占用费、矿业权出让收益由自然资源管理部门收取，水资源费由各级水资源管理部门收取，以上收入作为非税的国有资源（资产）有偿使用收入均执行收支两条线，需及时上交国库。收纳国库按照中央和地方分享比例，根据《国库会计核算业务操作规程》将相应税费金分别记入"中央预算收入"和"地方财政库款"等科目，其后根据支出发生情况进行支付。

资源税、城镇土地使用税、土地增值税由税务机关负责征收，当纳税人发生纳税义务后，由税务机关分别记入"应征税收"等科目，相关税金征收之后记入"上解税金"等科目，待税金入库完毕记入"入库税收"等科目。其后由国库按照有关规定对收纳、划分、报解和支出等业务进行核算，最终汇总形成各级财政收入，由各级政府各部门根据预算进行执行，期末进行决算。

自然资源税费金作为政府财政收入，分别经过税收会计、国库会计，最终由各级财政部门为各级政府按预算会计对其收支进行核算，按照政府会计制度，预算会计仅对预算内收支情况进行核算，并不核算资产、负债和净资产，只核算预算收入、预算支出和结余。自然资源税费金在流入时作为预算收入核算，但并不确认为自然资源权益。各级政府单位则根据预算和实际业务发生情况，对自身收支进行财务会计和预算会计核算，各单位财务会计虽然核算资产、负债和净资产，但是仅核算本单位资产、负债和净资产。自然资源税费金作为自然资源权益的经济利益体现在政府单位财务会计核算中仅作为财政拨款的预算收入，而非该单位的净资产进行核算。

综上，当前政府会计虽然采用双重模式、双重分录，同时进行财务会计核算和预算会计核算，但是并不核算自然资源权益。因为自然资源权益作为全民权益由国务院行使，自然资源部代理行使所有者职责和行政管理职能。但在现行财政体系中，相关权益并不作为权益进行核算，仅将相关权益带来的经济利益作为预算收入进行核算，各政府单位也仅核算自身的资产、负债和净资产，并不核算自然资源权益。因此，自然资源税费金并没有作为自然资源权益的实现形式进行核算，而是基于收付实现制进行了预算会计核算，因此，如何建立基于权责发生制的自然资源核算需要在现有核算基础上进行制度设计。

6.3.1.3 自然资源有偿使用公积的计量和核算

现有自然资源税费金的核算基于收付实现制实行预算会计核算，仅在发生时作为预算收入分类核算，而一旦进入国库则不再区分其来源，只作为财政收入根据预算要求支用。自然资源权益带来的税费金作为自然资源有偿使用公积，主要用于自然资源的保护和开发利用。为了促进自然资源更好地保护利用，更好地反映自然资源资产在国家资产中的地位，有必要将自然资源税费金作为自然资源权益的实现形式，纳入自然资源权益核算中来。

基于理论逻辑和现实考量，本书认为自然资源有偿使用公积以权责发生制为基础进行货币量核算，但计量不能按照现有会计计量属性进行。自然资源权益是各自然资源主体能够从拥有的自然资源权利中获得的利益。在会计核算中，一般基于历史成本、重置成本、可变现净值、现值和公允价值核算资产或负债的金额，而权益项目大多是根据发生时的金额，即历史成本直接核算，部分项目根据资产和负债的差额进行核算。自然资源有偿使用公积是因设立自然资源使用权，国家从自然资源使用权人手上获得的对价，这种对价一部分是在设立时获得的，如土地出让金和部分矿业权出让收益；多数对价是在自然资源使用权存在过程中分期收取的。自然资源所有者基于宪法获得所有权，取得获取自然资源有偿使用金的权利，因此，这种权利对应的历史成本是无法核算的，同样不存在重置成本。法定国家所有权不能进行市场交易，因而无法核算可变现净值和公允价值，只能根据未来现金流量折现计算现值确定金额。

现值计量需要估计未来现金流量，选择折现率。自然资源权益的未来现金流量依据相关法律法规、自然资源使用权设立的协议和合同进行估计。土地使用金、矿业权占用费、矿业权出让收益和水资源费在出让或审批时，均根据数量和等级确定相应的金额和支付方式，很容易估计相应的现金流。资源税从价计征或从量计征相对难以确定现金流，只能进行估算。城镇土地使用税根据占用土地面积进行计征容易估算现金流。土地增值税纳税期限由税务机关根据纳税义务发生日核定，计税依据为转移房地产所取得的增值额，因而发生时间和现金流均难以确定。自然资源有偿使用公积中，土地使用金、矿业权占用费、矿业权出让收益、水资源费、城镇土地使用税等都容易根据相关法律法规或协议合同确定相应的现金流量，可以以同期国债利率作为折现率计算现值。资源税和土地增值税需要根据纳税人申报情况确定现金流，因而无法计算现值。

自然资源税费金中多数项目可以确定现值，但个别项目难以确定。考虑到现实情况，我国政府会计核算将自然资源税费金纳入总预算会计，每年末根据预算制度制定下一年度预算。因此，自然资源有偿使用公积可以结合预算会计，根据预算的内容和自然资源税费金的特征进行核算，资源税和土地增值税按照年度预算金额直接计入有偿使用公积，相应金额是预计下一年度资源税和土地增值税的金额。土地使用金、矿业权占用费、矿业权出让收益、水资源费、城镇土地使用税等项目每年年末根据上年自然资源出让协议、合同或申请使用情况，确定下一年度税费金的征收金额，不再进行折现，直接计入有偿使用公积。这一部分金额会与总预算会计的金额有差异，因为仅根据已出让情况进行核算，而不考虑未来出让情况，但在制定预算时会考虑下一年的出让形成的收入。未来随着制度的完善，土地使用金、矿业权占用费、矿业权出让收益、水资源费、城镇土地使用税等项目可以根据自然资源出让协议、合同或申请使用情况，计算整个周期内的税费金额进行折现，纳入自然资源有偿使用公积，使之更符合现值核算的基础。具体核算见表6.5。

表6.5　　　　　　　　　自然资源有偿使用公积核算方法

核算对象	预算方式	初次核算	事项发生时核算	期末核算
资源税和土地增值税	完全根据预期发生事项进行	根据预算全额计入待收使用公积	根据实际情况调整待收使用公积，然后转入相应资源公积	相应资源公积清零，计入备查簿；前期发生下期待收的资源使用公积保留；根据相应总预算全额计入待收使用公积

续表

核算对象	预算方式	初次核算	事项发生时核算	期末核算
土地使用金、矿业权占用费、矿业权出让收益、水资源费、城镇土地使用税	根据已有事项和预期事项分别进行	根据预算仅将已发生部分计入待收使用公积	新增资源出让发生时直接计入相应资源公积；待收使用公积收到时进行冲销	相应资源公积清零计入备查簿；前期发生下期待收的资源使用公积保留；将已设立使用权的自然资源对应的总预算收入计入待收使用公积

每期期初，根据自然资源开发利用计划等信息编制的相关预算，确定当期资源税和土地增值税的金额，同时计入自然资源有偿使用公积和自然资源资产。

在土地出让时，根据土地出让协议或合同确定当期土地使用金、城镇土地使用税的金额和缴纳时间，记入"待收使用公积——应收土地税费"科目。在矿业权出让时，根据出让协议或合同确定当期矿业权出让收益和矿业权占用费的金额和缴纳时间，记入"待收使用公积——应收矿业税费"科目。在发放取水许可证时，根据申请取水量和相应计费方法确定当期水资源税和水资源费的缴纳金额和预期缴纳时间，记入"待收使用公积——应收水资源税费"科目。同时将以上金额记入相应的自然资源资产科目。

当自然资源使用者实际缴纳自然资源税费金时，一方面计入自然资源资产，另一方面根据实际情况减少"待收使用公积"科目余额，增加相应自然资源有偿使用公积余额。当自然资源税费金作为财政收入上缴国库支付之后，则根据支付金额减记自然资源资产和自然资源有偿使用公积。

期末，根据已出让自然资源使用权情况计算自然资源有偿使用公积金额，一方面增加自然资源资产，另一方面增加自然资源有偿使用公积。因此，期末自然资源有偿使用公积账户余额由两部分构成，一部分是以前各期应征未征的自然资源税费金，另一部分是预计下期征收的自然资源税费金。

6.3.2 原始所有权益和使用权益的具体计量

自然资源原始所有权益是未设立使用权状态下，自然资源所有者拥有所有权的权利及可获得的利益。自然资源使用权益是自然资源使用者因为拥有的自然资源使用权及因此能够获得的利益。现有会计核算中并不涉及自然资源原始所有权益。自然资源使用权益作为自然资源使用者的资产进行核算，根据使用权人性质、自然资源类型、自然资源使用方式的不同被作为固定资产、无形资产进行核算。一般来说，土地资源、矿产资源、水资源使用权被作为无形资产或固定资产核算，森林资源使用权被作为生物资产核算。无论固定资产、无形资产还是生物资产均以历史成本作为计量基础。部分土地资源开发以后可能作为房地产的一部分以公允价值进行计量。

在企业或政府会计中，自然资源使用权益作为资产按照历史成本进行核算。历史成本即获得自然资源使用权时支付的对价，一般来说与相应的自然资源有偿使用公积在数量上相等，以历史成本核算自然资源使用权益会与自然资源有偿使用公积在数量上极为相近。我国当前自然资源有偿使用成本偏低，存在国有权益流失现象，导致自然资源使用者所支付的对价偏低。而自然资源使用者获取自然资源使用权的目的是为了开发利用自然资源进行生产经营，其权利体现为依法开发利用自然资源进行经营，其利益体现在开发利用自然资源进行经营获得的经济利益。因此，以历史成本计量自然资源使用权益不能全面反映自然资源使用者获得的权利和利益。

SEEA 利用估价技术核算自然资源带来的经济利益，根据我国自然资源两权分离现状，当未设立自然资源使用权时，按照估值技术计算的自然资源经济利益即为自然资源原始所有权益。当设立自然资源使用权时，将自然资源总的经济利益扣除自然资源所有者的经济利益即自然资源有偿使用公积，得到自然资源使用者的经济利益，可以作为自然资源使用权益的货币量进行核算。前文已对 SEEA 的估价技术进行分析，SEEA 的估价技术均以市场交易为前提，当前中国自然资源使用权市场尚不完善，以市场价格为基础的估价技术，不能全面反映自然资源的经济利益，不宜直接借用。

考虑到自然资源类型多样、开发利用方式各异、估值技术的可靠性等原因，本书认为自然资源原始所有权益和使用权益应该以实物量计量。在未设立自然资源使用权时，相应实物量计入自然资源原始所有权益；当设立自然资源使用权时，自然资源有偿使用公积核算自然资源所有者权益，而自然资源实物量反映自然资源使用权益。本节将按类型分析自然资源原始所有权益和使用权益的实物量的确定和核算。

6.3.2.1 土地资源权益的具体计量

土地管理中土地权籍管理是重要内容，就是调查、登记土地权利所形成的簿册。土地权籍管理在实践中表现为地籍与地籍管理，我国具有悠久的地籍管理传统（朱道林，2016）。地籍资料为土地资源权益核算提供了较好的资料来源。

我国建立了完整的土地调查统计体系，主要包括全国土地调查、土地变更调查与土地专项调查。其中，全国土地调查为 10 年一次，土地变更调查每年开展一次，专项调查时间则依据特定工作任务浮动实施；我国 6 ~ 10 年更新一次全国耕地质量，并逐步开展地区耕地质量年度监测工作（姚霖、余振国，2016）。我国先后于 1997 年、2009 年完成了第一次和第二次全国土地调查，2018 年开始进行的第三次全国国土调查，包括土地利用现状、土地权属、专项用地等调查以及各级国土调查数据库建设。这些数据将为土地资源权益现状核算提供依据。我国从 2008 年起实施《土地登记办法》，建立了土地登记制度；2015 年起实施《不动产登记暂行条例》，取代原有土地登记制度，建立了不动产登记制度。不动产登记土地的坐落、界址、空间界限、面积、用途等自然状况和土地使用权的主体、类型、内容、来源、期限、权利变化等权属状况。这些信息为土地资源权益核算提供了基础条件。

土地资源以面积作为实物量计量标准，基本计量单位为"公顷"。1990年发布的《关于改革全国土地面积计量单位的通知》中，土地面积计量单位包括平方公里（100 万平方米，km^2）、公顷（1 万平方米，hm^2）和平方米（1 平方米，m^2），此后在历次全国土地利用总体规划中，我国均以"公顷"作为土地面积计量单位。耿建新等（2014）、薛智超等（2015）、姚霖等（2016）、向书坚等（2017）和张玮等（2017）均以面积作为土地资源实物量核算标准，以公顷作为单位，因此，本书选取面积作为土地资源计量标准，"公顷"作为基本计量单位，其他单位在核算时转换为基本计量单位。土地资源主要核算见表 6.6，根据影响的大小计量相关事项。

表 6.6　　　　　　　　　　土地资源权益主要核算内容

相关事项	具体核算
初次核算	根据土地资源资产现状分别记录土地资源负债和土地资源权益；设立国有土地使用权的部分计入使用权益，剩余部分计入所有权益
设立土地使用权	将对应土地资源所有权益转入使用权益，增加相应的有偿使用公积
征收集体土地	同时增加土地资源资产和土地资源所有权益
收储国有土地	减计相应土地资源使用权益，加计相应土地资源所有权益
发现土地污染	加计相应土地资源负债，减计相应土地资源使用权益或所有权益

在初次核算土地资源时，应根据土地调查统计和不动产登记数据，依据管理需要，按照《农用地土壤污染风险管控标准（试行）》（GB 15618 - 2018）、《建设用地土壤污染风险管控标准（试行）》（GB 36600 - 2018）、《耕地质量等级》（GB/T 33469 - 2016）将低于一定标准、满足自然资源负债定义的土地资源计入自然资源负债；将满足一定标准、未设立土地使用权的土地资源计入自然资源原始所有权益，已设立土地使用权的计入自然资源使用权益，同时确认相应的土地资源资产。

当设立土地使用权时，根据不动产登记情况，减少原始所有权益，增加使用权益，同时根据出让合同情况，增加有偿使用公积和土地资源资产。当国家征收集体土地时，根据征收情况，增加原始所有权益和土地资源资产；当国家收储国有土地时，根据征收情况，减少使用权益，增加原始所有权益。

当土地资源调查、环境巡查或者群众举报发现土地资源受到污染时，则根据行政处罚或法院判决，将受污染土地资源计入土地资源负债，调整土地资源权益。

6.3.2.2 矿产资源权益的具体计量

我国建立了完善的矿产资源勘查、勘探、统计和调查制度。1999～2010年，我国进行了新一轮国土资源大调查，包括矿产资源调查评价。2007～2009 年，我国开展了全国矿产资源潜力评价、储量利用现状调查和矿业权实地核查等专项调查对我国矿产资源储量、矿业权等基本情况开展调查。2018年，我国开启了新一轮矿产资源国情调查，目前试点工作正在展开。这些调查数据为开展自然资源核算提供了数据基础。根据《矿产资源登记统计管理办法》等形成的矿产资源储量登记和矿产资源统计制度为矿产资源核算提供了原始依据。

矿产资源是指由地质作用形成的，具有利用价值的，呈固态、液态、气态的自然资源，包括多种资源类型。《矿产资源法实施细则》将矿产资源分为能源矿产、金属矿产、非金属矿产和水气矿产。不同矿产资源具有不同的属性，所采用的计量标准也不相同。季曦等（2016）、耿建新等（2017）、范振林（2017）、葛振华等（2017）和邱梦瑶等（2017）在对矿产资源进行核算研究时均未交代实物量的计量标准。2002 年，原国土资源部发布的《矿产资源储量规模划分标准》规定了 113 种矿产资源的储量单位，自然资源部（原国土资源部）历年公布的《中国矿产资源报告》均以此为标准，对气体和液体矿产资源以体积为计量标准，固体矿产资源以质量为计量标准。本书认为宜采用《矿产资源储量规模划分标准》中的储量规模标准作为计量标准，单位作为基本计量单位。

矿产资源的计量依赖于矿产资源的勘查，根据现行《固体矿产地质勘查规范总则》的规定，我国固体矿产勘查工作分为预查、普查、详查和勘探四个阶段。勘查过程包括对矿产开发的可行性评价，概略研究、预可行性研究和可行性研究分别建立在普查、详查和勘探的基础上，并对矿产的储量、基础储量和资源量进行估算。现行《固体矿产资源储量分类》将固体矿产资源储量分为储量、基础储量和资源量 3 大类 16 种类型。2007 年，原国土资源部着手对《固体矿产资源储量分类》进行修订，目前已公布征求意见稿，将储量、基础储量和资源量分为 2 大类 7 种类型，具体如图 6.1 所示。

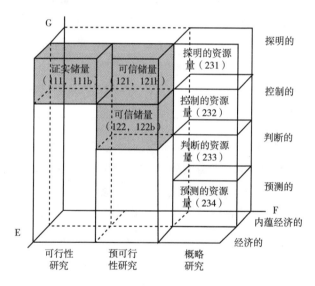

图 6.1 固体矿产资源储量类型

基础储量是能满足现行采矿和生产所需的指标要求，是经详查、勘探所获控制的、探明的资源量，包括证实储量和可信储量。储量是基础储量的一部分，仅包括经济可采或已经开采的部分。基础储量是具有边际经济意义（如内部收益率大于 0）的资源量，而储量是指具有经济意义（即每年开采矿产品的平均价值足以满足投资回报的要求）的资源量。在市场条件变化的情况下，储量数字可能随价格波动，而基础储量数字会保持相对稳定。因此，国家的矿产开发监管、矿产资源统计、规划和政策研究主要使用基础储量，储量则用于矿山开发利用评估和规划。因此，应该将基础储量作为矿产资源核算的基础，以便矿产资源统计数据保持一致，保证数据的稳定性。

《石油天然气资源储量分类》以类似的方法对石油和天然气按照技术、经济和地质条件将资源量分为资源量和储量，其中，储量包括技术可采储量和经济可采储量，相当于固体矿产的基础储量和储量。参考固体矿产，石油和天然气资源应以技术可采储量为基础进行核算。矿产资源权益的主要核算内容见表6.7，根据影响的大小计量相关事项。

表 6.7   **矿产资源权益主要核算内容**

相关事项	具体核算
初次核算	根据矿产资源资产现状和管理要求分别记录矿产资源负债和矿产资源权益；设立采矿权的部分计入使用权益，剩余部分计入所有权益
发现探明新的矿产资源	同时增加矿产资源资产和矿产资源所有权益
设立采矿权	将对应矿产资源所有权益转入使用权益，增加相应的有偿使用公积
记录矿产资源合理开采	同时减少矿产资源资产和矿产资源使用权益
记录矿产资源不合理利用	减少矿产资源资产、矿产资源使用权益或所有权益，增加相应矿产资源负债和负债补偿基金

在初次核算矿产资源时，根据矿产资源调查统计和储量登记数据，依据管理需要，按照相关标准，将需要确认的矿产资源负债，一方面计入矿产资源资产，另一方面计入矿产资源负债。将满足条件的矿产资源计入矿产资源资产，同时根据使用权设立情况分别计入矿产资源原始所有权益或使用权益。

当勘查发现新的矿产资源储量时，根据探矿权人提交的矿产资源勘查报告，将满足条件的矿产资源，同时计入矿产资源资产和矿产资源原始所有权益。当探矿权人优先申请采矿权或者采矿权出让时，根据出让协议或合同，减少矿产资源原始所有权益，增加矿产资源使用权益，同时根据有偿使用的相关规定，增加矿产资源资产和矿产资源有偿使用公积。

在矿产资源开采过程中，根据矿产资源的行业开发规划、地区开发规划、采矿许可事项，按照采矿权人填报的矿产储量表和矿产资源开发利用情况统计报告。满足负债确认条件的，分别减少矿产资源使用权益，增加矿产资源负债，对于按照规定开采的部分，同时减少矿产资源资产和矿产资源使用权益。

当矿产资源调查、环境巡查或者群众举报发现矿产资源滥采滥挖、违法开采等情况时，应根据行政处罚或法院判决，将相关影响计入土地资源负债，减少土地资源原始所有权益或使用权益。

6.3.2.3　水资源权益的具体计量

我国在 20 世纪 80 年代和 21 世纪初先后两次开展全国水资源调查评价，2010~2012 年开展了第一次全国水利普查，2017 年开始部署第三次全国水资源调查评价，全国范围的水资源调查评价数据为水资源核算提供了基础数据。依据《中华人民共和国水文条例》《水利统计管理办法》等法规，我国建立了完善的水资源统计和水文监测与预报制度，为水资源日常核算提供了原始资料。自 2012 年实行最严格水资源管理制度以来，流域和区域取用水总量控制、取水许可、地下水动态监测、用水定额管理、水功能区限制纳污红线、水功能区监督管理、水资源监控体系等制度和措施日益完善，为水资源核算提供了制度基础和核算依据。

水资源有广义和狭义之分，广义的水资源是指对人类有直接或间接使用价值，能作为生产资料或生活资料的天然水体。狭义的水资源是指人类能够直接使用的水，具体是指水在循环过程中，降落到地面形成径流，流入江河，留存在湖泊、水库中的地表水和渗入地下形成的地下水。狭义的水资源扣除了海水、冰山、冰川、积雪及深层地下淡水。水资源资产和水资源权益对应狭义水资源，因为广义水资源当前并不能直接利用。水资源具有流动性，与其他自然资源不同，地表径流是地表水资源的主要形式，时刻发生变化。因此，水资源和其他自然资源在度量和计量中有所不同，其他自然资源一般以存量作为统计核算的基础，而水资源则以流量作为统计核算的基础。

在水资源管理和统计核算中，区域水资源量是在计算地表水资源总量和地下水资源总量的基础上，扣除重复水量得出的。区域地表水资源量是区域内降水形成的地表水体的动态水量，用天然河床径流量表示。在统计核算中，年度水资源量一般为年度地表水资源量即全年径流量。一般水资源评价在确定水资源分区之后，会收集年内降水量特征值、地区分布、年内分配和多年变化，以进行降水量评价。之后结合实测水文数据，考虑气候和下垫面条件，利用代表站法、等值线图法、年降水径流关系法和水文比拟法等计算区域地表水资源量。

地下水资源量评价需要结合地下水特征和供水需要，基于水均衡将地下水资源量分为补给量、存储量和排泄量。水资源又分为补给资源和开采资源，一般来说，补给资源和开采资源相当，因此，允许开采量主要取决于补给量。地下水资源量评价可以采取开采试验法、水量均衡法、相关分析法、开采系数法和数值法等进行评价。天然状态下，一个地区的水资源总量广义地定义为大气降水量，大气降水是水资源的总补给源。因此，通过分析计算降水量、河流径流量和地下水资源量之后，扣除重复水量法计算水资源总量在实践中被普遍应用（李彦彬等，2012）。其中，核算的关键是地下水和地表水相互转化的重复量，不同地区转化关系不同。

权益是一种权利及利益，是一个时点概念。水资源权益应该是某时点的水资源权益，但当前水资源量的概念是某一时间段的水资源总量。特别是地表水资源总量和时点的水资源量有着重大区别，一般来说，地表水资源总量可以根据径流量测算，在气象和水文观测条件良好的地区，可以计算日径流量或月径流量，一般都可以计算年径流量。基于现实考虑，本书认为首先应该根据水文监测和地下水监测条件，根据技术可行性核算期末或期初的水资源权益，条件允许的情况下以期初或期末当日降水量、地表水径流量和地下水监测情况，确定水资源权益；其次，以上期最后一个月份的日平均径流确定本期期初水资源权益，以本期最后一个月份的日平均径流确定本期期末水资源权益；最后，以上年日平均径流量为基础确定本期期初水资源权益，本年日平均径流量确定本期期末水资源权益。随着最严格水资源管理的深入开展和管理体制的改革，未来各地应该能够准确计量当日水资源权益。水资源权益的主要核算内容见表6.8，根据影响的大小计量相关事项。

表 6.8 水资源权益主要核算内容

相关事项	具体核算
初次核算	根据水资源情况和管理要求，分别记录水资源负债和水资源权益；将相应取水许可水量计入使用权益，其他部分计入所有权益
发放取水许可证	将对应水资源所有权益转入使用权益，增加相应的有偿使用公积
记录合理利用水资源	同时减少水资源资产和水资源使用权益
记录水资源不合理利用	减少水资源资产、水资源使用权益或所有权益，增加相应水资源负债和负债补偿基金
定期更新水资源自然变动情况	根据水资源自然增长量增加水资源资产和水资源所有权益；自然减少量减少水资源资产和水资源所有权益
期末处理	根据自然资源存量现状分别记录水资源负债和水资源权益；将相应取水许可水量计入使用权益，其他部分计入所有权益；并记录使用公积

在初次核算水资源时，应根据多年的水文条件、水资源统计和用水许可数据，依据管理需要，按照相关标准，将满足水资源负债确认条件的水资源，一方面计入水资源负债，另一方面计入水资源资产；将剩余水资源计入水资源资产，同时根据取水许可证发放情况，将相应部分计入水资源使用权益，并将对应水资源税费等有偿使用金计入有偿使用公积；将剩余水资源计入水资源原始所有权益。

当发放取水许可证时，应根据取水许可情况，减少水资源原始所有权益，增加水资源使用权益，同时增加水资源有偿使用公积和相应水资源资产。根据取水的记录、计量和统计情况，计算用水总量，减少水资源使用权益和水资源资产。在水资源日常监督巡查中非法取水、污染水资源的，根据行政处罚或者法院判决，将相应影响计入水资源负债，减记水资源资产和相应的水资源权益。

定期根据降水情况、水文监测和地下水监测计算径流量、出入境水量和地表地下水资源的变化量，为水资源资产和权益变动核算提供数据基础。

6.3.2.4　森林资源权益的具体计量

我国建立了完善的森林资源调查统计体系，森林调查分为一类清查、二类调查和三类调查。第一类清查即国家森林资源连续清查，每 5 年一次，以省为单位开展，主要清查森林资源的数量、质量及消长动态，始于 20 世纪 70 年代，当前正在开展第九次全国森林资源连续清查汇总。第二类调查即森林资源规划设计调查，又称森林经理调查，以森林经营管理单位或行政区域为调查主体，以林班为调查对象，调查森林资源的种类、分布、数量和质量，主要为森林经营管理单位管理决策服务，每 10 年一次。第三类调查即作业设计调查，林业基层单位对林木的蓄积量和材种出材量进行准确测算，为伐区设计、抚育采伐设计等经营管理需要服务。除此之外，我国每年开展森林资源年度变更调查和林地变更调查等专项调查。我国逐步构建了以国家森林资源连续清查为主体，以地方森林资源规划设计调查为辐射，以作业设计调查和专项调查及年度专项核（检）查为补充的全国森林资源监测体系。森林资源监测体系的建立为森林资源核算提供了制度条件和数据基础。

森林资源包括林木资源和林地资源，林地资源是土地资源的一种，在土地资源中核算，在森林资源核算中主要核算林木资源。林木资源具有多个实物属性，在森林资源调查中将大片森林按照本身特征和经营需要，划分为若干内部特征相同的小块森林称为林分，通过对林分特征调查反映森林的质量和数量特征，主要林分调查因子包括：林分起源、林相、树种组成、林分年龄、林分密度、林木大小（直径和树高）、数量（蓄积量）和质量（出材量）。其中，最重要的特征是数量（蓄积量）和质量（出材量），林分蓄积量、材种和出材量及生长量是森林测定的基础（张德刚，2013）。蓄积量是林分中所有活立木材积的总和，林分蓄积量可以通过全林实测、局部实测和目测法进行测算。林分因结构和木材质量的不同，可能提供的木材品种（即材种）和各材种的材积（即材种出材量）也会不同。一般林木资源统计将林木蓄积量作为主要统计量，本书认为宜以林木蓄积量作为森林资源的主要核算指标（张颖，2010）。

国有林区或国有林场既是森林资源的使用权人，又是森林资源所有权的受托代理人。随着国有林区和国有林场改革的深入和全面停止天然林商业性采伐，国有森林资源管理机构将主要从事公益服务事业单位管理。因此，随着改革的深入，国有林区和国有林场持有的森林资源使用权更多体现为对森林资源的受托管理权，与一般意义上使用权人对自然资源的开发利用有所不同。因此，本书认为国有林区和国有林场具有的森林资源使用权所对应的权益并非本书所指的森林资源使用权益，而是森林资源原始所有权益的一种。而森林资源使用权益应该是国有林区或国有林场将森林资源经营权有偿承包或者转让之后使用权人所具有的权益。虽然当前森林资源有偿使用尚无全国统一的制度，但是部分省份已经先行先试。将国有林场或国有林区等公益单位的森林资源使用权和生产经营单位的森林资源使用权分别核算具有现实条件和实践意义。森林资源权益的主要核算内容见表6.9，根据影响的大小计量相关事项。

表6.9　　　　　　　　　　森林资源权益主要核算内容

相关事项	具体核算
初次核算	根据森林资源情况和管理要求，分别记录森林资源负债和森林资源权益；将有偿使用用于生产经营和采伐森林资源计入使用权益，其他部分计入所有权益
记录森林资源合理利用	同时减少森林资源资产和森林资源使用权益
森林资源营造	增加森林资源资产，并根据营造人身份分别计入所有权益或使用权益
记录森林资源不合理利用	减少森林资源资产、森林资源使用权益或所有权益，增加相应森林资源负债和负债补偿基金
定期更新森林资源自然变动情况	根据森林资源自然增长量增加森林资源资产和森林资源所有权益；根据森林资源自然减少量减少森林资源资产和森林资源所有权益

　　在初次核算森林资源时，应根据各类森林资源调查和监测体系的数据，将满足森林资源负债确认条件的森林资源，计入森林资源负债和森林资源资产。使用权人或实际使用人为生产经营单位的森林资源，计入森林资源资产和森林资源使用权益，并根据森林资源有偿使用协议条款，确认森林资源有偿使用公积。国有林区和国有林场持有使用权的、不以生产经营为目的的森林资源，计入森林资源资产和森林资源原始权益。

　　当签订森林资源有偿使用协议时，应根据协议内容，确认森林资源资产和森林资源使用权益，同时确认森林资源有偿使用公积。根据森林资源采伐计划和进展情况，依据采伐的森林资源量，减少森林资源资产和森林资源使用权益。

　　对于违法违规采伐森林资源的，应根据行政处罚或法院判决，确认森林资源负债，减少森林资源资产和相关权益。应根据森林资源的培育情况，依据新增森林资源量，增加森林资源资产和相应的森林资源权益。

第7章 自然资源权益的报告和应用案例

自然资源权益作为自然资源资产负债表的三大组成项目之一，其核算和报告需要在自然资源资产负债表整体框架下进行。核算报告是对核算结果的总结和集中展示，既要全面展示核算的成果，又要做到简洁明了。报告使用者通过对核算报告的分析应用来指导实践工作是报告编制的最终目的，如何通过报告分析获取增量信息是报告应用应该关注的重点。自然资源权益核算是自然资源核算的组成部分，自然资源权益作为自然资源核算报告反映的内容之一，在核算主体、报告形式和报告程序上并无特殊之处，与自然资源总体核算相一致，只有在具体核算处理时，自然资源权益与资产和负债有所不同。本章首先对自然资源核算报告的报表体系和编制机制进行研究，然后以P地2017年自然资源管理的实际情况为案例，演示自然资源资产负债表的编制过程和应用方法，检验本书研究成果的合理性和可行性。

7.1 自然资源资产负债表的报表体系

自然资源资产负债表如何呈现，不同的学者提出了不同的见解，在实践中各试点地区的表格也各不相同。在现有核算体系中，统计核算采用众多二维表格，这些表格相互配合衔接构成一个完整的体系，全面反映了统计对象的各种属性和特征，但是，表格众多，纷繁的数据存在信息过载的情况。同时，统计核算通过众多表格对数据进行详细展示，但这些表格不区分使用者的权限和使用内容，不但容易造成使用不便，还会造成不必要的信息泄露。在会计核算体系中，一般来说，财务会计包括资产负债表、利润表、现金流量表和所有者权益变动表四张报表以及进行解释补充的附注，而管理会计的各类报表是不对外公布的，因此，社会公众等外部信息使用者能够获得的企业会计报表只有四张。财务会计四张报表是会计信息的核心，为所有使用者提供统一、完整和有用的会计信息，其背后是完整的会计核算程序。不同目的的会计信息使用者可以根据权限和需要，通过查询账簿等获得更多的信息量。本书认为自然资源作为人类存在发展的物质基础，其报告应该分对象分层次，可以参考现有会计和统计核算，设置合适的报表体系。

7.1.1　自然资源资产负债表报表体系评述

一般认为，自然资源资产负债表并非单一报表，而应该是一个完善的报表体系，由多张报表共同构成（肖序等，2015；李春瑜，2014）。不同学者对报表体系的构成有不同的观点。乔晓楠等（2015）认为，自然资源资产负债表可分为实物表与价值表两种。肖序等（2015）认为，自然资源资产负债综合核算表应该包括：自然资源综合实物核算表、自然资源资产质量表、自然资源价值核算表、自然资源资产汇总核算表、自然资源负债表和自然资源资产负债表简表六大核心报表。胡文龙和史丹（2015）认为，自然资源资产负债表体系包括：自然资源资产表、自然资源负债表、自然资源资产负债表、自然资源资产负债表附注和政府自然资源管理状况说明。李清彬（2016）认为，自然资源资产负债表报表体系由一张总表和一系列子表构成，子表对应各资源大类反映其流量变动情况，总表是各个子表的简洁汇总，记录主要资源大类的资产与负债在期初和期末的总量。朱婷等（2017）认为，自然资源报表体系包括：自然资源存量表、自然资源流量表、自然资源实物量表与价值量综合核算表、自然资源资产负债表和自然资源净资产表。盛明泉等（2017）认为，自然资源资产负债表包括自然资源资产负债总表、自然资源综合价值量表以及自然资源综合实物量表三张主表，再按自然资源基本分类分别编制各子表，其中，实物量表包括自然资源数量表和自然资源质量表。陈燕丽等（2017）提出，自然资源资产负债表包括主表和子表、附注、重点报告四大部分，主表是简洁的子表汇总，只记录存量；子表是各资源类别的详细披露，反映流量；附注披露重点资源的分析报告、资源政策等无法以表格形式表现的重要信息。总结已有研究成果，学者们几乎一致认为应该编制实物量报表和货币量报表，这与对确认计量的认识一脉相承，肖序等（2015）、朱婷等（2017）和盛明泉等（2017）学者提出综合报表是实物量和价值量的混合报表，分别呈现不同项目的实物量和价值量。学者们提出既需要存量报表也需要流量报表，分核算要素和资源类型分别编制分类报表，部分学者指出报表应该包括附注和相关说明。这些研究为自然资源资产负债表体系设计提供了基础。

高敏雪（2016）提出，根据自然资源不同产权性质，在不同层面上分类编制自然资源资产负债表；在自然资源实体层面编制自然资源实物核算表；在自然资源经营权层面编制自然资源经营权益核算表；在自然资源开采权层面编制自然资源资产负债表，全面反映自然资源产权关系。高敏雪的报表体系着眼于对不同产权层级自然资源资产负债的反映，相互之间存在递进关系，可以理解为不同类型报表主体分别编制内容侧重不同的自然资源资产负债表，这一思路值得借鉴。本书通过对自然资源权益的分类核算，将高敏雪的思想融入核算报表中。

封志明等（2017）则在实践试点中提出了由总表、主表、分类表、扩展表和辅助表构成的庞大报表体系。总表对各类自然资源价值量和实物量加以呈现，在湖州试编中以 3×2 张主表分别反映核算期内资源、环境和生态三方面的实物和价值状况，72 张辅表反映不同类型自然资源资产的变动；在承德试编中以 4 张分类表反映土地、矿产、水和森林资源的资产和负债存量及变动，2 张扩展表分别反映环境和生态的实物量和价值量变动，同时编制 47 张辅助表。封志明等在实践编制自然资源资产负债表时，以借鉴 SEEA 为主，采用统计方法，所编制的辅表或辅助表是统计核算过程中的中间报表，是对核算过程的总结，并非最终的核算报表，只有总表和主表可以作为对外披露的报表。

在自然资源核算过程中的中间数据和表格并非报表体系的一部分。随着信息技术的发展，众多核算系统初步实现了一定的自动化和智能化，在定义了核算规则之后可以根据原始数据自动得出最终报表，而核算过程和核算过程的中间表并不重要。以会计核算为例，不同的会计核算程序形成的中间数据和中间表是不同的，但是对于同一会计主体，无论使用何种会计核算程序或者使用何种会计信息系统，其最终必须按照会计准则得出相同的报表。本书认为自然资源资产负债表的报表体系应该兼顾对内政府自然资源管理的需要和对外向人大和社会公众报告自然资源现状的要求，其报表体系应该由对外披露的统一格式的报表结构和内容构成，而非对内管理的报表或者核算过程的中间表构成。

从报告成本上来说，大量的报表增加了报表编制者的难度和成本，同时也增加了报表使用者的使用难度和阅读成本。简洁、规范、高效的报表系统能够满足不同报表使用者的需要，也能够有效降低编制者和使用者的相应成本。从自然资源核算目的上来说，自然资源核算的目的在于清家底、明责任、确权利、评收益，领导干部自然资源资产离任审计和向人大报告自然资源资产情况都属于自然资源资产负债表的实际应用之一，实际应用目的不同，所侧重的信息不同。

因此，应该以尽量精简的报表形式反映自然资源核算的成果。结合自然资源核算内容和核算目的，本书认为自然资源资产负债表体系应该包括自然资源资产负债表、自然资源资产变动表、自然资源负债变动表和自然资源权益变动表。自然资源资产负债表作为静态报表反映核算期末自然资源资产、负债和权益的存量情况，并提供期初数据作对比。当前，自然资源核算应该根据核算项目采用实物量或者货币量进行计量，宜货币则货币，宜实物则实物，根据自然资源权益的内容选择不同的计量单位，对于自然资源资产和自然资源负债的核算也适用该原则，因此，本书赞同肖序等（2015）、朱婷等（2017）和盛明泉等（2017）的做法，自然资源资产负债表本身就是混合计量报表。自然资源资产变动表、负债变动表和权益变动表则分别反映在核算期间内不同项目的变动情况。

7.1.2　自然资源资产负债表的报表表式

不同学者对自然资源核算的报表体系有不同的认识，但对自然资源资产负债表的报表表式看法基本一致。企业会计资产负债表是出现最早、理论最完备、实践最充分的资产负债表，国家或国民资产负债表正是借鉴采取会计资产负债表的相关理念和方法才发展起来的，在自然资源资产负债表探索中，众多学者借鉴国家资产负债表的研究成果研究自然资源资产负债表，本质上还是借鉴会计资产负债表的相关理念和方法。当前，关于自然资源报表表式的研究虽然不多，但是基本上都参照会计报表的格式。盛明泉等（2015）、肖序等（2015）的自然资源资产负债表表式具有代表意义，自然资源资产负债表表式均参照会计资产负债表以账户式分别反映自然资源各项目的期末和期初量。肖序等（2015）的自然资源资产核算表和负债核算表本质上是自然资源资产变动表和自然资源负债变动表，纵向按照自然资源资产和负债的类型列示，横向按照自然资源资产和负债的变动方式列示。

李金华（2016）、杨艳昭等（2016）、闫慧敏等（2017）则参考 SEEA 的思路研究自然资源核算，提供了另一类典型的自然资源资产负债表表式，其核心特征是通过二维表格，横向反映不同类型自然资源的各个项目，纵向反映自然资源的增减变动。如前文所述，SEEA 虽然为自然资源资产负债表编制提供了理论和实践借鉴，但其本质上并非一般意义上的资产负债表，这种类型的自然资源资产负债表表式可以借鉴其关于变动项目分类的表式，但具体表式并无显著创新，无法全面反映资产和负债的关系。

企业资产负债表分为报告式和账户式，报告式资产负债表的优点在于编制简单，有利于探索阶段开展自然资源资产负债表编制；账户式资产负债表为左右结构，左边列示资产，右边列示负债和净资产，左右平衡，优点在于能够较好反映资产、负债与净资产的对应关系。高志辉（2015）认为，自然资源资产负债表应采用报告式，报告式更能体现自然资源资产的核心地位，无须遵从账户式的左右平衡关系。本书认同高志辉设置的自然资源资产负债表表式，但认为自然资源资产负债表同样需要遵循资产负债的平衡关系。

根据自然资源核算的内容，参考财务会计资产负债表、SEEA 等，本书设计自然资源资产负债表为混合报表，采用账户式结构，适宜货币计量的以货币计量，适宜实物计量的以实物计量。报表左边为资产类项目，共分为两大类：一类为货币计量的自然资源资产，包括负债补偿基金、入库自然资源税费和应收自然资源税费，具体样式见附录 A。负债补偿基金是指需要修复自然资源负债造成影响的资金，包括使用人承担资金、监管人承担资金和财政拨款。使用人承担资金是因自然资源使用者违法违规使用自然资源形成负债，应该缴纳的各类罚款或支付的修复资金。监管人承担资金是因自然资源监管者未尽监管职责或者工作失误而形成自然资源负债，应该缴纳的各类罚款、没收的非法所得等资金。财政拨款是指自然资源负债修复资金扣除使用者和监管者负责部分之外，不足部分由财政负担的金额，可以反映财政资金修复自然资源负债的部分，这部分可以为零。应收自然资源税费和入库自然资源税费分别表示应收而未收和已经收到上交国库的自然资源相关的出让金和税费，表示当期自然资源资产有偿使用带来的相关收入和税费。另一类以实物计量的自然资源资产包括土地资源资产、矿产资源资产、水资源资产和森林资源资产，直接反映国有自然资源资产的存量。

报表右边为负债和权益项目。负债项目以货币计量，反映消除自然资源负债应该支付的金额，包括超量负债、降等负债和耗竭负债。超量负债是指超出许可或者计划开采使用的非耗竭性资源形成的负债；降等负债是指超量使用或者违规使用造成自然资源质量等级下降的负债；耗竭性负债是指耗竭性资源超量开发或可再生资源超量开发导致其丧失可再生性而形成的负债。负债项目根据自然资源恢复的成本或者自然资源损害造成的损失进行货币计量。

权益项目与资产项目类似，分为货币计量和实物计量两部分。有偿使用公积以货币计量，反映设立自然资源有偿使用权之后，自然资源所有者获得的经济利益。自然资源原始所有权益和自然资源使用权益以实物计量，分别反映未设立自然资源使用权时自然资源所有者的权益和设立使用权之后自然资源使用者的权益。

自然资源资产、自然资源负债和自然资源权益变动表表式基本一致，为二维分类表，横向列示各类自然资源资产、负债和权益项目，纵向列示相应的变动情况，综合反映核算期间自然资源资产、负债和权益项目的增减变动。自然资源权益变动表表式见附录 A。横向按照自然资源资产负债表中自然资源权益项目进行列示，纵向则参考 SEEA 等，结合我国自然资源管理现状，将自然资源权益的增减变动分为期初期末存量、资源量增加、资源量减少、使用权变更、有偿使用收益增减和期末预计/恢复进行反映，设置 15 个具体项目以反映各类变动情况。期初存量和期末存量反映自然资源权益期初或期末数量。资源量增加分为新发现、自然增加、人工干预增加和存量重估增加。新发现表示因为勘探等新发现的自然资源，主要包括矿产资源、地下水资源和原始森林等；资源自然增加主要是森林等可再生资源因自然生长而增加；人工干预增加既包括森林等可再生资源人工培育增加资源量，也包括因人工处理使无法利用的土地或者污水转换为土地资源和水资源；存量重估增加是指因为技术发展和相关标准变动等原因而导致自然资源存量重估之后数量增加。

资源量减少分为开发利用减少、自然减少、违规使用减少、监管不力减少和存量重估减少。开发利用减少是指自然资源因为使用权人开采、开发和使用等原因数量减少，是指合理合法的自然资源开发利用，不会形成自然资源负债。自然减少是因为自然原因导致的资源量减少，例如，森林火灾、降水减少等造成的森林资源和水资源减少。违规使用减少是指单位或个人违规开发利用自然资源导致自然资源数量减少或质量降低，包括自然资源使用者的违法违规开发利用，违规使用减少会减少自然资源权益，增加自然资源负债。监管不力减少是指因为政府自然资源管理部门或工作人员渎职导致自然资源管理不当而减少，不含违规使用减少的部分，同样会导致自然资源负债增加。存量重估减少是指因为技术发展和相关标准变动等原因而导致自然资源存量重估之后数量减少。

使用权变更包括新设使用权和收回/行使使用权。新设使用权是指首次设立使用权，导致自然资源使用权增加，进入市场的自然资源数量增加，包括土地使用权出让、采矿权设立、取水许可证发放和森林资源有偿使用等。收回/行使使用权包括收回使用权和行使使用权，收回使用权是指使用权到期或者国家通过协议收回单位或个人的自然资源使用权，包括国家收储土地、取水许可证到期、森林资源有偿使用协议解除等；行使使用权是指按照核算周期核减已行使水资源使用权，矿产资源开采完毕采矿权自然灭失。

有偿使用收益增减变化包括累计实现公积和累计上交公积。自然资源有偿使用公积与其他项目不同，为了与现有制度和核算体系接轨，有偿使用公积期初金额根据上期预计当期应收可收的自然资源有偿使用金和税费来核算，期末金额根据本期预计下期应收可收的自然资源有偿使用金和税费来核算。因此，一方面，累计实现公积核算实际收到的自然资源公积，另一方面，累计上交公积核算上交国库的自然资源出让收入和税费。

期末预计/恢复用于反映预计下期应收自然资源有偿使用金与税费和恢复下期水资源使用权。财政预算和取水许可具有周期性，自然资源税费按年缴纳，财政按年预算，因此，每期期末按照预算和已出让使用权情况，估计下期应收已出让使用权的相关税费和使用金。水资源使用权按照取水许可制度管理，一定时间内每年均有相应取水数量，当期取水完毕使用权消失，但下期会恢复，因而也要按年恢复。

7.2 自然资源资产负债表的编制机制

自然资源资产负债表涉及自然资源开发利用和管理监督的各种因素，为保证编制工作顺利展开，必须设计完善的工作运行机制。自然资源资产负债表核算的运行机制是引导和制约自然资源资产负债表编制的基本行为准则和制度，是决定自然资源核算内外因素及相互关系的总称。这些因素相互联系，相互作用，要保证自然资源资产负债表编制的目标和任务真正实现，必须建立一套协调、灵活、高效的运行机制。

7.2.1 自然资源核算制度的运行原则

自然资源核算工作涉及方方面面，范围广、内容多、责任大。自然资源核算既是各级政府的职责所在，也涉及各类企事业单位和集体组织，乃至家庭和个人，要求在核算中理清权责关系和协调机制。自然资源种类繁多、各有特点，核算内容和核算要点各不相同，要求在核算的过程中，兼顾各种资源特征和核算要求。自然资源核算是生态文明建设的重要抓手和制度保障，形成良好的运行机制是保障自然资源核算顺利展开的基础。根据理论研究和实际情况，本书认为自然资源核算的运行机制应注意以下主要原则。

7.2.1.1　分类汇总、分层编制

自然资源种类繁多，各种资源属性各不相同，开发利用和监督管理方式方法也有差异，监管部门略有不同，这就决定了不同的自然资源首先要分类进行核算，在分类核算的基础上进行汇总。

各级政府的自然资源管理权限和范围不同，部分自然资源分布跨度大、范围广，由省（自治区、直辖市）甚至中央统一管理，基层地方政府没有管理权限。因此，在自然资源核算过程中，核算责任应按照管理权限大小分层承担，各级政府对管理权限或职责范围内的自然资源进行核算，分别编制自然资源资产负债表，并逐层汇总形成统一的、反映全貌的自然资源资产负债表。

7.2.1.2　分门别类、抓大放小

各个自然资源资产负债表核算主体管理权限或职责范围内自然资源分布和赋存不尽相同，如东部沿海各地一般缺乏林地，而西部地区不存在海洋资源。这一特征决定了不同的管理主体所需要管理的自然资源对象不同，需要根据管理权限或职责范围内自然资源的实际情况分门别类进行核算。在核算初期，重点做好管理权限或职责范围内主要自然资源的核算，对于不具有重要性的自然资源可以暂不核算，待条件成熟后逐步推进。

7.2.1.3　权责匹配、管审分离

各级政府的自然资源管理权限和范围不同，不同自然资源由不同的部门进行管理，这就要求在自然资源核算过程中，不同层级的政府及其组成部门应该根据自己的管理权限和职责范围承担对应的自然资源资产管理和核算责任，做到权责对等。

自然资源核算主体应该以自然资源的管理权限为基础进行划分，但是自然资源审计则需要由独立的部门进行，以实现监管分离，防止运动员和裁判

员不分，造成舞弊。

7.2.2　自然资源核算分工协作机制

当前自然资源管理体制和管理制度改革不断深入，优化党和国家机构设置和职能配置，要一件事情原则上由一个部门负责，加强相关机构配合联动，根据现有制度和改革思路，自然资源部除了承担原国土资源部职责之外，还承担水资源调查和确权登记管理、森林等资源调查和确权登记管理等职责，因此，自然资源部担负土地、矿产、水、林木等自然资源的核算工作。水利部仍承担用水许可审批和水资源费征收工作，应该提供相关资料，与自然资源部共同完成水资源的核算工作。生态环境部除了承担原环境保护部职责之外，还承担应对气候变化、减排、防止地下水污染、流域水环境保护和监督农业面源污染治理等职责，这些职责可能涉及土地、水和森林等自然资源品质下降，能够为自然资源核算提供原始证据，处罚和处置结果能够为自然资源负债核算提供依据，应该及时协助提供相关原始凭证。应急管理部承担地质灾害防治、水旱灾害防治和森林防火等职责，能够第一时间掌握相关自然资源的变化情况，可以协助提供相关证据。财政部承担制定统一会计核算制度的职责，自然资源资产负债表编制制度设计和法律法规草案起草等职责当前并无明确的主管部门，财政部应该参与或负责相关制度的制定。国家统计局承担组织领导和协调全国统计的职责，组织各地区、各部门资源环境统计调查，为自然资源核算提供了数据基础，自然资源资产负债表的试行编制方案由国家统计局牵头制定，因此，国家统计局应提供自然资源统计数据，牵头或协助完成自然资源核算工作。

根据自然资源管理职责的分析可以看出，各级自然资源行政主管部门作为自然资源的主要管理机构，实际承担各级政府的自然资源核算责任，应该负责自然资源资产负债表的编制。为了便于对自然资源管理责任监督和管理绩效评价，由各级地方政府分别编制当地的自然资源资产负债表，下级地方政府及主管部门逐级上报其分类和综合自然资源资产负债表，由上级政府及主管部门进行复核，汇总编制形成本级的分类和综合自然资源资产负债表。通过分类和分层编制，逐级汇总最终形成全国的自然资源资产负债表。在汇总过程中，上级政府既可根据掌握的情况进行复核，也可根据分类报告和综合报告的勾稽关系，验证报告的可靠性。自然资源资产负债表的分类报告能更详细、清晰地反映不同自然资源的情况，增加了自然资源资产负债表的可理解性和可比性。在自然资源资产负债表的编制过程中，各级政府自然资源行政主管部门可以采用现有调查、统计等方法对自然资源首先按照实物量和品质进行计量。地方各级政府在编制自然资源资产负债表时，应该根据自然资源资产负债表核算的原则，核算权限范围内重要的自然资源，对于不具有重要性的自然资源可以汇总核算，在保证核算准确的基础上，平衡好核算效率和成本。

7.2.3　现代技术在自然资源核算中的应用

随着信息技术的发展，传统的统计调查方法已经难以适应数字化、大数据信息的发展。"3S"技术的发展为自然资源核算和审计提供了全新的支撑。"3S"技术是遥感技术（remote sensing，RS）、地理信息系统（geography information systems，GIS）和全球定位系统（global positioning systems，GPS）的统称，是空间技术、传感器技术、卫星定位与导航技术和计算机技术、通信技术相结合，多学科高度集成的对空间信息进行采集、处理、管理、分析、表达、传播和应用的现代信息技术。

遥感技术从高空或外层空间接收来自地球表层各类地物的电磁波信息，并通过对这些信息进行扫描、摄影、传输和处理，对地表各类地物和现象进行远距离探测和识别，经过信息处理、判读分析和野外实地验证，服务于资源勘探、动态监测和有关部门的规划决策。

地理信息系统是专门管理地理信息的计算机软件系统，能分门别类、分级分层地去管理各种地理信息。地理信息系统技术现已在资源调查、数据库建设与管理、土地利用及其适宜性评价、区域规划、生态规划、作物估产、灾害监测与预报等方面得到广泛应用。

全球定位系统由空间星座、地面控制和用户设备三部分构成，能够快速、高效、准确地提供点、线、面要素的精确三维坐标以及其他相关信息，广泛应用于大地测量、摄影测量、野外考察探险、土地利用调查等不同领域。

在"3S"技术中，遥感技术是资源调查的主要手段；地理信息系统作为自然资源核算系统的补充系统，收集、整理和应用原始资料；全球定位系统则可以支撑遥感技术和地理信息系统。"3S"技术应用日渐成熟为自然资源核算提供了另外一种可能，即借助遥感系统，通过卫星、无人机等遥感形式对森林、土地、水资源进行核算，这种核算形式需要较高的技术要求，可以由省级或市级政府统一开展，与逐级汇总编制的报表相互验证复核，提高自然资源核算的效率和准确性。

综上，自然资源核算服务于自然资源管理，应该根据我国自然资源管理现状和特点设计合理的运行机制，并充分利用最新技术提高核算效率。自然资源核算应根据管理需要确定核算层级，以便探索初期的工作开展。自然资源核算报告即自然资源资产负债表为自然资源管理、监督和考核提供信息，因此，自然资源资产负债表在编制完成之后应该由编制主体向本级人大、政府报告，经批准后抄送自然资源管理相关部门、审计监督部门、财政和统计部门等，同时向社会公开，接受社会公众和相关部门的监督，为市场主体和人民群众的自然资源开发利用行为提供信息。

7.3　自然资源资产负债表编制案例

以上章节对自然资源资产负债表的确认、计量、报表体系和编制原则进行了研究。为了检验理论的合理性和可行性，为实践工作提供示范，本节将理论研究成果应用到实践工作中。在本书撰写之前和撰写期间，笔者围绕自然资源资产负债表编制曾多次进行实地调研和走访，收集了大量的自然资源相关数据，为验证理论成果提供了数据基础。本书以 P 地实际情况为基础，根据调查获得的数据，尝试进行自然资源权益核算，并编制自然资源资产负债表。

P 地是地级市，位于我国西部，国土面积 4.4 万平方公里，具有丰富的自然资源。国土、林地面积为所处省份之首，林地面积 313 万公顷，森林覆盖率达 68.8%，已发现 40 余种矿产资源，年平均水资源总量 326.12 亿立方米。丰富的自然资源存量的管理工作需要自然资源权益核算提供信息支撑，同时也为自然资源权益核算提供了素材。本书以该地区 2017 年初各项自然资源数据为基础，进行初次核算。根据 2017 年自然资源管理和变更数据进行后续核算，最后基于核算结果编制相应报告。

案例演示之前，需要特别说明，本书的研究基于会计理论和视角，研究自然资源权益核算和资产负债表编制。自然资源资产负债表编制是会计帝国主义扩张领域又一次机会，但是应该注意会计理论和方法在新领域的扩张，要服务新领域的工作需要，因此，本案例内容对自然资源管理和变动进行精简，对此，会计研究人员可能难以理解，但是对于自然资源领域的研究人员和工作人员来说，案例涉及的内容是他们熟悉的，相关表格和数据可以从日常业务和统计数据中直接获得，参照即可编制。只有水资源和森林资源有关数据需要适当的技术处理。

另外，本书认为核算方法可以根据需要选择，本书在正文中使用 T 型账户，在附录中使用借贷记账法。新中国成立之初，各种会计核算中并未明确会计记账方法，各单位可以自由选择借贷记账法、收付记账法等；20 世纪 60 年代，中国发明了增减记账法，并在商业系统全面推广；21 世纪初期，中国学者又提出使用左右记账法；目前，我国企事业单位统一采用借贷记账法。无论采取何种记账方法，遵循相应会计原则，最终编制的会计报表应该是相同的。在手工会计核算阶段，单位根据核算主体业务的特点设计了不同的会计核算程序，以保证核算过程的流畅、高效和准确；在会计信息化核算阶段，核算程序的功能则逐渐弱化。因此，具体核算方法和程序不是一成不变和统一确定的，只要能够合理、高效、准确地完成核算目标即可。本书 T 型账户左右两侧的"借、增、左"和"贷、减、右"，是说明借贷记账法、增减记账法和左右记账法皆可为自然资源管理人员选用。

7.3.1　自然资源权益的初始核算

自然资源权益初始核算应该根据当地自然资源种类和开发利用情况，设置相应的自然资源账户，然后根据自然资源管理部门的管理和统计资料编制相应分录，最终通过科目汇总表等形式编制初始核算报告。因为自然资源除统计数据公开发布之外，多数管理数据属于非公开数据，难以通过公开渠道获得，本书以公开的统计数据为基础，结合多次调研获得的管理资料、统计台账等数据，整理形成相应的土地资源、矿产资源、水资源和森林资源数据，根据当地的自然资源管理情况进行自然资源权益核算。根据收集到的资料，应首先分别核算土地、矿产、水和森林资源的原始所有权益和使用权益，再核算有偿使用公积。

7.3.1.1　土地资源权益初始核算

现有土地资源日常管理数据主要包括土地变更台账、建设项目用地审批统计台账、土地整治项目统计台账和增减挂钩试点项目统计台账等，经过整理得到该地 2017 年初土地资源基本情况表，其中，国有未出让土地中商服、工矿和住宅用地已经全部纳入国有储备土地，见表7.1。

表7.1　　　　　　　　　　土地资源基本情况

地类代码	地类	土地面积（公顷）	国有土地面积（公顷）	已出让国有土地（公顷）	国有土地比例（%）	国有土地出让比例（%）
01	耕地	545 022				
02	园地	267 882				
03	林地	3 129 935	2 304 479	946 865	74	41
031	有林地	2 845 690	2 232 049	913 435	78	41
032	灌木林地	127 433	72 430	33 430	57	46
033	其他林地	156 812				
04	草地	129 780				
05	商服用地	4 297	2 297	2 126	53	93
501	零售商业用地	1 517	517	503	34	97
502	批发商业用地	1 124	124	124	11	100
503	餐饮用地	798	798	682	100	85
504	旅馆用地	235	235	235	100	100
507	其他商服用地	623	623	582	100	93
06	工矿仓储用地	8 032	8 032	7 784	100	97
601	工业用地	3 117	3 117	2 910	100	93
602	采矿用地	4 292	4 292	4 292	100	100
604	仓储用地	623	623	582	100	93
07	住宅用地	51 192	12 306	11 811	24	96
701	城镇住宅用地	4 305	4 305	4 019	100	93
703	农村宅基地	38 886				
08	公共用地	19 086	17 086	13 922	90	81
801	机关团体用地	2 649	2 649	2 134	100	81
803	教育用地	4 199	3 199	2 832	76	89
805	医疗卫生用地	3 682	2 682	2 134	73	80
807	文化设施用地	1 996	1 996	1 235	100	62
808	体育用地	1 756	1 756	1 352	100	77
809	公共设施用地	4 804	4 804	4 235	100	88
10	交通运输用地	34 873	7 428	7 428	21	100
102	公路用地	7 124	7 124	7 124	100	100

续表

地类 代码	地类	土地面积 （公顷）	国有土地 面积 （公顷）	已出让国 有土地 （公顷）	国有土地 比例 （%）	国有土地 出让比例 （%）
104	农村道路	27 445				
105	机场用地	284	284	284	100	100
106	港口码头用地	18	18	18	100	100
107	管道运输用地	2	2	2	100	100
11	水域水利设施用地	51 685	49 535	15 774	96	32
111	河流水面	30 470	30 470		100	
112	湖泊水面	12 327	12 327	12 327	100	100
113	水库水面	1 874	1 874	1 874	100	100
114	坑塘水面	1 755				
116	内陆滩涂	4 137	4 137	846	100	20
117	沟渠	395				
118	水工建筑用地	727	727	727	100	100
12	其他土地	198 101	3 479		2	
122	设施农用地	471				
123	田坎	192 832				
125	沼泽地	26	26		100	
127	裸地	4 770	3 453		72	
	合计	4 446 885	4 439 885	2 404 642		

资料来源：根据相关数据整理，未列出地类表示当地无该地类，空白单元格表示无该分类，原始资料地类代码为 GB/T 21010－2007，未作调整，核算时按照最新标准 GB/T 21010－2017 进行核算。

　　表 7.1 中按照《土地利用现状分类》（GB/T 21010－2017）对土地类型进行分类，可知该地区土地资源共分 11 个一级类，35 个二级类。一级类中共有 3 类土地，耕地、园地和草地等均为集体所有；二级类中共有 7 类土地，无国家所有，这些土地资源均不在本书研究范围之内，不予考虑。其他类型土地资源均为国有或部分国有。国有土地资源多数均已出让，设立土地使用权。根据该地土地资源现状，应该开设土地原始所有权益、土地使用权益等权益类账户和土地资源资产账户，该地暂未发现土地资源负债。土地使用权益和土地资源资产核算科目根据《土地利用现状分类》的一级类设置对应账户的二级核算科目，二级类设置对应账户的三级核算科目；土地原始所有权益按照农用地、建设用地、政府储备土地和未利用土地设置二级核算科目，

根据土地一级类设置三级科目。

根据《土地法》和《土地利用现状分类》的规定，该地的国有农用地包括有林地和水库水面，其中，水库水面已全部设立使用权，所以仅有林地有土地原始所有权益，共计 1 357 614 公顷，其他农用地均为土地使用权益。政府储备土地包括未出让土地中商服、工矿和住宅用地，共计 914 公顷。未利用土地包括河流水面、湖泊水面、内陆滩涂、沼泽地和裸地等，除湖泊水面全部设立使用权外，其余部分为原始所有权益中的未利用土地，共计 37 240公顷。综上，核算结果具体如图 7.1 所示，具体分录见附录 B。

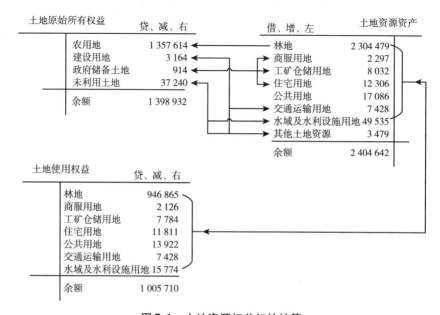

图 7.1　土地资源权益初始核算

7.3.1.2　矿产资源权益初始核算

现有矿产资源日常管理数据主要包括矿产资源统计台账、采矿权出让台账、矿产资源勘查报告等数据，经过整理后得到该地矿产资源 2017 年初的基本情况，见表 7.2。

矿产资源具有多个实物量，根据前文，资源量和查明资源储量在技术条件和地质条件上具有很大不确定性，难以满足计量数据的确定性要求；储量则受开采利用技术、社会需求等技术和经济条件影响，会因市场变化而变化，实际管理过程中，仅在开采前详勘的详细可行性研究中才进行评价，因而无法反映大多数矿产资源。综合相关因素，应选择基础储量作为计量标准。

表 7.2

矿产资源基本情况

序号	矿产名称	资源储量单位	资源总量				已设立采矿权			
			储量	基础储量	资源量	查明资源储量	储量	基础储量	资源量	查明资源储量
1	煤	千吨	3 786	25 332	119 941	145 273	3 786	25 211	97 375	122 586
2	铁矿	矿石 千吨		16 246	2 044 112	2 060 192		5 579	26 920	32 333
3	锰矿	矿石 千吨		4 097	3 864	7 961		971	941	1 912
4	铬铁矿	矿石 千吨			1	1				
5	铜矿	铜 金属吨		274 604	646 473	921 077		263 996	583 335	847 331
6	铅矿	铅 金属吨	150	65 108	1 256 387	1 322 271	150	57 332	1 220 821	1 278 153
7	锌矿	锌 金属吨		121 450	716 264	841 607		95 603	633 932	729 535
8	镍矿	镍 金属吨		113 212	432 593	545 805		113 212	432 593	545 805
9	钴矿	钴 金属吨			16 222	16 222			15 052	15 052
10	钨矿	钨 金属吨			35	35				
11	锡矿	锡 金属吨	1 447	4 176	10 540	14 716	1 447	4 176	8 840	13 016
12	银	银 金属吨		380	1 716	2 096		326	1 604	1 930
13	钾盐	KCl 千吨			16 331	16 331				
14	石棉	石棉矿物 千吨		36 402	210 147	245 879				
15	水泥用灰岩	千吨			896	896				
16	水泥配料用砂岩	千吨			50 578	27 478				
17	水泥配料用页岩	千吨		330	70	400				
18	化肥用蛇纹岩	矿石 千吨		810	150	960				
19	矿盐	NaCl 千吨		634 224	3 363 832	3 998 056		622 008	3 266 320	3 888 328

资料来源：根据相关数据整理。

《矿产资源法实施细则》规定的《矿产资源分类细目》中有四大类矿产资源：能源矿产、金属矿产、非金属矿产和水气矿产，该地均有分布。该地水气矿产只有地下水资源，将在水资源中统一核算，矿产资源核算中仅包括其他三类。该地探明基础储量的矿产资源共 13 种，其中，煤为能源矿产，石棉、水泥配料用页岩、化肥用蛇纹岩、矿盐 4 种为非金属矿产，其他 8 种为金属矿产。

根据数据和调研情况，该地 2017 年初并无矿产资源负债，因此，应设置资产类账户矿产资源资产和权益类账户矿产原始所有权益、矿产使用权益，并按照四大类矿产资源设置二级明细账户，按照具体矿产资源种类设置三级明细账户，根据表 7.2，具体核算结果如图 7.2 所示，具体分录见附录 B。

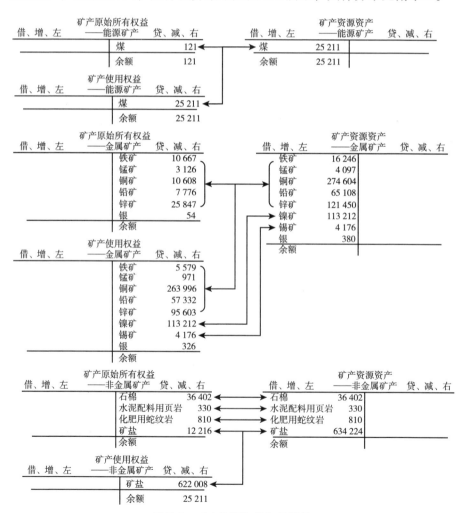

图 7.2　矿产资源权益初始核算

7.3.1.3　水资源权益初始核算

现有水资源日常管理数据主要包括水文监测数据、取水许可证发放台账和水量监测数据等。经过整理后得到该地 2016 年的水资源基本情况，见表 7.3。

表 7.3　　　　　　　　　　　　　　水资源基本情况　　　　　　　　单位：百万立方米

项目	年初存量	存量增加				存量减少							年末存量
		降水	流入	经济社会用水回归量	合计	取水					流出	合计	
						生活用水	工业用水	农业用水	生态用水	小计			
地表水	26 010	12 429	69 616	403	82 448	104	464	480	14	1 062	80 265	81 299	27 159
河流	18 110	12 354	52 350	339	65 043	71	447	330	10	858	62 956	63 814	19 339
水库	625	33	8 022	52	8 107	26	12	146	1	185	8 038	8 223	509
湖泊	7 275	42	9 244	12	9 298	7	5	4	3	19	9 243	9 262	7 311
地下水	5 854	0	6	0	6	2	4	0	0	6	0	6	5 854
合计	31 864	12 429	69 616	403	82 454	106	468	480	14	1 068	80 251	81 305	33 013

资料来源：根据当地水文监测数据和水资源公报数据整理。

在水资源管理中，水资源量是期间累计值，因为水资源的流动性使我们难以确定某一时点的水资源数量。资产负债表作为时点报表，相关数据应该是时点值。如前文所述，水库、湖泊和地下水水量相对固定，流动性较弱，可以将期末水资源量直接作为期末水资源资产核算基础。而河流水资源流动性较强，应该换算成时点量之后进行核算，表 7.3 中河流水资源数据已经经过处理可直接利用。对于农村集体修建水塘等水资源，农民零星用水无须申请取水许可证，水量较小，故不作考虑。水资源使用权益为取水许可量，假设与上年实际取水量相同。

设置水资源资产和水资源原始所有权益账户，二级明细科目分为地表水和地下水，按照水源类型设置三级明细科目。设置水资源使用权益，按照用水类型设置二级明细科目，三级明细科目设置参考《水资源公报编制规程》，核算结果如图 7.3 所示。

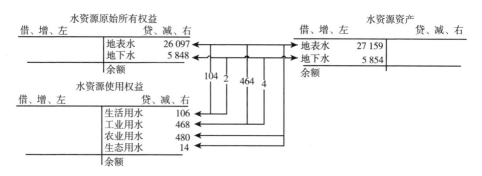

图7.3 水资源权益初始核算

7.3.1.4 森林资源权益初始核算

现有森林资源日常管理数据主要包括森林资源调查报告、森林资源登记报告和国有森林资源承包合同等。相关数据经过整理后得到该地森林资源蓄积量基本情况，见表7.4。

表7.4 　　　　　　　　　　 森林资源蓄积量情况 　　　　　　 单位：万立方米

	乔木林			其他林木	林木资源资产合计
	纯林混交林	乔木经济林	合计		
国有森林	9 947	108	10 055	0	10 055
其中：天然林	7 834	0	7 834	0	7 834
其中：人工林	2 113	108	2 221	0	2 221
森林资源总量	29 034	344	29 379	195	29 575

资料来源：根据当地森林资源调查数据和森林资源更新数据整理。

如前所述，森林资源的关键特征指标包括蓄积量和出材量，蓄积量表示所有森林资源木材体积，是森林资源数量的主要指标，森林资源出材量表示森林资源采伐形成的可用木材数量，是森林资源的质量指标。蓄积量是森林资源统计的主要指标，本书采用蓄积量作为森林资源计量的基础。根据所获数据将国有森林资源和集体森林资源分开，国有森林资源以纯林混叶林为主，纯林混叶林又以天然林为主。该地国有森林资源人工林均已承包给个人或林业公司，因而均作为森林使用权益进行核算。

设置森林资源资产和森林使用权益账户，二级明细账户均分天然林与人工林，三级明细账户根据林种进行细分，具体核算结果如图7.4所示，具体分录见附录B。

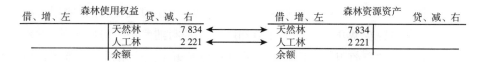

图7.4 森林资源权益初始核算

7.3.1.5 有偿使用公积初始核算

有偿使用公积核算国家在自然资源有偿使用中能够得到的权利和利益，在初始核算时，根据自然资源有偿出让情况和相关税费的征收情况进行测算。核算过程中，以自然资源有偿出让协议为基础，结合相应税费的征收情况，确认自然资源使用者在未来期间应上缴给国家的自然资源使用对价。对于能够可靠地计算金额的税费在初始核算中，以应收金额为基础计入待收使用公积，如水资源费、城镇土地使用税等。对于难以可靠地计算金额的税费，虽然预期事项很可能发生，但金额无法确定，因而不确认待收使用公积，未来根据申报情况，确认待收使用公积，如土地出让金、土地增值税等。

该地2016年财政收支快报和2017年预算数据见表7.5。资源税、城镇土地使用税和水资源费等一般从量计征，而且纳税人缴纳义务在预算时已经发生，不考虑预算中2017年可能新增税金。因此，资源税、城镇土地使用税以2017年预算金额作为待收使用公积。土地增值税需要根据市场交易和价格变化计算征收，数据可靠性差，因而初始核算时不予确认。同样地，土地出让金（国有土地使用权出让收入）根据未来土地出让计划进行预算，实际金额只有签订土地出让协议时才能确认，因而初始核算时也不予确认。该地森林资源使用权出租给个人或企业经营，由承租人按年缴纳租金，根据相关协议预计2017年租金和2016年相当，予以确认。

表7.5 **2017年初自然资源使用税费相关预算** 单位：万元

项目	2015年决算	2016年快报	2017年预算	平均值
资源税	4 218	6 492	7 521	6 077
城镇土地使用税	26 912	23 375	18 199	22 829
土地增值税	18 156	8 457	9 757	12 123
水资源费	4 984	5 069	6 934	5 662
土地使用权出让收入	77 539	99 239	128 000	101 593
森林资源使用权租金		18	18	18

资料来源：根据当地财政执行和预算情况公开数据整理得出。

综上，开设资产类账户应收自然资源税费和权益类账户待收使用公积。应收自然资源税费需开设应收出让金和应收税费明细账户，应收出让金核算金额确定的森林资源租金，应收税费核算对应城镇土地使用税和水资源税费，具体核算如图7.5所示。

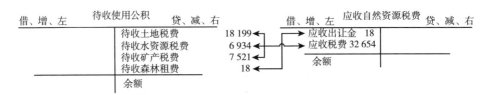

| 借、增、左 | 待收使用公积 | 贷、减、右 | | 借、增、左 | 应收自然资源税费 | 贷、减、右 |

待收土地税费 18 199 ← → 应收出让金 18
待收水资源税费 6 934 ← → 应收税费 32 654
待收矿产税费 7 521 ←
待收森林租费 18 ←
余额 余额

图7.5　有偿使用公积初始核算

自然资源权益初始核算完成之后，可以通过科目汇总表、汇总记账凭证等方式编制自然资源资产负债表等核算报告，为后续日常核算奠定基础。根据以上初始核算内容，编制相应的科目发生额表见附录B。

7.3.2　自然资源权益的日常核算

自然资源权益初始核算在自然资源权益存量的基础上，还能够通过核算过程了解核算主体自然资源管理的主要内容、已有自然资源核算的方式方法是否恰当。初始核算完成之后，应该再次对核算的基本理论、要求和方法进行评价和反思，为后续日常核算提供基础，从初始核算结果来看，本书提出的理论和方法是可行和科学的。本节将根据自然资源管理具体情况进行日常核算，考虑到自然资源管理资料的非公开性，为了全面反映各类事项的核算方法，本书以当地2017年自然资源管理的具体情况为基础作了适当调整，以全面反映不同类型自然资源的日常核算。本小节根据自然资源类型分类按时间顺序进行核算。

7.3.2.1　土地资源权益的日常核算

通过查阅公开资料和内部访谈，该地2017年共出让国有土地使用权53宗，面积136.05944公顷，国有土地出让收入127 990万元，其中，以招拍挂方式出让47宗，划拨6宗，出让土地使用类型包括住宿餐饮用地、零售商业用地、工业用地、城镇住宅用地、公用设施用地等，具体情况见表7.6。假设所有土地在同一时间出让，并且在同一时间，土地出让收入在 3 月内交清。具体核算如图 7.6 所示。

表 7.6 　　　　　　　　　　　　　国有土地出让情况

土地利用类型		出让方式	宗数	土地面积（公顷）	土地出让价款（万元）
商服用地	零售商业用地	招拍挂	3	0.9894	920.08
	批发商业用地	招拍挂	2	0.3845	641.04
	住宿餐饮用地	招拍挂	3	8.8974	3 803.27
	其他商服用地	招拍挂	9	13.2743	10 533.02
工矿仓储用地	工业用地	招拍挂	10	13.2872	3 664.13
	仓储用地	招拍挂	1	6.9515	2 356.13
住宅用地	城镇住宅用地	招拍挂	19	34.23564	106 072.31
公共用地	公共设施用地	划拨	1	10.4647	0
	公园与绿地	划拨	3	43.4337	0
	科教用地	划拨	1	4.7275	0
	新闻出版用地	划拨	1	0.4136	0

资料来源：根据当地国有土地出让公开数据整理。

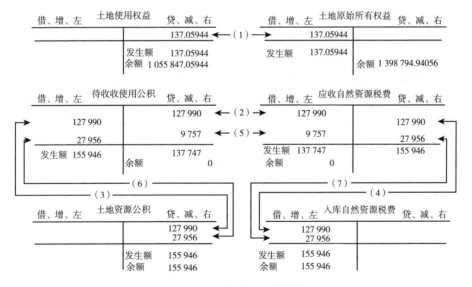

图 7.6　土地资源日常核算

图 7.6（1）核算土地使用权出让对土地原始所有权益和使用权益的影响，土地使用权出让造成土地原始所有权益减少 137.05944 公顷，土地使用

权益相应增加 137.05944 公顷，具体核算分录见附录 B.2 分录（6）。

图 7.6（2）核算土地使用权出让中的国家的土地出让收入和所有权益，新增土地出让金 127 990 万元，一部分计入国有权益账户待收使用公积；另一部分计入国有资产账户应收自然资源税费，具体核算分录见附录 B.2 分录（7）。

图 7.6（3）和（4）分别核算收到土地出让收入对权益账户和资产账户的影响。一方面实现国有使用公积由待收使用公积账户转入核算实收公积的土地资源公积；另一方面实现国家财政收入，由应收自然资源税费转入入库自然资源税费，具体核算分录见附录 B.2.1 分录（8）和（9）。

图 7.6 中（5）核算当期土地增值税申报的税金 9 757 万元，分别计入权益账户待收使用公积（土地增值税）和资产账户应收自然资源税费（应收税费），具体核算分录见附录 B.2 分录（10）。

图 7.6 中（6）和（7）分别核算当期土地资源相关税费入库对国家权益账户和资产账户的影响。当期城镇土地使用税、土地增值税的申报和缴纳情况与年初预算是一致的，无须调整，加上当期申报缴纳土地增值税，共实现土地使用权益 27 956 万元，一方面权益类账户由待收使用公积转入土地资源公积；另一方面资产类账户由应收自然资源税费转入入库自然资源税费，当年年末入库自然资源税费和土地资源公积的期末余额为 27 956 万元。

7.3.2.2　矿产资源权益的日常核算

根据调查，该地 2017 年新增审批采矿权一处，系某制盐企业发现新增矿盐基础储量 5000 千吨，该企业申请获批所发现矿盐资源的采矿权。该地铜矿企业开采过程中发现该企业矿区内铜矿基础储量比前期评估时增加 10 000 吨，按规定进行上报，对该矿区储量进行动态调整后，整体仍归矿山企业所有。以上两处储量增加，涉及矿业税费，单独处理。当年矿产资源巡察发现某企业在开采过程中采取破坏性方法导致煤炭资源受到破坏，受影响煤炭基础储量预计 300 吨，导致该地煤炭资源与开发计划相比减少 300 吨。根据评估，煤炭资源损失约 200 万元，对该企业处以 150 万元罚款。同时，未发现其他矿山企业违规开发矿产资源行为，其他矿山企业均按照开采许可和年度计划进行生产，受市场波动影响，其最终申报缴纳资源税 7 256 万元。当年发生并收到采矿权出让收益 100 万元，矿业权占用费 964 万元。当年其他矿产资源开采均按计划进行，具体见表 7.7。对以上事项核算如图 7.7 所示，具体分录可参考附录 B.2。

表 7.7　　　　　　　　　　　2017 年矿产资源增减变动

矿产名称	资源储量单位	期初基础储量	期初已出让基础储量	探明新增储量	违规减少储量	新增出让储量	开发利用储量	期末基础储量	期末已出让基础储量
煤	千吨	25 332	25 211		300		980	24 052	23 931
铜矿	铜　金属吨	274 604	263 996	10 000			12 983	271 621	261 013
锌矿	锌　金属吨	121 450	95 603				4 628	116 822	90 975
镍矿	镍　金属吨	113 212	113 212				583	112 629	112 629
矿盐	NaCl 千吨	634 224	622 008	5 000		5 000	3 849	635 375	623 159

资料来源：根据当地矿产资源统计数据整理。

当年新增一处矿盐资源 5 000 千吨，并授予企业采矿权。新增矿盐资源增加矿产资源资产和权益核算如图 7.7（1）所示，该矿采矿权授予企业，则对应权益由原始所有权益转为使用权益，具体核算如图 7.7（2）所示。相应矿产资源税费汇总核算。

当年矿产储量动态管理，发现铜矿基础储量增加 10 000 吨，并调整相应企业采矿权。调增铜矿资源分别作为矿产资源资产和原始所有权益记入相应账户，具体如图 7.7（3）所示。调整相应企业采矿权将对应矿产资源使用权授予企业，则对应矿产资源权益由原始所有权益转入使用权益账户，具体核算如图 7.7（4）所示。

当年发现某企业对煤炭资源的破坏性开采，造成煤炭资源损失 300 吨，一方面核减矿产资源资产，另一方面核减矿产资源使用权益，具体核算如图 7.7（5）所示。煤炭资源破坏造成损失 200 万元，这一损失减少了未来可利用煤炭资源，是当期对未来期间可用资源的占用，应计入当期自然资源负债，弥补未来资源的不足。该负债 150 万元通过对企业处罚进行弥补计入负债补偿基金（使用人承担资金）；剩余不足部分应由自然资源所有者即国家承担计入负债补偿基金（财政修复款）。具体核算如图 7.7（6）所示。

当年申报缴纳资源税 7 256 万元，较年初预算 7 007 万元增加 249 万元，应调增应收自然资源税费和待收使用公积。当年发生并收到采矿权出让收益 100 万元，矿业权占用费 964 万元，总计当年应收自然资源税费和待收使用公积应调增 1 329 万元，具体核算如图 7.7（7）所示。当相关税费收讫入库时，权益类账户由待收使用公积转入有偿使用公积，资产类账户由应收自然资源税费转入入库自然资源税费，具体核算如图 7.7（8）和（9）所示，当年年末矿产资源公积余额为 8 320 万元。

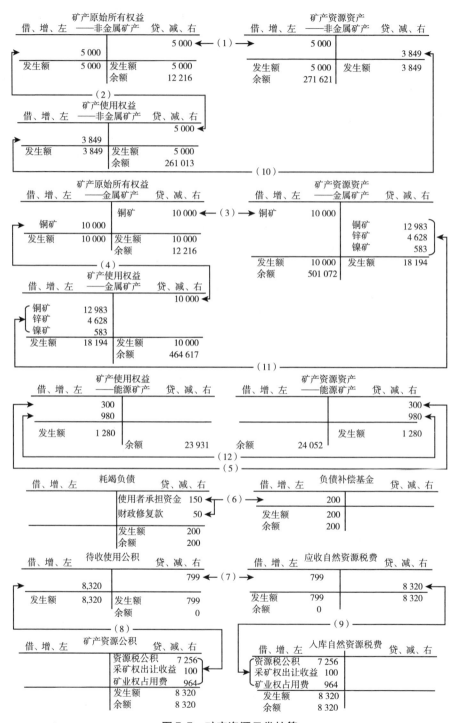

图7.7 矿产资源日常核算

根据表7.7所示当年矿产资源开发利用情况，对相应矿产资源资产和使用权益进行核减，按计划开发利用的矿盐、铜矿、锌矿、镍矿和煤等资源核算分别对应图7.7（5）、（10）、（11）。

7.3.2.3 水资源权益的日常核算

根据该地水利部门和水文部门的记录资料，结合气象和水文条件，整理得到水资源增减变动情况见表7.8。2017年雨水较常年偏多5%，新增工业用水单位28户，新增取水许可量100万立方米，农业用水取水许可核减900万立方米。全年申报收取水资源费6 940万元，与预算数据相比，新增10万元为新增用水单位缴纳水资源费导致，减少4万元为农业用水单位减少用水量导致。当地水利部门发现湖泊水资源被企业污染，水质为劣五类水，受影响水资源200万立方米，根据相关法律法规处罚该企业160万元，根据评估，污染带来的损失和治理成本共220万元。据此对当地水资源权益核算如下。

表7.8 　　　　　　　　　　　　**2017年水资源增减变动表**　　　　　　　单位：百万立方米

| | 年初存量 | 存量增加 | | | | 存量减少 | | | | | | | | 年末存量 |
| | | 降水 | 流入 | 经济社会用水回归量 | 合计 | 取水 | | | | | 流出 | 合计 | |
						生活用水	工业用水	农业用水	生态用水	小计			
地表水	27 159	13 049	73 792	403	87 244	104	465	471	14	1 054	85 062	86 116	28 287
河流	19 339	12 971	55 491	339	68 801	71	448	322	10	851	67 118	67 969	20 171
水库	509	34	8 503	52	8 589	26	12	145	1	184	8 339	8 523	575
湖泊	7 311	44	9 798	12	9 854	7	5	4	3	19	9 605	9 624	7 541
地下水	5 854	0	6	0	6	2	4	0	0	6		6	5 854
合计	33 013	13 049	73 798	403	87 250	106	469	471	14	1 060	85 062	86 122	34 141

资料来源：根据当地水文监测数据和水资源公报数据整理。

根据表7.8，当年该地因降水和流入等自然补给增加水资源87 250百万立方米，分别增加水资源资产和水资源原始所有权益。具体核算如图7.8（1）所示。

根据表7.8，当年该地因流入等自然原因减少水资源85 062百万立方米，分别减少水资源资产和水资源原始所有权益。具体核算如图7.8（2）所示。

当年新增工业用水单位28户，新增取水许可量100万立方米，农业用水核减取水许可量900万立方米，应分别计入水资源原始所有权益和水资源使用权益，对比表7.8和表7.5可知取水许可变化均对应地表水。具体核算如图7.8（3）所示。

当年水资源费申报缴纳农业用水比预算少4万元，工业用水比预算多10万元，调整相应水资源有偿使用公积和自然资源资产。具体核算如图7.8（4）所示。

当年实际收缴水资源费6 940万元时，资产类账户由应收自然资源税费转入入库自然资源税费，权益类账户由待收使用公积转入水资源公积。具体核算如图7.8（5）和（6）所示。

当年湖泊受到污染，所污染水资源无法利用，水资源资产减少，同时影响水资源所有权人的权益，减计水资源资产和原始所有权益，具体核算如图7.8（7）所示。

水库受到污染带来的损失和治理成本共220万元，除了污染企业处罚160万元冲抵之外，其余部分由国家承担。一方面增加降等负债（水资源）；另一方面根据资金来源确定负债补偿基金。具体核算如图7.8（8）所示。

当年根据用水许可和水资源费缴纳情况，确定用水情况，结合表7.8，分别减计相应水资源资产和水资源使用权益，具体核算如图7.8（9）和（10）所示。水资源使用权人均按照取水许可获得应使用相应水资源，因此，当期水资源使用权益已经实现期末权益为0，但是需要注意，因为取水许可按年分配水量，水资源使用权人持有下期有效的取水许可则下期仍有与当期相当的水资源使用权益，因而应该下期期初恢复相应水资源权益。

7.3.2.4 森林资源权益的日常核算

该地2017年森林资源自然生长和人工造林使天然林蓄积量增加20万立方米，人工林蓄积量增加80万立方米，当年森林租金与预算金额一致为18万元。当地主管部门因工作失误，造成天然林因火灾减少蓄积量1万立方米，相关人员被处罚金5万元，经评估相应森林资源损失为40万元。按照当年采伐计划，可采伐蓄积量为60万立方米。某森林资源使用权承办企业超计划采伐造成蓄积量减少1万立方米，被处罚金24万元，经评估相应森林资源损失为24万元。森林资源权益的日常核算如图7.9所示。

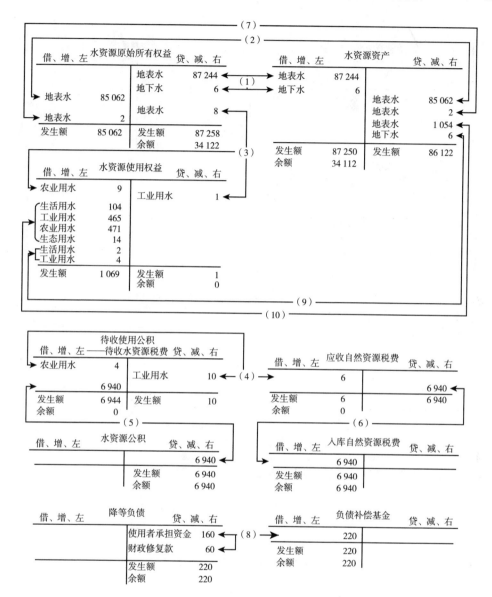

图7.8　水资源日常核算

当年根据森林资源监测数据，天然林增加20万立方米，人工林增加80万立方米，均确认森林资源增加量，因为天然林为国有林场管理，虽然授予使用权，但该地国有林场主要职责在于培育、管理天然林，并不进行开发，因此，所有权益仍为国有权益，人工林则为使用权益，具体核算如图7.9（1）和（2）所示。

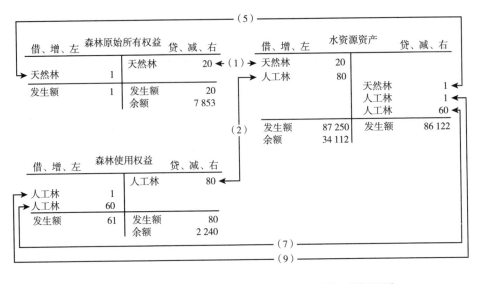

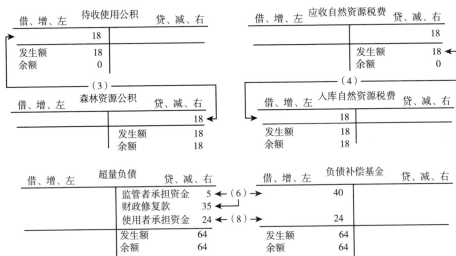

图7.9 森林资源日常核算

当年实际收到森林资源有偿使用租金时，资产类账户由应收自然资源税费转入入库自然资源税费，权益类账户由待收使用公积转入相应自然资源公积中，具体核算如图7.9（3）和（4）所示。

当年森林火灾造成天然林资源受灾蓄积量减少1万立方米，相应减少森林资源资产和原始所有权益。造成损失40万元计入负债，相关人员罚金5万元计入负债补偿基金，剩余35万元由国家承担，具体核算如图7.9（5）和（6）所示。

当年企业超采森林资源，造成森林资源下期可用数量下降，减少资源存量和相应权益，所造成的损失计入超量负债，并将罚款作为负债补偿基金，具体核算如图 7.9（7）和（8）所示。

当年按计划采伐森林资源 60 万立方米，一方面导致森林资源资产减少，另一方面导致森林资源使用权益减少，具体核算如图 7.9（9）所示。

7.3.2.5　自然资源权益期末预计和恢复

自然资源资产和负债的变动会影响自然资源权益；自然资源使用权的设立和收回也会影响自然资源权益，可以根据自然资源常规管理、监督检查发现的权益增减变动进行核算。根据自然资源管理和财政制度等要求对自然资源权益进行期末预计。期末预计处理主要涉及两类账户：一类是自然资源有偿使用公积，另一类是水资源使用权益。

（1）自然资源有偿使用公积的预计核算。自然资源有偿使用公积账户包括待收公积和实收公积两类账户。为了掌握下年度年自然资源公积的情况，应在年末根据财政预算收入中自然资源税费和有关收入预计下年自然资源公积。资源税、城镇土地使用税、水资源费、矿业权占用费和森林资源使用权租金等，根据期末自然资源使用权出让情况、财政预算情况等预计已出让自然资源的相关税费，作为期末待收使用公积，反映已出让自然资源使用权下一年度带来的所有权人收益。土地增值税、土地出让金和矿业权出让收益的金额完全依赖下一年度自然资源使用权转让情况，预计难以准确，不具有确定性，因而不予确认。

该地 2017 年末对下年的财政预算情况见表 7.9。

表 7.9　　　　　　　　　　2017 年末自然资源使用税费预算　　　　　　　单位：万元

项目	2016 年决算	2017 年预算	2017 年决算	2018 年预算
资源税	6 492	7 521	7 256	7 300
城镇土地使用税	23 375	18 199	18 199	18 250
土地增值税	8 457	9 757	9 900	9 900
水资源费	5 069	6 934	6 940	6 940
土地使用权出让收入	99 239	128 000	127 990	188 000
森林资源使用权租金	18	18	18	18

资料来源：根据当地财政执行和预算情况公开数据整理得出。

假设经分析发现 2017 年已有自然资源使用权在 2018 年的开发利用和经营计划并无变动，因而 2018 年现有使用权对应的资源税、城镇土地使用税、水资源费和森林资源使用权租金与 2017 年金额相同。具体核算如图 7.10 所示。

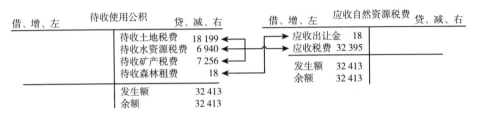

图 7.10　使用公积期末预计核算

在下一年度的处理中，如果预计金额与实际发生金额不同，则进行调整。同时应该备注是前期待收还是下期预计待收，以反映核算内容的不同。

（2）水资源使用权益的恢复核算。根据水资源有偿使用制度，取水许可证对一定年限内每年的取水量进行规范，因此，在许可年限内，每年水资源使用权人均可按照许可范围获取相应水资源的使用权，使用权人对水资源的使用并不会消灭物理意义的水，只是改变了水资源的某些性质。水资源是恒定的非耗竭性资源，在一定范围内水资源能够更新利用。因此，在一个核算期内，水资源使用权人行使了相应的取水权利，则在本期间该权利消失，而在下一期间该权利又会恢复，这与水资源可更新利用相协调。因此，在本期末下期初应恢复相应水资源使用权人的权益。假设当期没有到期的取水许可，则下期水资源使用权与当期相同，具体核算如图 7.11 所示。

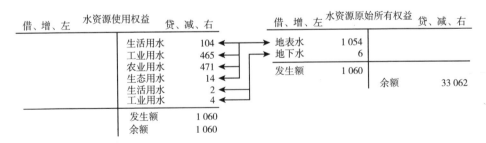

图 7.11　水资源使用权益恢复核算

自然资源权益核算与自然资源管理制度、开发利用情况密切相关，既不同于企业财务会计，也不同于政府预算会计。在核算过程中，需要按照资产、负债和权益的确认标准和计量要求，根据自然资源的增减变动进行核算。不同类型的自然资源特征和开发利用方式不同，核算的内容和方法也有所不同。土地资源属于不可再生的非耗竭性资源，除特殊情况外资产总量不变，权益核算主要涉及使用权的设立或收回。水资源属于恒定的非耗竭性资源，每期可利用资源是基本确定的，跨循环周期可以重复利用，因此，水资源使用权益需要按照周期行使，权利行使完成后消失，但在下个周期可以恢复。森林资源属于可再生资源，在使用权许可范围内，使用权益随着资源的自然生长、人工培育和开发利用而增减变动，因此，同一使用权下，使用权益是变动的。矿产资源作为耗竭性资源，采矿权的行使会导致采矿权权益直接减少。

　　需要注意，土地资源和水资源属于非耗竭性资源，因污染等原因造成质量下降形成负债，会减少自然资源资产的数量，但是相应资源实物量并不减少。在统计核算中，这部分自然资源实物量仍在核算范围内，但在自然资源资产负债表中，对应资源不做核算，仅做备忘记录。土地资源、水资源和森林资源等非耗竭性资源所确认的负债，可以通过生态修复、人工培育等进行恢复，消除相应负债。矿产资源作为耗竭性资源，负债根据开发利用计划进行核算，当规划调整或者利用变更时，可以直接核销相应自然资源负债，应收修复罚金计入国库收入。

7.3.3　自然资源资产负债表编制

　　在日常核算的基础上，根据业务复杂程度可以选择不同的报表编制程序，编制科目汇总表或汇总记账凭证，在计算机核算中可以直接通过科目余额发生额表编制相应报表。考虑到本书业务精简，汇总举例，核算相对简单，在处理过程中首先汇总核算发生额，具体如附录 D 所示，然后根据期初账户余额和本期账户累计发生额计算期末账户余额，最后针对核算要求，分析填列自然资源资产负债表和自然资源权益变动表。因主题和内容原因，本书并未设计自然资源资产变动表和负债变动表，可以参照相关研究和本书思路进行设计填报。为了表述精练，本节报表对应的核算单位具体见附录 E 案例报表中的计量单位。

7.3.3.1　期末账户余额表

　　根据附录 D 的初始核算账户发生额汇总表计算相应账户 2017 年期初余

额，本期日常核算账户发生额汇总表计算 2017 年当期账户累计发生额。本书采用借贷记账法进行核算，增减记账法和左右记账法原理相同，期末余额等于期初余额加上本期发生额，见表 7.10，根据该表编制资产负债表和权益变动表。需要说明的是，因为原始资料土地分类并非最新分类，所以该表根据新旧土地利用现状分类要求对初始核算时的土地分类进行重分类。根据资产负债表相应要求将自然资源税费和自然资源公积，根据资产类型、使用权有偿出让金和相应税费进行了重分类。在正常业务处理时，自然资源税费和自然资源税费公积两者账户无须在账户余额中重分类，编制报表时直接分析填列，此处重分类是为了方便阅读。

表 7.10 2017 年期末账户余额表

一级账户	二级账户	三级账户	方向	期初余额	累计发生额	期末余额
负债补偿基金	财政修复款		借		145	145
负债补偿基金	应收监管者资金		借		5	5
负债补偿基金	应收使用者资金		借		334	334
入库自然资源税费	有偿出让金		借		128 108	128 108
入库自然资源税费	资源税费		借		43 116	43 116
应收自然资源税费	应收出让金		借	18		18
应收自然资源税费	应收税费		借	32 654	271	32 925
土地资源资产	林地		借	2 304 479	0	2 304 479
土地资源资产	商服用地		借	2 297	0	2 297
土地资源资产	工矿仓储用地		借	8 032	0	8 032
土地资源资产	住宅用地		借	12 306	0	12 306
土地资源资产	公共用地		借	17 086	0	17 086
土地资源资产	交通运输用地		借	7 428	0	7 428
土地资源资产	水域及水利设施用地		借	49 535	0	49 535
土地资源资产	其他土地资源		借	3 479	0	3 479
矿产资源资产	能源矿产	煤	借	25 332	− 1 280	24 052
矿产资源资产	金属矿产	铁矿	借	16 246		16 246
矿产资源资产	金属矿产	锰矿	借	4 097		4 097
矿产资源资产	金属矿产	铜矿	借	274 604	− 2 983	271 621
矿产资源资产	金属矿产	铅矿	借	65 108		65 108

续表

一级账户	二级账户	三级账户	方向	期初余额	累计发生额	期末余额
矿产资源资产	金属矿产	锌矿	借	121 450	-4 628	116 822
矿产资源资产	金属矿产	镍矿	借	113 212	-583	112 629
矿产资源资产	金属矿产	锡矿	借	4 176		4 176
矿产资源资产	金属矿产	银	借	380		380
矿产资源资产	非金属矿产	石棉	借	36 402		36 402
矿产资源资产	非金属矿产	水泥配料用页岩	借	330		330
矿产资源资产	非金属矿产	化肥用蛇纹岩	借	810		810
矿产资源资产	非金属矿产	矿盐	借	634 224	2 151	636 375
水资源资产	地表水资产		借	27 159	1 126	28 285
水资源资产	地下水资产		借	5 854	6	5 860
森林资源资产	天然林		借	7 834	19	7 853
森林资源资产	人工林		借	2 221	19	2 240
超量负债	森林资源		贷		64	64
降等负债	水资源		贷		220	220
耗竭负债	能源矿产	煤	贷		200	200
待收使用公积	待收土地税费	城镇土地使用税	贷	18 199		18 199
待收使用公积	待收矿业税费	资源税	贷	7 521	265	7 786
待收使用公积	待收水税费		贷	6 934	6	6 940
待收使用公积	待收林业租费		贷	18	0	18
土地资源公积	土地增值公积		贷		27 956	27 956
土地资源公积	土地出让公积		贷		127 990	127 990
矿产资源公积	资源税公积		贷		8 220	8 220
矿产资源公积	矿权出让公积		贷		100	100
水资源公积	水资源费公积		贷		6 940	6 940
森林资源公积	森林有偿使用公积		贷		18	18
土地使用权益	林地		贷	946 865		946 865
土地使用权益	商服用地		贷	2 126	24	2 150
土地使用权益	工矿仓储用地		贷	7 784	20	7 804
土地使用权益	住宅用地		贷	11 811	34	11 845
土地使用权益	公共用地		贷	13 922	59	13 981

一级账户	二级账户	三级账户	方向	期初余额	累计发生额	期末余额
土地使用权益	交通运输用地		贷	7 428		7 428
土地使用权益	水域及水利设施用地		贷	15 774		15 774
矿产使用权益	能源矿产	煤	贷	25 211	−1 280	23 931
矿产使用权益	金属矿产	铁矿	贷	5 579		5 579
矿产使用权益	金属矿产	锰矿	贷	971		971
矿产使用权益	金属矿产	铜矿	贷	263 996	−2 983	261 013
矿产使用权益	金属矿产	铅矿	贷	57 332		57 332
矿产使用权益	金属矿产	锌矿	贷	95 603	−4 628	90 975
矿产使用权益	金属矿产	镍矿	贷	113 212	−583	112 629
矿产使用权益	金属矿产	锡矿	贷	4 176		4 176
矿产使用权益	金属矿产	金矿	贷	27 317		27 317
矿产使用权益	金属矿产	银	贷	326		326
矿产使用权益	非金属矿产	矿盐	贷	622 008	2 151	624 159
水资源使用权益	工业用水		贷	468	1	469
水资源使用权益	农业用水		贷	480	−9	471
水资源使用权益	生活用水		贷	106	0	106
水资源使用权益	生态用水		贷	14	0	14
森林使用权益	人工林		贷	2 221	19	2 240
土地原始所有权益	政府储备土地		贷	914		914
土地原始所有权益	建设用地		贷	3 164	−137	3 027
土地原始所有权益	农用地	林地	贷	1 357 614		1 357 614
土地原始所有权益	未利用土地		贷	37 240		37 240
矿产原始所有权益	能源矿产	煤	贷	121		121
矿产原始所有权益	金属矿产	铁矿	贷	10 667		10 667
矿产原始所有权益	金属矿产	锰矿	贷	3 126		3 126
矿产原始所有权益	金属矿产	铜矿	贷	10 608	0	10 608
矿产原始所有权益	金属矿产	铅矿	贷	7 776		7 776
矿产原始所有权益	金属矿产	锌矿	贷	25 847		25 847
矿产原始所有权益	金属矿产	银	贷	54		54
矿产原始所有权益	非金属矿产	石棉	贷	36 402		36 402

续表

一级账户	二级账户	三级账户	方向	期初余额	累计发生额	期末余额
矿产原始所有权益	非金属矿产	化肥用蛇纹岩	贷	810		810
矿产原始所有权益	非金属矿产	水泥配料用页岩	贷	330		330
矿产原始所有权益	非金属矿产	盐矿	贷	12 216	0	12 216
水资源原始所有权益	地表水		贷	26 097	1 134	27 231
水资源原始所有权益	地下水		贷	5 854	−6	5 848
森林原始所有权益	天然林		贷	7 834	19	7 853

7.3.3.2　自然资源资产负债表

根据表 7.10，结合核算记录可以分析填列自然资源资产负债表。在自然资源资产负债表中存在多个平衡关系。货币核算和实物核算分别满足"资产＝负债＋权益"的平衡关系。在实物核算中，各类自然资源均满足"资产＝原始所有权益＋使用权益"的平衡关系。负债补偿基金与负债金额相等，入库自然资源税费与自然资源公积已收部分相等，应收自然资源税费与待收使用公积相等。在自然资源资产负债表编制和使用过程中可以利用以上平衡关系和等式进行检验分析。需要注意的是，实物核算各类自然资源资产单位未必相同，在汇总计算时需要注意。

需要说明的是，因为原始资料土地分类并非最新分类，所以该表根据土地利用现状分类对初始核算时的土地分类进行重分类。根据资产负债表相应要求将自然资源税费和自然资源公积根据资产类型、使用权有偿出让金和相应税费进行了重分类。在正常业务处理时不用的自然资源税费和公积无须在账户余额中重分类，只需在编制报表时分析填列，此处为了方便阅读进行了重分类，见表 7.11。

表 7.11　　　　　　　　2017 年末自然资源资产负债表

资产	期末余额	年初余额	负债和权益	期末余额	年初余额
负债补偿基金	484		超量负债	64	
使用人承担	334		降等负债	220	
监管人承担	5		耗竭负债	200	
财政补助	145		负债合计	484	

资产	期末余额	年初余额	负债和权益	期末余额	年初余额
入库自然资源税费	171 224		待收使用公积		
使用权出让金	129 072		土地资源公积	18 199	18 199
税费	42 152		矿产资源公积	7 256	7 521
应收自然资源税费			水资源公积	6 940	6 934
前期应收	32 413	32 672	森林资源公积	18	18
下期应收			土地资源公积		
货币计量资产合计	204 121	32 672	土地出让公积	127 990	
土地资源	2 404 642	2 404 642	土地税收公积	27 956	
耕地资源			矿产资源公积		
园地资源			矿权出让公积	100	
林地资源	2 304 479	2 304 479	矿权占（使）用公积	964	
草地资源			资源税公积	7 256	
商服用地资源	2 297	2 297	水资源公积		
工矿仓储用地资源	8 032	8 032	水资源费	6 940	
住宅用地资源	12 306	12 306	森林资源公积	18	
公共用地资源	17 086	17 086	有偿使用公积合计	203 637	32 672
交通运输用地资源	7 428	7 428	土地使用权益		
水域及水利设施用地资源	49 535	49 535	林地	946 865	946 865
其他土地资源	3 479	3 479	商服用地	2 150	2 126
矿产资源			工矿仓储用地	7 804	7 784
能源矿产			住宅用地	11 845	11 811
煤	24 052	25 332	公共用地	13 981	13 922
金属矿产			交通运输用地	7 428	7 428
铁矿	16 246	16 246	水域及水利设施用地	15 774	15 774
锰矿	4 097	4 097	矿产使用权益		
铜矿	16 246	16 246	能源矿产		
铅矿	65 108	65 108	煤	23 931	25 211
锌矿	116 822	121 450	金属矿产		
镍矿	112 629	113 212	铁矿	5 579	5 579
锡矿	4 176	4 176	锰矿	971	971
银	380	380	铜矿	261 013	263 996

续表

资产	期末余额	年初余额	负债和权益	期末余额	年初余额
非金属矿产			铅矿	57 332	57 332
石棉	36 402	36 402	锌矿	90 975	95 603
水泥配料用页岩	330	330	镍矿	112 629	113 212
化肥用蛇纹岩	810	810	锡矿	4 176	4 176
矿盐	636 375	634 224	非金属矿产		
水资源			矿盐	624 159	622 008
地表水	28 285	27 159	水资源使用权益	1 060	1 068
地下水	5 854	5 854	工业用水	469	468
森林资源			农业用水	471	480
天然林	7 853	7 834	生活用水	106	106
人工林	2 240	2 221	生态用水	14	14
			森林使用权益		
			人工林	2 240	2 221
			土地原始权益		
			政府储备土地权益	914	914
			农用地原始权益	1 357 614	1 357 614
			建设用地原始权益	3 027	3 164
			未利用土地权益	37 240	37 240
			矿产原始权益		
			能源矿产原始权益	121	121
			金属矿产原始权益	58 078	58 078
			非金属矿产原始权益	49 758	49 758
			水资源原始权益		
			地表水原始权益	27 231	26 097
			地下水原始权益	5 848	5 848
			森林原始权益		
			天然林原始权益	7 853	7 834

　　资产负债表应该提供必要附注对报表内容进行说明，以便外部信息使用者更好地理解信息。附注信息根据核算内容不同而有所不同。针对本表简要列示，对负债补偿基金、应收自然资源税费、土地原始权益、矿产原始权益和水资源使用权益等项目的说明。负债补偿基金按照责任人进行反映，而负

债按照负债类型进行反映，应该附注说明不同责任人承担负债基金的负债类型。应收自然资源税费按照形成时间分设前期形成和下期形成，分别核算期末以前应收而未收的自然资源有偿使用金或相关税费以及前期已经出让使用权下期应收的有偿使用金和相关税费。日常核算中该账户按照使用金和相关税费分类，填列时对账户进行分析填列，两者之间的不一致应该进行比较说明。土地资源资产和使用权益均按照土地利用现状分类进行核算，但为了反映政府土地管理情况需要将土地原始权益按照《土地法》等法律分为政府储备、农用地、建设用地和未利用土地进行核算，《土地法》的土地类型和土地利用现状分类方法存在差异，不能一一对应，为方便信息使用，有必要在附注中对原始权益与土地利用分类之间的差异进行说明。矿产原始权益直接按照资源大类进行列示，该地矿产资源类型较少且大类之间物理单位相同，可以进行合并，当矿产资源类型较多时，需要根据情况进行合并，对合并情况应予以说明。水资源使用权益根据用水类型进行核算和报告，但水资源资产和水资源原始所有权益按照水源类型进行核算，两者存在差异，应对水资源使用权益按照水源类型进行附注说明。

7.3.3.3　自然资源权益变动表

结合资产负债表和具体账户记录分析填列自然资源权益变动表。权益变动表对应项目的期初存量和期末存量与资产负债表年初余额和期末余额分别相等。变动情况增加为正数，减少为负数。期初存量经过增减变动得到期末余额，即满足"期末存量＝期初存量＋变动量"的数量关系，可以按照以上勾稽关系验证和分析权益变动表。

权益变动表可以分为货币计量部分和实物计量部分，两部分可以分列两张表。但是在同一表中，有利于分析自然资源实物量增减变动带来的经济利益变化与自然资源所有权和使用权变化带来的自然资源公积变动。权益变动表的计量单位同见附录 D，该附录计量单位以资产负债表格式展示，但是涵盖权益变动表的所有项目。

根据表 7.12，当期新发现一处矿盐资源 6 000 千吨，原始所有权益存量增加 6 000 千吨，但随即设立使用权，致使矿盐原始所有存量不变。矿盐使用权益除新设使用权增加 6 000 千吨外，当期开发导致使用权益减少 3 849 千吨，因此，当期存量减少 1 151 千吨。

当期水资源因为自然降水等原因该地地表水增加 87 244 百万立方米计入相

表 7.12

2017 年自然资源权益变动表

	期初存量	新发现	自然增加	人工培育增加	存量重估增加	新设使用权	收回/行使权消失	累计上交公积	期末预计/恢复	开发利用减少	自然减少	违规使用减少	监管不力减少	存量重估减少	期末存量
待收使用公积															
土地资源公积	18 199				9 757	127 990		-15 5946	18 199						18 199
矿产资源公积	7 521				799			-8 320	7 256						7 256
水资源公积	6 934				-4	10		-6 940	6 940						6 940
森林资源公积	18							-18	18						18
土地资源公积															
土地出让公积								127 990							127 990
土地税收公积								27 956							27 956
矿产资源公积															
矿权出让公积								100							100
矿权占(使)用公积								964							964
资源税公积								7 256							7 256
水资源公积															
水资源费								6 940							6 940
森林资源公积								18							18
土地使用权益															
林地	946 865														946 865
商服用地	2 126					24									2 150
工矿仓储用地	7 784					20									7 804

续表

	期初存量	新发现	自然增加	人工培育增加	存量重估增加	新设使用权	收回/行使消失	累计上交公积	期末预计恢复	开发利用减少	自然减少	违规使用减少	监管不力减少	存量重估减少	期末存量
住宅用地	11 811					34									11 845
公共用地	13 922					59									13 981
交通运输用地	7 428														7 428
水域水利设施用地	15 774														15 774
矿产使用权益															
能源矿产															
煤	25 211									−980		−300			23 931
金属矿产															0
铁矿	5 579														5 579
锰矿	971														971
铜矿	263 996					10 000				−12 983					261 013
铝矿	57 332														57 332
锌矿	95 603									−4 628					90 975
镍矿	113 212									−583					112 629
锡矿	4 176														4 176
银	326														326
非金属矿产															
矿盐	622 008					6 000				−3 849					624 159
水资源使用权益															0

续表

	期初存量	新发现	自然增加	人工培育增加	存量重估增加	新设使用权	收回/行使消失	累计上交公积	期末预计/恢复	开发利用减少	自然减少	违规使用减少	监管不力减少	存量重估减少	期末存量
工业用水	468					1	-469		469						469
农业用水	480					-9	-471		471						471
生活用水	106						-106		106						106
生态用水	14						-14		14						14
森林使用权益															
人工林	2 221			80								-1			2 240
土地原始权益															
政府储备土地	914														914
农用地	1 357 614														1 357 614
建设用地	3 164					-137									3 027
未利用土地	37 240														37 240
矿产原始权益															
能源矿产	121														121
金属矿产	58 078				10 000	-10 000									58 078
非金属矿产	49 758	6 000				-6 000									49 758
水资源原始权益															
地表水	26 097		87 244			8			-1 054		-85 062	-2			27 231
地下水	5 848		6						-6						5 848
森林原始权益															
天然林	7 834		20										-1		7 853

应原始所有权益，因为自然流出和污染导致地表水分别减少 85 062 百万立方米和 2 百万立方米，当期取水许可减少 8 百万立方米，期末取水许可恢复减少 1 054 百万立方米，共计当期地表水原始所有权益增加 1 134 百万立方米。地下水原始权益因为自然资源增加 6 百万立方米，期末恢复使用权益减少 6 百万立方米，当期地下水原始权益不变。

当期人工林人工培育增加 80 万立方米，但当期按计划采伐 60 万立方米，超计划采伐 1 万立方米，造成当期人工林使用权益增加 19 万立方米。

当期铜矿储量重估增加 1 吨储量，计入原始所有权益；发放采矿权相应原始所有权益减少，当期原始所有权益不变。当期使用权益因新设使用权增加 10 000 吨，正常开发利用减少 12 983 吨，使用权益减少 2 983 吨。

当期土地出让 137 公顷，导致土地原始所有权益减少，使用权益增加。根据土地出让制度，土地出让金使待收土地资源公积增加 127 990 万元，当期土地增值税 9 757 万元。当期共实现土地公积 155 946 万元，除此之外还包括期初预计的城镇土地使用税。

当期期末根据预算和取水许可情况恢复相应的待收自然资源公积和水资源使用权益，水资源使用权益的增加会相应减少水资源原始所有权益。

7.4　自然资源资产负债表的应用

自然资源资产负债表通过对不同类型主体所持有的自然资源权益的核算和报告，能够清晰反映不同类型自然资源主体对应的权利和利益即自然资源权益；反映不同类型权利主体在权利使用过程中的责任和义务即自然资源负债；再加上对不同类型自然资源利用状态的反映，自然资源资产负债表全面地反映了不同主体自然资源的权利、责任和利益关系，全面实现了清理国家或地区的自然资源家底，明确不同主体责任，确定自然资源产权和评价自然资源收益的目的。自然资源资产负债表的应用主要通过报表数据的分析实现自然资源资产负债表清家底、明责任、确权利和评收益的目的。本节将对案例报表分析，展示自然资源资产负债表的具体应用。

7.4.1　自然资源权利的确定

自然资源权益核算展示了不同类型自然资源权益的分布，通过资产负债表对权益的反映能够反映不同产权主体对应的权益，反映不同主体自然资源的存量和未来可利用量。通过权益变动表可以分析当年正常开发使用量或自然资源变动量与自然资源存量关系能够反映自然资源开发与自然资源存量的关系，反映使用权益可持续利用时间和全部自然资源可利用年限。因此，自然资源权益核算通过资产负债表反映自然资源确权情况，为不同类型自然资源权利评价和自然资源可持续利用提供信息支持。

7.4.1.1 不同主体权利的结构分析

根据自然资源资产负债表可以分析不同主体自然资源权利的结构，能够确定不同主体占有的自然资源比例，为自然资源使用权出让、自然资源开发管理规划提供依据。具体见表7.13，该地2017年末国有土地资源已出让平均比例为41.8%，其中，商服用地出让比例最高，使用权益比例达到97.2%，未来只能通过调整土地利用规划、将集体土地转为国有土地或者收储土地来增加商服用地供给。该地矿产资源镍、锡等资源设置矿业权比例达到100%，煤接近100%，一旦这些资源开发利用完毕则该地区将无相关资源；而锰矿设置采矿权的仅有24%，银则未设置矿业权，说明这部分资源尚未开发利用。综合来看，该地区矿产资源的权利结构分布差异较大，部分资源开发程度较高，部分资源开发程度偏低。无论地表水还是地下水取水权比例均较低，而地下水资源取水权比例仅0.1%，说明该地区主要依赖地表水源，反映该地区水资源丰富，可用水资源量远高于实际用水量。森林资源中天然林资源未设置私有使用权，而人工林则100%为私有使用权，一方面说明天然林保护较好，另一方面说明人工林开发利用充分。

表7.13　　　　　　　　2017年期末自然资源权益结构　　　　　　单位:%

资源类型	使用权益比例	原始所有权益比例
土地资源	41.8	58.2
林地资源	93.6	58.9
商服用地资源	97.2	6.4
工矿仓储用地资源	96.3	2.8
住宅用地资源	81.8	3.7
公共用地资源	100	18.2
交通运输用地资源	31.8	0.0

资源类型	使用权益比例	原始所有权益比例
水域及水利用地资源	41.1	68.2
其他土地资源	0	100
矿产资源		
能源矿产		
煤	99.5	0.5
金属矿产		
铁矿	34.3	65.7
锰矿	23.7	76.3
铜矿	99.8	0.2
铅矿	88.1	11.9
锌矿	77.9	22.1
镍矿	100	0
锡矿	100	0
银		100
非金属矿产		
石棉	0	100
水泥配料用页岩	0	100
化肥用蛇纹岩	0	100
矿盐	98.1	1.9
水资源		
地表水	3.7	96.3
地下水	0.1	99.9
森林资源		
天然林	0	100
人工林	100	0

7.4.1.2 评价自然资源可持续利用

自然资源权益变动表反映自然资源增减变动情况，能够对自然资源正常开发利用和特殊原因导致的减少进行反映。通过比较自然资源正常开发和自然资源存量能够反映耗竭性资源的可利用年限。通过比较可再生资源的自然恢复能力和开发利用量，可以反映可再生资源开发利用可持续程度。

矿产资源为耗竭性资源可以分析其尚可利用年限。以铜矿、锌矿、镍矿为例，期末使用权益分别为 261 013 吨、90 975 吨、112 629 吨，相应矿产资源当期开发利用量分别为 12 983 吨、4 628 吨、583 吨，如果开发利用速度不变则分别尚能再开发 20 年、20 年、193 年，可开发利用年限较长；结合资产负债表考虑该地区资源总量则分别尚可利用 20 年、25 年、193 年。与当地相应矿产资源消耗量比较可以测算相应矿产资源可供给年限。

森林资源为可再生资源，能够分析其可利用程度。当年该地人工林蓄积量增加 80 万立方米，而每年采伐数量为 60 万立方米，以此计算可持续开发保障的倍数为 1.3，而期末人工林存量为 2 240 万立方米，是年采伐量的 37 倍，说明该地区森林资源尚有进一步开发空间，森林资源存量较好，增长较快。

水资源作为恒定资源，在可更新范围内的使用并不会带来资源量的减少。2017 年，该地区地表水资源原始所有权益自然增加量为 87 244 百万立方米，减少量为 85 062 百万立方米，净增加量为 2 182 百万立方米，相比年度取水许可量 1 054 百万立方米，地表水资源利用保障倍数为 2，说明水资源充足，尚有较大的水资源余量，可以支撑该地经济社会发展。

7.4.2　自然资源收益的评定

7.4.2.1　国有收益质量评价

自然资源归全民所有，即国家所有，必须设立使用权开发利用自然资源。除了存量自然资源的生态价值、社会价值归全民所有得以实现之外，未来的经济利益和已设使用权的经济利益是通过税费租金的形式实现的。通过比较当期自然资源有偿公积和当期使用权益，能够评价已设使用权的国家权益实现质量。

通过资产负债表可以计算国有自然资源单位收益，土地资源的单位国有效益 = 土地税收公积/平均土地使用权益 = 27 956/[（946 865 + 946 865）/2] = 0.03，即单位土地资源国有收益为 0.03 万元/公顷。水资源的单位国有收益 = 水资源公积/平均水资源使用权益 = 6 940/[（1 070 + 1 068）/2] = 6.49，即单位水资源国有收益为 6.49 万元/百万立方米。而森林资源的单位国有收益 = 森林资源公积/平均森林使用权益 = 18/[（2 240 + 2 221）/2] = 0.008，即单位森林资源国有收益为 0.008 万元/万立方米。结合权益变动表可以计算出，单位土地出让金 = 127 990/137 = 934（万元/公顷），即该地单位土地出让金为 934 万元/公顷。通过国有自然资源单位收益可以评价不同类型自然资源使用权给地方财政带来的收入，为地方财政和自然资源管理提供支撑。通过比较不同地区的国有自然资源单位收益能够横向评价地区的自然资源存量和自然资源开发利用水平，为国家宏观调控和自然资源治理提供基础。

7.4.2.2　自然资源开发利用绩效评价

自然资源权益变动表反映了自然资源权益的增减变动情况，清晰显示了各类自然资源正常开发利用和已设立使用权的自然资源存量，与经济社会发展统计数据相结合，可以对自然资源开发利用的绩效进行评价。将当期开发利用自然资源数据和地区国民经济增加值、地区就业人数统计数据结合，能够评价一单位自然资源带来的经济增加值和就业岗位；将新设自然资源使用权与地区资源相关行业固定资产投资数据相结合，能够评价该地区自然资源投资的活跃度和市场认可度。在不同地区、不同年限之间通过指标对比可以评价不同地区、不同年份自然资源开发利用绩效，为国家自然资源宏观治理提供依据。

假设案例地区，煤炭资源经济增加值为 4.9 亿元，就业 1 000 人；森林资源经济增加值为 23 405 万元，就业 300 人。与对应煤炭和森林资源开采和砍伐量进行比较，煤炭资源当年开采量 98 万吨，森林资源采伐量 60 万立方米，则利用单位资源经济增加值，煤炭为 500 元/吨，森林资源为 390 元/立方米。从就业来看，每生产 1 吨煤解决 1 个人的就业，每采伐蓄积量 1 万立方米解决 5 个人的就业。

7.4.3　自然资源责任的明确

权责对等是管理的基本原则。自然资源的权利与责任相对应，自然资源资产负债表中自然资源负债是对责任的集中反映，按照责任类型将负债分为超量负债、降等负债和耗竭负债进行报告。根据资金来源分类反映负债修复资金的来源，包括自然资源使用者、监管者和国家财政资金。

7.4.3.1　负债结构分析

超量负债反映土地、水和森林等非耗竭性资源超过计划或规划开发利用的情况，将造成未来可开发利用资源数量的减少，导致国家自然资源未来经济利益的减少，需要相关责任人来弥补。超量负债是一种管理负债，是违反相关管理规定、发展规划和计划造成的一种负债，该负债一方面可以通过修订计划或安排，使之合理化，消除负债；另一方面通过对自然资源的修复或培育进行弥补。在三类负债中，超量负债相对影响程度最小，损害程度较低，易于恢复。

降等负债反映土地、水等资源因为污染等原因造成自然资源等级下降到一定程度，无法发挥应有的经济、生态和社会价值；同时用来反映森林等可再生资源超过计划数量采伐，造成资源可再生能力下降，难以通过自然力量恢复至应有水平带来的损失。降等负债必须通过自然资源修复或者人工培育才能弥补，因而影响程度和实际损害较大，不易恢复。

耗竭负债反映耗竭性资源超过计划或者标准开发利用的情况，这会导致自然资源绝对量减少，直接导致现在和未来可利用资源量的减少，而且无法恢复。森林等可再生资源因为大规模超量开发，导致可更新能力丧失，无法维持种群，也作为耗竭负债。耗竭负债无法通过人工修复进行弥补，是无可挽回的损失。对某一个国家来说可以依赖进口，而对全体人类来说，则无能为力。

不同类型自然资源负债性质不同，补偿的方式也不同，因此，自然资源负债构成比例是除了总量之外衡量自然资源负债影响程度的重要指标。以本书案例为例，超量负债率 = 超量负债/负债总额 = 64/484 = 13%，降等负债率 = 降等负债/负债总额 = 220/484 = 45%，耗竭负债率 = 200/484 = 41%。换言之，该地区自然资源负债中，无法修复的比例占41%，45%的比例在人工干预下可以进行修复，只有13%的比例相对易于修复。该结构说明该地区自然资源负债影响程度较大，相同条件下，无法修复部分较高，需要加强自然资源管理，降低耗竭负债。

7.4.3.2　负债责任分析

自然资源负债因为违规开发利用或者监管不当而造成。无论从理论上还是实践上看，当自然资源使用者能够依法依规、合理合规开发利用自然资源时是不会产生负面影响，发生负债的。各级政府主管部门和工作人员能够尽心尽力，不违规违纪，依法监管自然资源使用者的行为，可以提前预警、减轻减少直至杜绝违法违规利用自然资源的行为。因此，除了不可控的自然原因等造成的自然资源负债之外，其他自然资源负债必然是因为使用者违规开发利用或监管者监管缺失造成的，当前，我国自然资源法律法规对部分造成自然资源负债的行为进行惩处，相应的罚款、罚金和没收的不当得利应该作为自然资源负债的补偿资金。虽然立法意图可能不在于恢复自然资源，偿还相应负债，但本质上是为了保护自然资源资产，因此，应该将这些资金作为使用者或者监管者对自然资源负债修复承担的责任，按照责任人计入负债补偿基金。

自然资源直接使用者和监管人承担的补偿基金不足以消除自然资源负债的负面影响时，政府作为自然资源所有者，作为一国权力机构，需要承担自然资源负债的补偿责任，由政府担负对自然资源负债的修复责任。因此，使用者和监管人承担不足的部分作为政府对负债基金的财政补助。在传统自然资源分类管理的情况下，自然资源法律法规以行政管理为主，对自然资源损失的处罚力度不够。随着自然资源开发利用技术和开发利用方式的发展，法律制度存在一定滞后性，新型的自然资源损失或负债难以由责任人进行修复和补偿，需要社会和政府承担。

自然资源负债补偿基金总额和自然资源负债总额相等，反映一国或一地自然资源补偿责任的大小，通过对自然资源负债补偿基金结构的分析，能够反映不同责任人的责任大小，查找造成责任的原因和环节，为优化自然资源管理提供依据。案例中，使用者补偿基金比率 = 334/484 = 69%，监管者补偿基金比率 = 5/484 = 1%，财政补助补偿基金比率 = 145/484 = 30%。使用者承担的补偿责任最大，监管者承担的补偿责任最小，但从理论上来讲，责任应该由相应的使用者或监管者承担，而非财政补助，所以 30% 的财政补助比例依然偏高，说明相应责任落实制度不到位，应该及时修订相关法律法规，强化责任落实，使相关责任人负担自然资源负债补偿责任，而非由财政负担。

7.4.3.3 负债发生比例分析

自然资源权益变动表反映了不同类型权益的增减变动关系，将使用权人违规使用造成的自然资源减少和因监管原因造成的自然资源减少分别反映，这两类自然资源减少与自然资源负债相对应。通过比较两者资源减少量与资源存量的关系可以计算负债发生的比例，分析不同主体责任落实的效果。

案例中，因自然资源使用者违规使用导致煤炭资源减少300万吨，对应期初煤炭资源使用权益25 211万吨，因此，该煤炭资源使用权人负债发生比例为1%，但是与当年计划开采资源比较，负债损失比例为31%（=300/980），相对来说负债发生比例较高，应该加强对该使用权人的日常监管，避免类似负债事项发生。

地表水资源污染责任主体虽然是企业，但是该资源属于原始权益，由主管部门负责监管，当期因质量下降导致水资源减少200万立方米；因监管不力造成火灾使森林资源蓄积量损失1万立方米。期初地表水原始权益2 608 300万立方米，森林资源原始权益7 834万立方米，相应的地表水资源负债发生比例为0.008%，而森林资源负债发生比例为0.013%，比例相对较低。但是与当期使用权益比较计算，负债损失比例分别是0.19%（=2/1 068）和0.045%（=1/2 221），说明虽然负债发生比例不高，但是负债相对于当期使用量来说比例增加很多，仍然要加强监督管理。

自然资源权益与自然资源管理紧密相连，是自然资源资产在权利和利益上的表现形式。并非所有的自然资源都进入经济领域，也并非所有的自然资源资产都要进行经济开发，进入市场交易，因此，需要采用货币和实物双重计量模式混合报表。通过编制自然资源资产负债表、自然资源资产变动表、自然资源负债变动表和自然资源权益变动表，充分反映自然资源存量和变动，反映自然资源权利、责任和利益。

在核算中，自然资源原始所有权益和使用权益以实物量核算，对应的自然资源资产也以实物量核算，保持实物量上的平衡关系。自然资源有偿使用公积和自然资源负债以货币量核算，对应的自然资源资产也是货币量核算，保持货币量上的平衡关系。两个平衡关系在自然资源资产负债表和变动表上同时反映，相互验证。权益变动表、资产变动表和负债变动表分别反映权益、资产和负债的变动情况，与资产负债表结合既能清晰反映实物量的增减变动，也能反映对应的货币量的变动，既能反映实物资产的增减变动，也能反映相应义务和利益的增减变动，建立权利、责任与义务之间、实物与货币之间的相互联系，为全面反映自然资源家底、清晰反映自然资源责任提供了坚实的基础，弥补了现有研究无法清晰反映权责关系的缺陷。

自然资源核算报告可以确定不同主体权益结构和可持续利用情况，评价国有收益质量和开发利用绩效，为可持续发展、财政管理、自然资源管理和有偿使用定价等提供信息和支撑；能分析负债结构、负债责任和负债发生比例；能够为责任追究、责任制度评价和自然资源审计提供方法和工具。这些信息在不核算自然资源权益的情况下是难以简洁、直观得到的，因此，自然资源权益核算能够为自然资源治理、自然国家权益实现、自然资源开发利用规划等提供增量信息，弥补现有核算理论和方法的不足，完善自然资源核算系统和自然资源资产负债表编制理论。

第8章 研究结论、不足与展望

　　理论分析和案例研究相结合初步验证了国有自然资源权益核算的理论和方法是合理有效的。根据中国自然资源产权体系和自然资源作用，将自然资源按照使用权设立和价值发挥的不同，设置原始所有权益、使用权益和有偿使用公积核算相应权益，分别以实物量和货币量进行计量，编制自然资源资产负债表、权益变动表等报表。借鉴会计理论和方法进行的自然资源权益核算，通过项目之间的平衡勾稽关系，可以验证数据之间的关系，保证核算结果的正确，不同类型项目之间进行比例、结构、比率分析能够提供自然资源资产质量、负债结构和权益绩效等方面的信息，这些增量信息能够在已有研究和探索实现清家底、明责任的同时，实现确权利、评收益，为自然资源治理提供抓手和工具。因为自然资源类型多样、开发利用方式各异、规制法律法规意图不一、自然资源数据来源不同，在研究过程中难以针对各类自然资源核算细节深入研究。本书通过分析自然资源产权制度、管理体系和不同自然资源的特征，提出自然资源权益核算的基本理论和方法，并以土地资源、矿产资源、水资源和森林资源为例论述了自然资源权益确认、计量和报告的问题，研究过程中难以照顾到诸多细节问题，这些问题有待在进一步研究和实践中加以解决。自然资源核算是一个全球问题，更是一个世界难题，自然资源资产负债表是中国首倡的自然资源核算方法和理论，权益核算是其重要部分，自然资源产权制度、有偿使用制度和财税制度都将影响自然资源权益的核算，如何协调相关制度，如何系统研究自然资源治理问题，需要进一步深入研究，这也是生态文明制度现代化面临的重要问题。

8.1 研究结论

8.1.1 自然资源所有权和使用权的对应利益不同，可根据主体和资源类型分别以货币和实物计量核算自然资源权益

中国实行生产资料公有制，具体有全民所有和集体所有两种实现形式。国有自然资源即全民所有自然资源，由于国家所有权的虚位性，自然资源所有权由国家最高行政机关国务院行使，国务院授权各级地方政府依法依规行使相应权力。改革开放以来，随着经济体制改革和市场经济的发展，中国建立了自然资源有偿使用制度，自然资源使用者可以依法申请、支付有偿使用金，获得自然资源使用权，从此在中国自然资源所有权和使用权两权分离，形成了自然资源所有者和使用者两类权利主体。

自然资源国家所有是宪法赋予的权利，根据是否单独设立使用权，中国的自然资源具有两种产权状态：未设立使用权和设立使用权。未设立使用权时，自然资源仅存在国家所有权，通过提供社会价值和生态价值增进社会整体利益。这种利益不进入经济领域，不会作为商品进行交易，不能够以货币进行计量，只能通过实物进行计量。一旦设立使用权，自然资源所有者可以通过有偿使用制度和税费政策获得有偿使用金和相关税费，实现所有者的经济利益；自然资源使用者则通过开发利用和经营，实现使用者经济利益。理论上，两者的经济利益均可以货币计量。自然资源开发利用带来的经济利益，受到市场供需关系、自然资源类型、开发利用和经营方式的影响，难以提前可靠地进行估计。一旦自然资源开发利用和用于经营获得经济利益，自然资源就会转化为商品，不再存在，不能以商品货币量计量自然资源，需要扣除相应成本和费用。当前，会计和统计核算中货币计量多数以市场价格为基础，是对过去成本的计量，而非对未来带来的利益进行的反映。使用者获取自然资源使用权的成本主要是有偿使用金和相关税费，以成本计量则与所有者的经济利益在数量上近似，不能提供增量信息，因而当前以实物进行计量，待条件成熟时以货币计量。综上，未设立使用权时，自然资源仅存在非经济利益的所有者权益，应该以实物计量，而设立使用权时，所有者的经济利益因

为有偿使用制度和税费政策，可以依法依规可靠地以货币计量；但使用者的经济利益难以可靠地以货币计量，当前只能以实物计量。

根据主体不同可以将自然资源权益分为所有权益和使用权益，根据权益内容可以将所有权益进一步分为原始所有权益和有偿使用公积。原始所有权益是未设立使用权的所有权益，以实物计量；有偿使用公积是设立使用权的所有者权益，包括有偿使用金和相关税费，以货币计量；使用权益即使用者获得的自然资源使用权，通过开发利用带来的利益，以实物计量。自然资源权益可以定义为：各类主体能够从拥有的自然资源权利中获得的利益。影响自然资源的事项是否确认自然资源权益，既要满足自然资源权益的概念，又要满足其确认条件：①相关事项能够对自然资源权益产生影响；②相关事项对自然资源权益的影响能够度量。度量标准包括实物量和货币量。

因为自然资源的特征和长期分类管理的体制，不同类型自然资源的有偿使用和税费的具体形式各异，开发利用方式不同。当前，自然资源使用权出让分为一般的招标、拍卖、挂牌公开出让和特殊的协议出让，不同资源的有偿出让金和税费形式不同。土地资源有偿使用以土地出让价款形式实现，税费包括土地增值税和城镇土地使用税。矿产资源有偿使用正由探矿权价款和使用费改革为矿业权出让收益和占用费，税费为资源费。水资源有偿使用以水资源费的形式实现，目前正在改革，统一为税收形式的水资源税。森林资源长期由国有林场和国有林区使用，有偿使用制度并不完善，目前相关税费几乎清零，各地试点主要通过对森林的租赁、承包价款实现。这些税费和使用金目前根据预算会计按年核算，自然资源有偿使用公积可以按照预算会计的方法和自然资源具体情况进行核算，按照有偿使用金和税费设置账户，分设待收使用公积和各类资源使用公积两类账户，待收使用公积核算当期已出让应收有偿使用金和税费，各类资源使用公积核算当期已收取有偿使用金和税费。

自然资源原始所有权益会因为新发现资源、自然生长、人工培育、存量重估和收回使用权而增加，会因为自然灾害、监管不力、存量重估而减少。自然资源使用权益可以因为依法申请而增加，因为开发利用、自然原因而减少。不同类型自然资源使用权益变动的表现形式不同。土地资源是非耗竭性不可再生资源，使用者进行经营和开发不减少土地资源的数量，可能影响土地资源质量，土地使用权益在规定年限内几乎不变。矿产资源作为耗竭性资源，使用权以采矿权形式存在，矿产资源的开采导致使用权益减少。水资源通过取水许可，在规定年限内按年许可取水水量规定，当年不得超额使用，许可取水量每年重新恢复。森林资源作为可再生资源，使用权益受到森林自然生长和经营利用的影响是不确定的。因此，需要根据不同类型自然资源的特点进行具体核算。矿产资源和森林资源的原始所有权益和使用权益均按照资源类型设置账户；土地资源使用权益参照土地利用现状分类设置账户，原始所有权益参照土地法设置账户；水资源原始所有权益按资源类型设置账户，而使用权益则按照用水类型设置账户。

8.1.2 自然资源权益核算能提供增量信息，在清家底、明责任的基础上，有助于确权利、评收益

现有自然资源资产负债表研究主要着眼于资产和负债的核算和反映，研究成果和实践能够实现清理家底、明确责任的主要目标，但较少关注自然资源权益。产权理论认为，产权关系是人与人的利益关系，通过明确界定产权能够实现帕累托最优。当前，中国自然资源确权登记和有偿使用制度正在改革完善，但自然资源开发利用利益的不确定性和巨大外部性，使自然资源产权和利益难以清晰界定。要发挥产权在自然资源优化配置中的作用，实现制度改革红利，需要系统、全面的自然资源权利和利益的信息。在自然资源资产负债表框架下进行权益核算能提高有效信息的数量和质量。在自然资源资产负债表"资产＝负债＋权益"的总量平衡基础上，自然资源权益通过实物和货币双重计量双重核算，实现了实物量上各类自然资源"资产＝原始所有权益＋使用权益"，货币量上各类自然资源"资产＝负债＋权益"的平衡。自然资源权益变动表则提供了各类自然资源"期末存量＝期初存量＋本期变动"的平衡，并且详细反映各种类型的自然资源增减变动。平衡关系的扩展有利于核算和反映过程中交叉验证，提高核算准确性，也提供了更多资产、负债和权益的结构和比例信息。

在实物量上，不同自然资源的原始所有权益和使用权益的比例关系能够反映自然资源社会价值、生态价值与经济价值供给的配比，能够衡量一个地区自然资源和生态环境的大致关系。自然资源正常开发利用量与使用权益、原始所有权益的比例关系，能够反映该地区自然资源经济效益可利用年限和自然资源开发利用程度。自然资源非正常的增减变动与使用权益和原始所有权益的比例关系，能够分别反映该地区自然资源使用者的开发管理水平和所

有者的监督管理水平。

在货币量上，负债与有偿使用公积的总比例关系能够反映自然资源所有者的总体权益质量；不同类型负债和不同自然资源有偿使用公积的比例关系能够反映不同类型自然资源的管理水平和权益实现质量。负债补偿基金的财政补助部分与有偿使用公积的关系反映国家责任与国家权益之间的关系。不同自然资源的出让公积和税费公积能够反映有偿出让和税费形式对所有者权益的贡献大小和质量。

不同的权益信息和其他信息结合能够评价自然资源开发绩效和自然资源收益水平。不同自然资源有偿使用公积与使用权益的比例关系，能够反映自然资源国有权益的经济绩效。自然资源有关行业的经济指标与开发利用数量和使用权益比较，能够反映自然资源行业的发展水平。综上，自然资源权益核算在现有研究基础上，能够实现清家底、明责任，还能提供增量信息，有助于自然资源产权确定和收益评价，为自然资源管理体制改革提供新的工具和方法。

8.2 研究不足

当前，自然资源信息散见于各类统计报告和资源公报中，自然资源内部管理数据多为保密数据，分散在不同的管理部门中。自然资源部仅土地资源相关的管理信息系统就接近 20 个，而其他自然资源的管理信息系统也不下10 个，由于数据的分散、割裂和权限等原因，使得当前自然资源核算系统难以清晰反映自然资源家底和责任，这也是中央提出探索编制自然资源资产负债表、政府向人大报告自然资源资产情况的原因。

但各类自然资源物理特征、开发利用方式和政策制度均有很大不同，本书在研究中借鉴会计理论和方法，抓住自然资源权益确认、计量和报告的主要问题，展开研究，在具体权益核算时存在各类细节问题，特别是核算理论与物理特征、管理现状之间的协调和适应并未深入论述。例如，某一地区的水资源是全球水资源循环的一部分，水资源的流动性决定了其在期末时点难以准确界定水资源的数量，长期以来，水文观测和水资源核算都是以期间累计数据为主，以年度为时间区间。如何将现有水资源量的观测和统计数据转换为资产负债表数据是一个难点问题，特别是河流水资源的转换问题。类似这种自然资源核算理论与自然资源物理特征和管理现状衔接的问题,限于研究设计,本书较少详细介绍,使得不同类型自然资源权益核算相关细节研究显得不够深入。

生态文明体制改革要求一件事情原则上由一个部门负责,改变了长期以来自然资源分类管理的局面,自然资源资产负债表的编制也应该是一个整体,以一张报表反映不同类型的自然资源。自然资源权益核算研究能够反映不同类型自然资源权益的核算,虽然单一自然资源权益核算的研究能够突出资源特征和细节问题,但难免对共性问题研究不足。当前学术界和实务界基于各种原因有意无意地回避自然资源权益核算研究,主要原因在于自然资源权益核算的复杂性,很难以一本著作将所有问题阐述清楚。当前,自然资源权益核算处于研究初期,探索研究其基本理论框架和理论问题是一个急迫的问题,正如中国企业会计准则的研究和制定是从基本准则开始。这一不足有待后续研究的补充。

8.3 研究展望

自然资源权益核算研究,既是用会计原理指导自然资源核算,提高自然资源管理和核算水平的过程,也是用自然资源管理实践检验会计学理论,提升会计理论的过程。这一过程需要将会计原理和自然资源管理实践相互融合,共同促进。自然资源权益核算作为自然资源资产负债表编制的一部分,面临同样的基础问题。当前,货币计量是自然资源核算的难点问题之一,本书主张原始所有权益以实物计量,但使用权益如何实现货币计量,涉及自然资源价值的评估问题,影响不同自然资源之间的横向比较,与自然资源有偿使用制度和收益分配息息相关,是自然资源核算特别是权益核算未来需要解决的重点问题之一。当前,货币计量的自然资源资产和权益基于现有预算会计的核算方法,并未考虑货币时间价值。随着政府财政体制和政府会计制度改革的深入,财政资金需要核算资金成本,需要研究如何选择货币计量自然资源资产和权益的计量属性。

不同自然资源特点和管理制度不同,如何在统一理论框架下兼顾不同自然资源的特点和管理要求是未来研究的要点之一。不同区域不同层级不同类型自然资源权益核算的具体实施仍有众多细节问题需要解决。例如,本书根据现有制度，在核算中土地资源和矿产资源使用权益反映的是某一土地使用权或采矿权在法定年限内对应的资源总量，而水资源使用权益反映的是某一取水权在法定年限内每年对应的资源量，这一结论针对资源特征和现行制度，但是如何构建统一理论框架仍需进一步研究。因此，需要在同一框架下，对自然资源核算细节进行深入研究。

中国提出探索编制自然资源资产负债表的同时，还提出了一系列生态文明领域的改革措施，与自然资源权益核算密切相关的自然资源资产产权制度、自然资源有偿使用制度等都稳步推进。自然资源权益核算理论研究和实践探索，应该与相关制度的改革相互协调、共同推进，研究探索包括权益核算在内的自然资源资产负债表与自然资源资产产权制度、有偿使用制度的衔接也是未来需要关注的重点问题。

自然资源资产负债表是中国首倡的自然资源核算方法和理论，权益核算是其重要部分，已有研究对该问题探索不够，本书从中国自然资源权益的现状出发，通过比较分析，利用会计理论探讨自然资源权益确认、计量和报告问题，建立了自然资源权益核算的基本理论框架，并以实地调研数据验证了理论成果的合理性和可行性。自然资源核算是一个全球问题，更是一个世界难题，中国自然资源资产负债表的理论研究和实践探索在不断推进，本书仅对自然资源权益核算进行了初步探索。随着中国国家治理现代化和生态文明建设的推进，具有中国特色、中国风格、中国气派的自然资源资产负债表研究必将不断前进、日益完善。

附录

附录 A　资产负债表和权益变动表样表

表1 　　　　　　　　　　　　　　自然资源资产负债表（样表）

资产	期末余额	期初余额	负债和权益	期末余额	期初余额
负债补偿基金			超量负债		
使用人承担资金			降等负债		
监管人承担资金			耗竭负债		
财政修复款			负债合计		
入库自然资源税费			土地资源公积		
使用出让金			土地出让公积		
税费			土地税收公积		
应收自然资源税费			矿产资源公积		
前期应收			矿权出让公积		
下期应收			矿权占（使）用公积		
货币计量资产合计			资源税公积		
土地资源资产			水资源公积		
耕地资产			水资源费		
园地资产			水资源税		
林地资产			森林资源公积		
草地资产			有偿使用公积合计		
商服用地资产			土地使用权益		
工矿仓储用地资产			农用地使用权益		
住宅用地资产			建设用地使用权益		
公共用地资产			公共用地使用权益		
特殊用地资产			矿业权权益		
交通运输用地资产			水资源使用权益		
水域及水利用地资产			森林使用权益		

续表

资产	期末余额	期初余额	负债和权益	期末余额	期初余额
其他土地资产			土地原始权益		
矿产资源资产			政府储备土地权益		
能源矿产资产			农用地原始权益		
煤炭资源资产			建设用地原始权益		
油气资源资产			未利用土地权益		
金属矿产资产			矿产原始权益		
非金属矿产资产			能源矿产原始权益		
水气矿产资产			金属矿产原始权益		
水资源资产			非金属矿产原始权益		
地表水资产			水气矿产原始权益		
地下水资产			水资源原始权益		
其他水资源资产			地表水原始权益		
森林资源资产			地下水原始权益		
天然林资产			森林原始权益		
人工林资产			天然林原始权益		
其他林资产			人工林原始权益		

表2   **自然资源权益变动表（样表）**

	期初存量	新发现	自然增加	人工培育增加	存量重估增加	新设使用权	收回行使	累计上交公积	期末预计恢复	开发利用减少	自然减少	违规使用减少	监管不力减少	存量重估减少	期末存量
土地资源公积															
土地出让公积															
土地税收公积															
矿产资源公积															
矿权出让公积															
矿权占（使）用公积															
资源税公积															
水资源公积															
水资源费															

续表

	期初存量	新发现	自然增加	人工培育增加	存量重估增加	新设使用权	收回/行使	累计上交公积	期末预计恢复	开发利用减少	自然减少	违规使用减少	监管不力减少	存量重估减少	期末存量
水资源税															
森林资源公积															
有偿使用公积合计															
土地使用权益															
农用地使用权益															
建设用地使用权益															
公共用地使用权益															
矿业权权益															
水资源使用权益															
森林使用权益															
土地原始权益															
政府储备土地权益															
农用地原始权益															
建设用地原始权益															
未利用土地权益															
矿产原始权益															
能源矿产原始权益															
金属矿产原始权益															
非金属矿产原始权益															
水气矿产原始权益															
水资源原始权益															
地表水原始权益															
地下水原始权益															
森林原始权益															
天然林原始权益															
人工林原始权益															

附录 B　自然资源权益核算分录

B.1　自然资源权益的初始核算

B.1.1　土地资源初始核算

分录（1）：

借：土地资源资产——林地	2 304 479
——商服用地	2 297
——工矿仓储用地	8 032
——住宅用地	12 306
——公共用地	17 086
——交通运输用地	7 428
——水域及水利设施用地	49 535
——其他土地资源	3 479
贷：土地原始所有权益——农用地	1 357 614
——建设用地	3 164
——政府储备土地	914
——未利用土地	37 240
土地使用权益——林地	946 865
——商服用地	2 126
——工矿仓储用地	7 784
——住宅用地	11 811
——公共用地	13 922
——交通运输用地	7 428
——水域及水利设施用地	15 774

B.1.2　矿产资源初始核算

分录（2）：

借：矿产资源资产——能源矿产——煤	25 332

```
                    ——金属矿产——铁矿          16 246

                        ——锰矿          4 097

                        ——铜矿          274 604

                        ——铅矿          65 108

                        ——锌矿          121 450

                        ——镍矿          113 212

                        ——锡矿          4 176

                        ——银            380

                ——非金属矿产——石棉         36 402

                    ——水泥配料用页岩      330

                    ——化肥用蛇纹岩        810

                    ——矿盐             634 224

   贷：矿产原始所有权益——能源矿产——煤          121

                ——金属矿产——铁矿           10 667

                    ——锰矿          3 126

                    ——铜矿          10 608

                    ——铅矿          7 776

                    ——锌矿          25 847

                    ——银            54

                ——非金属矿产——石棉         36 402

                    ——水泥配料用页岩 330

                    ——化肥用蛇纹岩   810

                        ——矿盐       12 216

   矿产使用权益——能源矿产——煤            25 211

            ——金属矿产——铁矿             5 579

                ——锰矿          971

                ——铜矿          263 996

                ——铅矿          57 332

                ——锌矿          95 603

                ——镍矿          113 212

                ——锡矿          4 176

                ——银            326
```

　　　　　——非金属矿产——矿盐　　　　　　622 008

B.1.3　水资源初始核算

分录（3）：

借：水资源资产——地表水资产　　　　　　　27 159

　　　　　——地下水资产　　　　　　　　　5 854

　　贷：水资源原始所有权益——地表水　　　26 097

　　　　　　　　　　——地下水　　　　　　5 848

　　水资源使用权益——生活用水　　　　　　106

　　　　　——工业用水　　　　　　　　　　468

　　　　　——农业用水　　　　　　　　　　480

　　　　　——生态用水　　　　　　　　　　14

B.1.4　森林资源初始核算

分录（4）：

借：森林资源资产——天然林　　　　　　　　7 834

　　　　　——人工林　　　　　　　　　　　2 221

　　贷：森林原始所有权益——天然林　　　　　7 834

　　森林使用权益——人工林　　　　　　　　2 221

B.1.5　有偿使用公积初始核算

分录（5）：

借：应收自然资源税费——应收出让金　　　　18

　　　　　——应收税费　　　　　　　　　　32 654

　　贷：待收使用公积——土地税费——城镇土地使用税　18 199

　　　　　——矿业税费　　　　　　　　　　7 521

　　　　　——水资源税费　　　　　　　　　6 934

　　　　　——林业租费　　　　　　　　　　18

B.2　自然资源权益的日常核算

B.2.1　土地资源日常核算

记录出让土地使用权造成的土地原始所有权益和使用权益的变动，具体如分录（6）所示。

分录（6）：

借：土地原始所有权益——建设用地　　　　　　137.05944
　　贷：土地使用权益——零售商业用地　　　　　　0.9894
　　　　　　　　　　——批发商业用地　　　　　　0.3845
　　　　　　　　　　——住宿餐饮用地　　　　　　8.8974
　　　　　　　　　　——其他商服用地　　　　　13.2743
　　　　　　　　　　——工业用地　　　　　　　13.2872
　　　　　　　　　　——仓储用地　　　　　　　6.9515
　　　　　　　　　　——城镇住宅用地　　　　34.23564
　　　　　　　　　　——公共设施用地　　　　10.4647
　　　　　　　　　　——公园与绿地　　　　　43.4337
　　　　　　　　　　——科教用地　　　　　　4.7275
　　　　　　　　　　——新闻出版用地　　　　0.4136

同时记录出让土地使用权新增的土地有偿使用公积和相应自然资源资产，具体如分录（7）所示。

分录（7）：

借：应收自然资源税费——应收出让金　　　　127 990
　　贷：待收使用公积——待收土地税费　　　　127 990

3 个月后，收到土地出让金，分别在资产和权益内部进行核算，具体如分录（8）和分录（9）所示。

分录（8）：

借：待收使用公积——土地税费　　　　　　　127 990
　　贷：土地资源公积——土地出让公积　　　　127 990

分录（9）：

借：入库自然资源税费——应收出让金　　　　127 990
　　贷：应收自然资源税费——应收出让金　　　127 990

同时根据城镇土地使用税、土地增值税的申报和缴纳情况进行处理，城镇土地使用税申报和缴纳金额与预算一致，无须调整。假设当期土地增值税申报应纳税金额为 9 757 万元，则确认自然资源资产和权益，具体如分录（10）所示。

分录（10）：

借：应收自然资源税费——应收税费　　　　　　9 757
　　贷：待收使用公积——土地税费　　　　　　　9 757

收到相应税金时，分别在资产和权益类科目里进行处理。

分录（11）：

借：待收使用公积——土地税费　　　　　　　　　　27 956

　　贷：土地资源公积——土地增值公积　　　　　　　　　9 757

　　　　　　　　——城镇土地使用公积　　　　　　　　18 199

分录（12）：

借：入库自然资源税费——土地增值税　　　　　　　9 757

　　　　　　——城镇土地使用税　　　　　　　　18 199

　　贷：应收自然资源税费——应收税费——土地增值税　　9 757

　　　　　　　　　　　——城镇土地使用税

　　　　　　　　　　　　　　　　　　　　　　　18 199

B. 2. 2　矿产资源日常核算

根据新增矿产资源储量核算资产和权益。

分录（13）：

借：矿产资源资产——非金属矿产——矿盐　　　　　5 000

　　　　　　　——金属矿产——铜矿　　　　　10 000

　　贷：矿产原始所有权益——非金属矿产　　　　　　5 000

　　　　　　　　　　——金属矿产　　　　　　10 000

根据矿业权出让情况，核算使用权益。

分录（14）：

借：矿产原始所有权益——非金属矿产　　　　　　　5 000

　　　　　　　　——金属矿产——铜矿　　　　10 000

　　贷：矿产使用权益——非金属矿产——矿盐　　　　　5 000

　　　　　　　　——金属矿产　　　　　　　10 000

根据矿业管理情况，核销被破坏矿产资源，确认矿产资源负债。

分录（15）：

借：矿产使用权益——能源矿产——煤　　　　　　　　300

　　贷：矿产资源资产——能源矿产——煤　　　　　　　　300

分录（16）：

借：负债补偿基金——使用人承担资金　　　　　　　　150

　　　　　　——财政修复款　　　　　　　　　　50

　　贷：耗竭负债——能源矿产——煤　　　　　　　　　　200

当矿业权人申报资源税、矿业权占用费和确定采矿权出让收益时，同时计入资产权益。

分录（17）：

借：应收自然资源税费——应收税费   799

    贷：待收使用公积——待收矿业税费   799

当收到相应税费时，记入资产和权益科目。

分录（18）：

借：待收使用公积——矿业税费   8 320

    贷：矿产资源公积——资源税公积   7 256

        ——矿权出让公积   100

        ——矿权占（使）用公积   964

分录（19）：

借：入库自然资源税费——资源税   7 256

        ——采矿权出让收益   100

        ——矿业权占用费   964

    贷：应收自然资源税费——应收税费   8 320

根据当年矿产资源开采利用情况，核销相应自然资源资产和权益。

分录（20）：

借：矿产使用权益——能源矿产——煤   980

        ——金属矿产——铜矿   12 983

        ——锌矿   4 628

        ——镍矿   583

        ——非金属矿产——矿盐   3 849

    贷：矿产资源资产——能源矿产——煤   980

        ——金属矿产——铜矿   12 983

        ——锌矿   4 628

        ——镍矿   583

        ——非金属矿产——矿盐   3 849

B. 2. 3　水资源日常核算

根据表 6.11 可知，当年该地因降水和流入等自然补给增加水资源 87 250 百万立方米，分别增加水资源资产和水资源原始所有权益。

分录（21）：

借：水资源资产——地表水　　　　　　　　　　87 244

　　　　　　　——地下水　　　　　　　　　　　6

　　贷：水资源原始所有权益——地表水　　　　87 244

　　　　　　　　　——地下水　　　　　　　　　6

当年该地因流入等自然原因减少水资源 85 062 百万立方米，分别减少水资源资产和水资源原始所有权益。

分录（22）：

借：水资源原始所有权益——地表水　　　　　85 062

　　贷：水资源资产——地表水　　　　　　　　　　85 062

当年新增工业用水单位 28 户，新增取水许可量 100 万立方米，农业用水核减取水许可量 900 万立方米，应分别计入水资源原始所有权益和水资源使用权益，对比表 6.11 和表 6.5 可知，用水许可量均对应地表水。

分录（23）：

借：水资源使用权益——农业用水　　　　　　　　9

　　贷：水资源原始所有权益——地表水　　　　　　8

　　　　水资源使用权益——工业用水　　　　　　　1

当年水资源费申报缴纳农业用水比预算少 4 万元，工业用水比预算多 10 万元，调整相应水资源有偿使用公积和自然资源资产。

分录（24）：

借：应收自然资源税费——应收税费　　　　　　　6

　　待收使用公积——水资源税费——农业用水　　　4

　　贷：待收使用公积——水资源税费——工业用水　　10

当年实际收缴水资源费 6 940 万元时，资产类账户由应收自然资源税费转入入库自然资源税费，权益类账户由待收使用公积转入水资源公积。

分录（25）：

借：待收使用公积——水资源税费　　　　　　6 940

　　贷：水资源公积——水资源费公积　　　　　　6 940

分录（26）：

借：入库自然资源税费——水资源费　　　　　6 940

　　贷：应收自然资源税费——应收税费　　　　　6 940

当年水库水资源受到污染，所污染水资源无法利用，减少可用水资源，该地水库水面使用权和水库水资源使用权均为农业企业所有，直接影响使用权人的权益。

分录（27）：

借：水资源使用权益——农业用水　　　　　　　　　　2

贷：水资源资产——地表水　　　　　　　　　　　　2

水库受到污染带来的损失和治理成本共 220 万元，除了污染企业处罚 160 万元冲抵之外，其余部分由国家承担。一方面增加降等负债（水资源），另一方面根据资金来源确定负债补偿基金。

分录（28）：

借：负债补偿基金——使用人承担资金　　　　　　　160

　　　　　　　　——财政修复款　　　　　　　　　60

贷：降等负债——水资源　　　　　　　　　　　　220

当年根据用水许可和水资源费缴纳情况确定用水情况，结合表 6.11，分别减计相应水资源资产和水资源使用权益。

分录（29）：

借：水资源使用权益——生活用水　　　　　　　　　106

　　　　　　　　——工业用水　　　　　　　　　　469

　　　　　　　　——农业用水　　　　　　　　　　471

　　　　　　　　——生态用水　　　　　　　　　　14

贷：水资源资产——地表水　　　　　　　　　1 054

　　　　　　　——地下水　　　　　　　　　　　6

B.2.4　森林资源日常核算

根据森林资源监测数据，确认森林资源增加量。

分录（30）：

借：森林资源资产——天然林　　　　　　　　　　　20

　　　　　　　　——人工林　　　　　　　　　　　80

贷：森林资源原始所有权益——天然林　　　　　　20

森林资源使用权益——人工林　　　　　　　　　80

在收到森林资源有偿使用租金时，确认相关资产和权益。

分录（31）：

借：待收使用公积——林业租费　　　　　　　　　　18

贷：森林资源公积——森林有偿使用公积　　　　　18

分录（32）：

借：入库自然资源税费——应收出让金　　　　　　　　18

　　　贷：应收自然资源税费——应收出让金　　　　　　　　18

根据森林火灾情况，确认森林资源负债，减少相应权益和资产。

分录（33）：

借：森林资源原始所有权益——天然林　　　　　　　　1

　　　贷：森林资源资产——天然林　　　　　　　　　　　1

分录（34）：

借：负债补偿基金——监管人承担资金　　　　　　　　5

　　　　　　　　——财政修复款　　　　　　　　　35

　　　贷：超量负债——森林资源　　　　　　　　　　　　40

根据超计划采伐森林确认森林资源负债，减少相应权益和资产。

分录（35）：

借：森林资源使用权益——人工林　　　　　　　　　　1

　　　贷：森林资源资产——人工林　　　　　　　　　　　1

分录（36）：

借：负债补偿基金——使用人承担资金　　　　　　　　24

　　　贷：超量负债——森林资源　　　　　　　　　　　　24

根据森林资源正常开发利用，确认资源资产和权益的减少情况。

分录（37）：

借：森林资源使用权益——人工林　　　　　　　　　　60

　　　贷：森林资源资产——人工林　　　　　　　　　　　60

B.2.5　期末预计和恢复

根据自然资源出让情况和财政预算，预计下期待收使用公积和应收自然资源税费。

分录（38）：

借：应收自然资源税费——应收出让金　　　　　　　　18

　　　　　　　　——应收税费　　　　　　　32 395

　　　贷：待收使用公积——土地税费——城镇土地使用税　18 199

　　　　　　　　——矿业税费　　　　　　　7 256

　　　　　　　　——水资源税费　　　　　　6 940

　　　　　　　　——林业租费　　　　　　　　18

根据取水许可证申请情况，期末恢复下期水资源使用权。

分录（39）：

借：水资源原始所有权益——地表水资产　　　　　1 054

　　　　　　　　　　　　——地下水资产　　　　　　6

　　贷：水资源使用权益——生活用水　　　　　　106

　　　　　　　　　　　——工业用水　　　　　　469

　　　　　　　　　　　——农业用水　　　　　　471

　　　　　　　　　　　——生态用水　　　　　　14

附录 C 账户发生额表

表 1 2018 年期初初始核算发生额

序号	一级账户	二级账户	三级账户	方向	发生额	图示号
1	应收自然资源税费	应收出让金		借	18	图 7.5
2	应收自然资源税费	应收税费		借	32 654	图 7.5
3	土地资源资产	工矿仓储用地		借	8 032	图 7.1
4	土地资源资产	公共用地		借	17 086	图 7.1
5	土地资源资产	交通运输用地		借	7 428	图 7.1
6	土地资源资产	林地		借	2 304 479	图 7.1
7	土地资源资产	其他土地资源		借	3 479	图 7.1
8	土地资源资产	商服用地		借	2 297	图 7.1
9	土地资源资产	水域及水利设施用地		借	49 535	图 7.1
10	土地资源资产	住宅用地		借	12 306	图 7.1
11	矿产资源资产	非金属矿产	石棉	借	36 402	图 7.2
12	矿产资源资产	非金属矿产	水泥配料用页岩	借	330	图 7.2
13	矿产资源资产	非金属矿产	化肥用蛇纹岩	借	810	图 7.2
14	矿产资源资产	非金属矿产	矿盐	借	634 224	图 7.2
15	矿产资源资产	金属矿产	铁矿	借	16 246	图 7.2
16	矿产资源资产	金属矿产	锰矿	借	4 097	图 7.2
17	矿产资源资产	金属矿产	铜矿	借	274 604	图 7.2
18	矿产资源资产	金属矿产	铅矿	借	65 108	图 7.2
19	矿产资源资产	金属矿产	锌矿	借	121 450	图 7.2
20	矿产资源资产	金属矿产	镍矿	借	113 212	图 7.2
21	矿产资源资产	金属矿产	锡矿	借	4 176	图 7.2
22	矿产资源资产	金属矿产	银	借	380	图 7.2
23	矿产资源资产	能源矿产	煤	借	25 332	图 7.2
24	水资源资产	地表水资产		借	27 159	图 7.3
25	水资源资产	地下水资产		借	5 854	图 7.3

序号	一级账户	二级账户	三级账户	方向	发生额	图示号
26	森林资源资产	人工林		借	2 221	图7.4
27	森林资源资产	天然林		借	7 834	图7.4
28	待收使用公积	待收林业租费		贷	18	图7.5
29	待收使用公积	待收水税费		贷	6 934	图7.5
31	待收使用公积	待收土地税费	城镇土地使用税	贷	18 199	图7.5
32	待收使用公积	待收矿业税费	资源税	贷	7 521	图7.5
33	土地使用权益	工矿仓储用地		贷	7 784	图7.1
34	土地使用权益	公共用地		贷	13 922	图7.1
35	土地使用权益	交通运输用地		贷	7 428	图7.1
36	土地使用权益	林地		贷	946 865	图7.1
37	土地使用权益	商服用地		贷	2 126	图7.1
38	土地使用权益	水域及水利设施用地		贷	15 774	图7.1
39	土地使用权益	住宅用地		贷	11 811	图7.1
40	土地原始所有权益	政府储备土地		贷	914	图7.1
41	土地原始所有权益	建设用地		贷	3 164	图7.1
42	土地原始所有权益	农用地	林地	贷	1 357 614	图7.1
43	土地原始所有权益	未利用土地		贷	37 240	图7.1
44	矿产使用权益	非金属矿产	矿盐	贷	622 008	图7.2
45	矿产使用权益	金属矿产	铁矿	贷	5 579	图7.2
46	矿产使用权益	金属矿产	锰矿	贷	971	图7.2
47	矿产使用权益	金属矿产	铜矿	贷	263 996	图7.2
48	矿产使用权益	金属矿产	铅矿	贷	57 332	图7.2
49	矿产使用权益	金属矿产	锌矿	贷	95 603	图7.2
50	矿产使用权益	金属矿产	镍矿	贷	113 212	图7.2
51	矿产使用权益	金属矿产	锡矿	贷	4 176	图7.2
52	矿产使用权益	金属矿产	银	贷	326	图7.2
53	矿产使用权益	能源矿产	煤	贷	25 211	图7.2
54	矿产原始所有权益	非金属矿产	石棉	贷	36 402	图7.2
55	矿产原始所有权益	非金属矿产	化肥用蛇纹岩	贷	810	图7.2
56	矿产原始所有权益	金属矿产	铁矿	贷	10 667	图7.2
57	矿产原始所有权益	金属矿产	锰矿	贷	3 126	图7.2

序号	一级账户	二级账户	三级账户	方向	发生额	图示号
58	矿产原始所有权益	金属矿产	铜矿	贷	10 608	图7.2
59	矿产原始所有权益	金属矿产	铅矿	贷	7 776	图7.2
60	矿产原始所有权益	金属矿产	锌矿	贷	25 847	图7.2
61	矿产原始所有权益	金属矿产	银	贷	54	图7.2
62	矿产原始所有权益	能源矿产	煤	贷	121	图7.2
63	矿产原始所有权益	非金属矿产	水泥配料用页岩	贷	330	图7.2
64	矿产原始所有权益	非金属矿产	盐矿	贷	12 216	图7.2
65	水资源使用权益	工业用水		贷	468	图7.3
66	水资源使用权益	农业用水		贷	480	图7.3
67	水资源使用权益	生活用水		贷	106	图7.3
68	水资源使用权益	生态用水		贷	14	图7.3
69	水资源原始所有权益	地表水		贷	26 097	图7.3
70	水资源原始所有权益	地下水		贷	5 848	图7.3
71	森林使用权益	人工林		贷	2 221	图7.4
72	森林原始所有权益	天然林		贷	7 834	图7.4

表2　　　　　　　　2018 年自然资源核算发生额

序号	一级账户	二级账户	三级账户	方向	发生额	图示号
1	负债补偿基金	财政修复款		借	50	图7.7－6
2	负债补偿基金	财政修复款		借	60	图7.8－8
3	负债补偿基金	财政修复款		借	35	图7.9－6
4	负债补偿基金	监管人承担		借	5	图7.9－6
5	负债补偿基金	使用人承担		借	150	图7.7－6
6	负债补偿基金	使用人承担		借	160	图7.8－8
7	负债补偿基金	使用人承担		借	24	图7.9－8
8	入库自然资源税费	采矿权出让收益		借	100	图7.7－9
9	入库自然资源税费	城镇土地使用税		借	18 199	图7.6－7
10	入库自然资源税费	矿业权占用费		借	964	图7.7－9
11	入库自然资源税费	水资源费		借	6 940	图7.8－6
12	入库自然资源税费	土地增值税		借	9 757	图7.6－7
13	入库自然资源税费	应收出让金		借	18	图7.9－4

序号	一级账户	二级账户	三级账户	方向	发生额	图示号
14	入库自然资源税费	应收出让金		借	127 990	图7.6－4
15	入库自然资源税费	资源税		借	7 256	图7.7－9
16	应收自然资源税费	应收出让金		贷	18	图7.9－4
17	应收自然资源税费	应收出让金		借	18	图7.10
18	应收自然资源税费	应收出让金		借	127 990	图7.6－2
19	应收自然资源税费	应收出让金		贷	127 990	图7.6－4
20	应收自然资源税费	应收税费		借	9 757	图7.6－5
21	应收自然资源税费	应收税费	土地增值税	贷	9 757	图7.6－7
22	应收自然资源税费	应收税费	城镇土地使用税	贷	18 199	图7.6－7
23	应收自然资源税费	应收税费		借	1 329	图7.7－7
24	应收自然资源税费	应收税费		贷	8 320	图7.7－9
25	应收自然资源税费	应收税费		借	6	图7.8－4
26	应收自然资源税费	应收税费		贷	6 940	图7.8－6
27	应收自然资源税费	应收税费		借	32 395	图7.10
28	矿产资源资产	非金属矿产	矿盐	借	5 000	图7.7－1
29	矿产资源资产	非金属矿产	矿盐	贷	3 849	图7.7－10
30	矿产资源资产	金属矿产	铜矿	借	10 000	图7.7－3
31	矿产资源资产	金属矿产	铜矿	贷	12 983	图7.7－11
32	矿产资源资产	金属矿产	锌矿	贷	4 628	图7.7－11
33	矿产资源资产	金属矿产	镍矿	贷	583	图7.7－11
34	矿产资源资产	能源矿产	煤	贷	300	图7.7－5
35	矿产资源资产	能源矿产	煤	贷	980	图7.7－12
36	水资源资产	地表水		借	87 244	图7.8－1
37	水资源资产	地表水		贷	85 062	图7.8－2
38	水资源资产	地表水		贷	2	图7.8－7
39	水资源资产	地表水		贷	1 054	图7.8－9/10
40	水资源资产	地下水		借	6	图7.8－1
41	水资源资产	地下水		贷	6	图7.8－9/10
42	森林资源资产	人工林		借	80	图7.9－2
43	森林资源资产	人工林		贷	1	图7.9－9
44	森林资源资产	人工林		贷	60	图7.9－7

序号	一级账户	二级账户	三级账户	方向	发生额	图示号
45	森林资源资产	天然林		借	20	图7.9 - 1
46	森林资源资产	天然林		贷	1	图7.9 - 5
47	超量负债	森林资源		贷	40	图7.9 - 6
48	超量负债	森林资源		贷	24	图7.9 - 8
49	降等负债	水资源		贷	220	图7.8 - 8
50	耗竭负债	能源矿产	煤	贷	200	图7.7 - 6
51	待收使用公积	矿业税费		贷	799	图7.7 - 7
52	待收使用公积	矿业税费		借	8 320	图7.7 - 8
53	待收使用公积	矿业税费		贷	7 256	图7.10
54	待收使用公积	林业租费		借	18	图7.9 - 3
55	待收使用公积	林业租费		贷	18	图7.10
56	待收使用公积	水资源税费	工业用水	贷	10	图7.8 - 4
57	待收使用公积	水资源税费	农业用水	借	4	图7.8 - 4
58	待收使用公积	水资源税费		借	6 940	图7.8 - 5
59	待收使用公积	水资源税费		贷	6 940	图7.10
60	待收使用公积	土地税费		贷	9 757	图7.6 - 5
61	待收使用公积	土地税费		借	27 956	图7.6 - 6
62	待收使用公积	土地税费	城镇土地使用税	贷	18 199	图7.10
63	待收使用公积	土地税费		贷	127 990	图7.6 - 2
64	待收使用公积	土地税费		借	127 990	图7.6 - 3
65	土地资源公积	城镇土地使用公积		贷	5 191	图7.6 - 6
66	土地资源公积	耕地占用公积		贷	13 008	图7.6 - 6
67	土地资源公积	土地出让公积		贷	127 990	图7.6 - 3
68	土地资源公积	土地增值公积		贷	9 757	图7.6 - 6
69	矿产资源公积	矿权出让公积		贷	100	图7.7 - 8
70	矿产资源公积	矿权占（使）用公积		贷	964	图7.7 - 8
71	矿产资源公积	资源税公积		贷	7 256	图7.7 - 8
72	水资源公积	水资源费公积		贷	6 940	图7.8 - 5
73	森林资源公积	森林有偿使用公积		贷	18	图7.9 - 3
74	土地使用权益	仓储用地		贷	7	图7.6 - 1
75	土地使用权益	城镇住宅用地		贷	34	图7.6 - 1

序号	一级账户	二级账户	三级账户	方向	发生额	图示号
76	土地使用权益	工业用地		贷	13	图 7.6 - 1
77	土地使用权益	公共设施用地		贷	10	图 7.6 - 1
78	土地使用权益	公园与绿地		贷	43	图 7.6 - 1
79	土地使用权益	科教用地		贷	5	图 7.6 - 1
80	土地使用权益	零售商业用地		贷	1	图 7.6 - 1
81	土地使用权益	批发商业用地		贷	0	图 7.6 - 1
82	土地使用权益	其他商服用地		贷	13	图 7.6 - 1
83	土地使用权益	新闻出版用地		贷	0	图 7.6 - 1
84	土地使用权益	住宿餐饮用地		贷	9	图 7.6 - 1
85	矿产使用权益	非金属矿产	矿盐	贷	5 000	图 7.7 - 2
86	矿产使用权益	非金属矿产	矿盐	借	3 849	图 7.7 - 10
87	矿产使用权益	金属矿产	铜矿	贷	10 000	图 7.7 - 4
88	矿产使用权益	金属矿产	铜矿	借	12 983	图 7.7 - 11
89	矿产使用权益	金属矿产	锌矿	借	4 628	图 7.7 - 11
90	矿产使用权益	金属矿产	镍矿	借	583	图 7.7 - 11
91	矿产使用权益	能源矿产	煤	借	300	图 7.7 - 5
92	矿产使用权益	能源矿产	煤	借	980	图 7.7 - 12
93	水资源使用权益	工业用水		贷	1	图 7.8 - 3
94	水资源使用权益	工业用水		借	469	图 7.8 - 9/10
95	水资源使用权益	工业用水		贷	469	图 7.11
96	水资源使用权益	农业用水		借	9	图 7.8 - 3
97	水资源使用权益	农业用水		借	471	图 7.8 - 10
98	水资源使用权益	农业用水		贷	471	图 7.11
99	水资源使用权益	生活用水		借	106	图 7.8 - 9/10
100	水资源使用权益	生活用水		贷	106	图 7.11
101	水资源使用权益	生态用水		借	14	图 7.8 - 9/10
102	水资源使用权益	生态用水		贷	14	图 7.11
103	森林使用权益	人工林		贷	80	图 7.9 - 2
104	森林使用权益	人工林		借	1	图 7.9 - 9
105	森林使用权益	人工林		借	60	图 7.9 - 7
106	土地原始所有权益	建设用地		借	137	图 7.6 - 1

序号	一级账户	二级账户	三级账户	方向	发生额	图示号
107	矿产原始所有权益	非金属矿产	矿盐	贷	5 000	图 7.7 - 1
108	矿产原始所有权益	非金属矿产	矿盐	借	5 000	图 7.7 - 2
109	矿产原始所有权益	金属矿产	铜矿	贷	10 000	图 7.7 - 3
110	矿产原始所有权益	金属矿产	铜矿	借	10 000	图 7.7 - 4
111	水资源原始所有权益	地表水		贷	87 244	图 7.8 - 1
112	水资源原始所有权益	地表水		借	85 062	图 7.8 - 2
113	水资源原始所有权益	地表水		贷	8	图 7.8 - 3
114	水资源原始所有权益	地表水		借	2	图 7.8 - 7
115	水资源原始所有权益	地表水		借	1 054	图 7.11
116	水资源原始所有权益	地下水		贷	6	图 7.8 - 1
117	水资源原始所有权益	地下水		借	6	图 7.11
118	森林原始所有权益	天然林		贷	20	图 7.9 - 1
119	森林原始所有权益	天然林		借	1	图 7.9 - 5

附录 D 案例报表中的计量单位

表 1 案例报表中的计量单位

资产	计量单位	负债和权益	计量单位
负债补偿基金	万元	超量负债	万元
使用人承担	万元	降等负债	万元
监管人承担	万元	耗竭负债	万元
财政补助	万元	负债合计	万元
入库自然资源税费	万元	待收使用公积	万元
使用权出让金	万元	土地资源公积	万元
税费	万元	矿产资源公积	万元
应收自然资源税费	万元	水资源公积	万元
前期应收	万元	森林资源公积	万元
下期应收	万元	土地资源公积	万元
货币计量资产合计		土地出让公积	万元
土地资源		土地税收公积	万元
耕地资源	公顷	矿产资源公积	万元
园地资源	公顷	矿权出让公积	万元
林地资源	公顷	矿权占（使）用公积	万元
草地资源	公顷	资源税公积	万元
商服用地资源	公顷	水资源公积	万元
工矿仓储用地资源	公顷	水资源费	万元
住宅用地资源	公顷	森林资源公积	万元
公共用地资源	公顷	有偿使用公积合计	
交通运输用地资源	公顷	土地使用权益	
水域及水利设施用地资源	公顷	林地	公顷
其他土地资源	公顷	商服用地	公顷
矿产资源		工矿仓储用地	公顷

续表

资产	计量单位	负债和权益	计量单位
能源矿产		住宅用地	公顷
煤	千吨	公共用地	公顷
金属矿产		交通运输用地	公顷
铁矿	矿石　千吨	水域及水利设施用地	公顷
锰矿	矿石　千吨	矿产使用权益	
铜矿	铜　金属吨	能源矿产	
铅矿	铅　金属吨	煤	千吨
锌矿	锌　金属吨	金属矿产	
镍矿	镍　金属吨	铁矿	矿石　千吨
锡矿	锡　金属吨	锰矿	矿石　千吨
银	银　吨	铜矿	铜　金属吨
非金属矿产		铅矿	铅　金属吨
石棉	石棉矿物　千吨	锌矿	锌　金属吨
水泥配料用页岩	千吨	镍矿	镍　金属吨
化肥用蛇纹岩	千吨	锡矿	锡　金属吨
矿盐	NaCl 千吨	非金属矿产	
水资源		矿盐	NaCl 千吨
地表水	百万立方米	水资源使用权益	
地下水	百万立方米	工业用水	百万立方米
森林资源		农业用水	百万立方米
天然林	万立方米	生活用水	百万立方米
人工林	万立方米	生态用水	百万立方米
		森林使用权益	
		人工林	万立方米
		土地原始权益	
		政府储备土地权益	公顷
		农用地原始权益	公顷
		建设用地原始权益	公顷
		未利用土地权益	公顷
		矿产原始权益	
		能源矿产原始权益	千吨

资产	计量单位	负债和权益	计量单位
		金属矿产原始权益	吨
		非金属矿产原始权益	千吨
		水资源原始权益	
		地表水原始权益	百万立方米
		地下水原始权益	百万立方米
		森林原始权益	
		天然林原始权益	万立方米

参 考 文 献

［1］阿尔弗雷德·马歇尔. 经济学原理［M］. 志英译. 北京：中华工商联合出版社，2017.

［2］阿兰·鲁福斯·华特斯. 经济增长与产权制度［A］. 詹姆斯·A. 道，史迪夫·H. 汉科，阿兰·A. 瓦尔特斯. 发展经济学的革命［C］. 黄祖辉，将文华译. 上海三联书店，2000：128-129.

［3］阿曼·A. 阿尔钦. 产权：一个经典解释［A］. 罗纳德·H. 科斯等. 财产权利与制度变迁［M］. 上海：上海人民出版社，2014：121.

［4］阿瑟·刘易斯. 经济增长理论［M］. 郭金兴译. 北京：机械工业出版社，2015：7-8.

［5］埃莉诺·奥斯特罗姆. 公共事物的治理之道：集体行动制度的演进［M］. 余逊达，陈旭东译. 上海：上海三联书店，2000：10.

［6］埃里克·弗鲁博顿，鲁道夫·芮切特. 新制度经济学一个交易费用分析范式［M］. 姜建强，罗长远译. 上海：上海三联书店，2006：106.

［7］巴泽尔. 产权的经济分析［M］. 费方域，钱敏，段毅才译. 上海：上海三联书店，2017：2，55，138.

［8］保罗·萨缪尔森，威廉·诺德豪斯. 经济学［M］. 萧琛译. 北京：商务印书馆，2013.

［9］波斯纳. 法律的经济分析［M］. 北京：中国大百科全书出版社，1997：20.

［10］操建华，孙若梅. 自然资源资产负债表的编制框架研究［J］. 生态经济（中文版），2015，31（10）：25-28.

［11］曹俊文. 环境与经济综合核算方法研究［M］. 北京：经济管理出版社，2004.

［12］曹茂莲，张莉莉，查浩. 国内外实施绿色GDP核算的经验及启示

[J]. 环境保护. 2014, 42 (4): 63 –65.

[13] 曹玉海. 中国会计史话（十一）[J]. 农村财务会计, 2001 (11): 49 –51.

[14] 曹越, 谭光荣, 曹燕萍. 中国税制 [M]. 北京: 中国人民大学出版社, 2015.

[15] 查理德·豪伊. 边际效用学派的兴起 [M]. 晏智杰译. 北京: 中国社会科学出版社, 1999: 54.

[16] 车江洪. 论自然资源的价值 [J]. 生态经济, 1993 (4): 30 –34.

[17] 陈波, 杨世忠. 会计理论和制度在自然资源管理中的系统应用——澳大利亚水会计准则研究及其对我国的启示 [J]. 会计研究, 2015 (2): 13 –19 +93.

[18] 陈红, 祖笠, 黄艳玲, 等. 我国政府环境负债信息披露研究 [J]. 财会月刊, 2017 (16): 3 –9.

[19] 陈洁, 龚光明. 我国矿产资源权益分配制度研究 [J]. 理论探讨, 2010 (5): 87 –90.

[20] 陈丽萍. 自然资源国家所有权不宜在《物权法》中进行实质性规范 [J]. 中国不动产, 2018 (3): 20 –22.

[21] 陈少英, 赵菁. 水资源税改革的法学思考——以租、税、费的辨析为视角 [J]. 晋阳学刊, 2018 (6): 113 –120.

[22] 陈艳利, 弓锐, 赵红云. 自然资源资产负债表编制: 理论基础、关键概念、框架设计 [J]. 会计研究, 2015 (9): 18 –26.

[23] 陈燕丽, 王普查. 我国自然资源资产负债表构建与运用研究——以政府官员离任审计为视角 [J]. 财经问题研究, 2017 (2): 80 –87.

[24] 陈毓圭. 环境会计和报告的第一份国际指南——联合国国际会计和报告标准政府间专家工作组第 15 次会议记述 [J]. 会计研究, 1998 (5): 2 –9.

[25] 陈毓圭. 造就国际水准的职业会计师——关于联合国国际会计和报告标准政府间专家工作组第 16 次会议的报告 [J]. 会计研究, 1999 (4): 61 –63.

[26] 陈玥, 杨艳昭, 闫慧敏, 等. 自然资源核算进展及其对自然资源资产负债表编制的启示 [J]. 资源科学, 2015, 37 (9): 1716 –1724.

［27］陈征. 有关社会主义城市绝对地租的几个问题［J］. 福建师范大学学报（哲学社会科学版），1993（1）：12 – 20.

［28］成金华，汪小英. 工业化与矿产资源消耗：国际经验与中国政策调整［J］. 中国地质大学学报（社会科学版），2011，11（2）：23 – 27.

［29］成金华，吴巧生. 中国自然资源经济学研究综述［J］. 中国地质大学学报（社会科学版），2004，4（3）：47 – 55.

［30］程雪阳. 国有自然资源资产产权行使机制的完善［J］. 法学研究，2018，40（6）：147 – 162.

［31］崔彬，牛建英，李超峰. 现代矿产资源经济学［M］. 北京：中国人民大学出版社，2015.

［32］崔建远. 自然资源国家所有权的定位及完善［J］. 法学研究，2013，35（4）：66 – 68.

［33］大卫·李嘉图. 经济学及赋税之原理［M］. 郭大力，王亚南译. 上海：上海三联书店，2014：107 – 109.

［34］大卫·皮尔斯. 绿色经济的蓝图（4）：获得全球环境价值［M］. 徐少辉，冉圣宏译. 北京：北京师范大学出版社，1997.

［35］道格拉斯·诺思. 经济史中的结构与变迁［M］. 陈郁，罗华平译. 上海：上海人民出版社，2014：80 – 98.

［36］道格拉斯·诺思. 制度、制度变迁与经济绩效［M］. 杭行译. 上海：上海人民出版社，2014：45.

［37］德姆塞茨. 所有权、控制与企业：论经济活动的组织［M］. 段毅才等译. 北京：经济科学出版社，1999.

［38］德姆塞茨. 一个研究所有制的框架［A］. 科斯. 财产权利与制度变迁［C］. 刘守英译. 上海三联书店，1991：189.

［39］邓于基. 税种结构研究［M］. 北京：中国税务出版社，2000.

［40］董大年. 现代汉语分类大词典［M］. 上海：上海辞书出版社，2007.

［41］董藩，丁宏，陶斐斐. 房地产经济学［M］. 北京：清华大学出版社，2012.

［42］董金明. 论自然资源产权的效率与公平——以自然资源国家所有权的运行为分析基础［J］. 经济纵横，2013（4）：7 – 13.

［43］杜群，康京涛. 自然资源国家所有权行使主体改革的设想——设

立自然资源"国资委"的初步思考 [J]. 江西社会科学, 2016, 36 (6): 158 - 164.

[44] 杜文鹏, 闫慧敏, 杨艳昭. 自然资源资产负债表研究进展综述 [J]. 资源科学, 2018, 40 (5): 3 - 15.

[45] 恩格斯. 卡尔·马克思《政治经济学批判第一分册》 [A]. 马克思 恩格斯文集 (第二卷) [C]. 北京: 人民出版社, 2009: 604.

[46] 范振林. 矿产资源资产负债表编制技术与框架探讨 [J]. 国土资 源情报, 2017 (2): 32 - 38.

[47] 方丽娟, 耿闪清, 杨文林. 企业环境信息披露的国外研究综述 [J]. 会计之友 (中旬刊), 2007 (8): 9 - 10.

[48] 菲吕博腾, 平乔威齐. 产权与经济理论: 近期文献综述 [A]. 罗 纳德·H. 科斯等. 财产权利与制度变迁 [M]. 上海: 上海人民出版社, 2014: 148.

[49] 封志明, 杨艳昭, 陈玥. 国家资产负债表研究进展及其对自然资 源资产负债表编制的启示 [J]. 资源科学, 2015, 37 (9): 1685 - 1691.

[50] 封志明, 杨艳昭, 李鹏. 从自然资源核算到自然资源资产负债表 编制 [J]. 中国科学院院刊, 2014, 29 (4): 449 - 456.

[51] 封志明, 杨艳昭, 闫慧敏, 等. 自然资源资产负债表编制的若干 基本问题 [J]. 资源科学, 2017 (9): 3 - 15.

[52] 冯淑萍, 沈小南. 关于环境会计问题的讨论——联合国国际会计 和报告标准政府间专家工作组第十三届会议情况简介 [J]. 会计研究, 1995 (6): 45 - 47.

[53] 弗·冯·维塞尔. 自然价值 [M]. 陈国庆译. 北京: 商务印书馆, 2017.

[54] 付英. 自然资源部语境下的自然资源统一立法研究——初论自然 资源法通则 [J]. 中国国土资源经济, 2018, 31 (5): 4 - 8.

[55] 高敏雪. 扩展的自然资源核算——以自然资源资产负债表为重点 [J]. 统计研究, 2016, 33 (1): 4 - 12.

[56] 高志辉. 基于现金流动制的自然资源资产负债表设计初探 [J]. 会计之友, 2015 (6): 5 - 8.

[57] 哥德伯戈, 钦洛依. 城市土地经济学 [M]. 国家土地管理局科技 宣教司译. 北京: 中国人民大学出版社, 1990.

[58] 葛家澍,李若山. 九十年代西方会计理论的一个新思潮——绿色会计理论 [J]. 会计研究, 1992 (5): 1-6.

[59] 葛振华,赵淑芹,王国岩. 多视角的我国矿产资源资产负债表研究 [J]. 中国矿业, 2017 (9): 49-52+66.

[60] 耿建新,范长有,唐洁珑. 从国家自然资源核算体系到企业自然资源资产披露——基于石油资产平衡表的探讨 [J]. 会计研究, 2017 (1): 5-14+95.

[61] 耿建新,房巧玲. 环境会计研究视角的国际比较 [J]. 会计研究, 2004 (1): 69-75.

[62] 耿建新,胡天雨,刘祝君. 我国国家资产负债表与自然资源资产负债表的编制与运用初探——以 SNA 2008 和 SEEA 2012 为线索的分析 [J]. 会计研究, 2015 (1): 15-24.

[63] 耿建新,唐洁珑. 负债、环境负债与自然资源资产负债 [J]. 审计研究, 2016 (6): 3-12.

[64] 耿建新,王晓琪. 自然资源资产负债表下土地账户编制探索——基于领导干部离任审计的角度 [J]. 审计研究, 2014 (5): 20-25.

[65] 巩固. 自然资源国家所有权公权说再论 [J]. 法学研究, 2015 (2): 115-136.

[66] 谷树忠. 自然资源资产及其负债表编制与审计 [J]. 中国环境管理, 2016, 8 (1): 30-33.

[67] 郭旭. 领导干部自然资源资产离任审计研究综述 [J]. 审计研究, 2017 (2): 25-30.

[68] 国际会计准则委员会. 国际财务报告准则 2015A 部分 [M]. 中国会计准则委员会译. 北京:中国财政经济出版社, 2015.

[69] 韩嵩. 可持续发展观视角下自然资源价值计量统计研究:以中国野生动物资源为基点 [M]. 北京:中国林业出版社, 2010.

[70] 韩文龙,刘灿. 共有产权的起源、分布与效率问题——一个基于经济学文献的分析 [J]. 云南财经大学学报, 2013, 29 (1): 15-23.

[71] 何贤杰. 矿产资源资产管理的几个问题 [J]. 经济研究参考, 1992 (Z3): 886-892.

[72] 贺红艳,汤琪瑾,王湘衡,等. 资源开发的"财富悖论"探究——基于收益分配视角 [J]. 审计与经济研究, 2010, 25 (1): 93-99.

[73] 贺骥. 论我国自然资源产权制度的变迁及法律选择 [J]. 水利建设与管理, 2001 (3): 71-72.

[74] 洪燕云, 俞雪芳, 袁广达. 自然资源资产负债表的基本架构 [C]. 中国会计学会环境会计专业委员会. 中国会计学会环境会计专业委员会 2014 学术年会论文集. 中国会计学会环境会计专业委员会: 中国会计学会, 2014: 278-290.

[75] 侯瑞山. 关于水资源地租若干问题的研究 [J]. 当代经济研究, 2003 (10): 29-32.

[76] 胡利娟. 森林资源到底值多少 [N]. 科技日报, 2015-02-05 (12).

[77] 胡文龙, 史丹. 中国自然资源资产负债表框架体系研究——以 SEEA2012、SNA2008 和国家资产负债表为基础的一种思路 [J]. 中国人口·资源与环境, 2015, 25 (8): 1-9.

[78] 胡文龙. 自然资源资产负债表基本理论问题探析 [J]. 中国经贸导刊, 2014 (10): 62-64.

[79] 胡怡建. 中国税制 [M]. 北京: 科学出版社, 2009.

[80] 黄萍. 生态环境损害索赔主体适格性及其实现——以自然资源国家所有权为理论基础 [J]. 社会科学辑刊, 2018, 236 (3): 125-132.

[81] 黄溶冰, 赵谦. 自然资源资产负债表编制与审计的探讨 [J]. 审计研究, 2015 (1): 37-43+83.

[82] 黄贤金. 绝对地租: 理论的赘瘤 [J]. 农业经济问题, 1994 (3): 31-34.

[83] 黄贤金. 自然资源二元价值论及其稀缺价格研究 [J]. 中国人口·资源与环境, 1994 (4): 40-43.

[84] 季曦, 刘洋轩. 矿产资源资产负债表编制技术框架初探 [J]. 中国人口·资源与环境, 2016, 26 (3): 100-108.

[85] 贾玲, 甘泓, 汪林, 等. 水资源负债刍议 [J]. 自然资源学报, 2017, 32 (1): 1-11.

[86] 贾泽民. 山西省水费改革工作取得进展 [J]. 中国水利, 1983 (4): 20-22.

[87] 姜文来. 关于自然资源资产化管理的几个问题 [J]. 资源科学, 2000 (1): 5-8.

［88］经济学消息报社. 追踪诺贝尔——诺贝尔经济学奖得主专访录［M］. 北京：中国计划出版社，1998：191－192.

［89］景佩佩. 产权视角下的自然资源资产负债表初探［J］. 经济研究导刊，2016（21）：100－103.

［90］景普秋. 资源收益分配机制及其对我国的启示——以矿产开发为例［J］. 经济学动态，2015（1）：66－75.

［91］柯武刚，史漫飞，等. 制度经济学——社会秩序与公共政策［M］. 商务印书馆，2000：212＋225.

［92］科斯. 社会成本问题［A］. 科斯. 企业、市场与法律［C］. 盛洪，陈郁译. 上海：上海三联书店，1990：92.

［93］孔含笑，沈镭，钟帅，等. 关于自然资源核算的研究进展与争议问题［J］. 自然资源学报，2016，31（3）：363－376.

［94］李成宇，张士强，廖显春，等. 自然资源资产负债表的研究进展［J］. 统计与决策，2018，34（15）：37－41.

［95］李春瑜. 编制自然资源资产负债表的几个技术问题［N］. 中国会计报，2014－05－09（3）.

［96］李丰杉，成思思，杨世忠. 区域自然资源资产负债表编制研究［J］. 经济与管理研究，2017（4）：124－132.

［97］李国平，李恒炜. 基于矿产资源租的国内外矿产资源有偿使用制度比较［J］. 中国人口·资源与环境，2011，21（2）：153－159.

［98］李海海. 级差地租分配、公共服务供给与人口城镇化研究［J］. 马克思主义研究，2015（1）：70－80.

［99］李建建，戴双兴. 中国城市土地使用制度改革60年回顾与展望［J］. 经济研究参考，2009（63）：2－10.

［100］李金昌. 关于自然资源核算问题［J］. 林业经济，1990（3）：8－14.

［101］李金昌. 环境价值与经济核算［J］. 环境保护，1992（7）：21－24.

［102］李金昌. 资源核算及其纳入国民经济核算体系初步研究［J］. 中国人口·资源与环境，1992（2）：25－32.

［103］李金华. 论中国自然资源资产负债表编制的方法［J］. 财经问题研究，2016（7）：3－11.

［104］李晶，刘澄. 最新中国税收制度［M］. 北京：中国社会科学出版社，2010.

［105］李清彬. 自然资源资产负债表初探［J］. 中国经贸导刊，2015（18）：47－50.

［106］李四能. 自然资源资产视域问题研究［J］. 经济问题，2015（10）：20－25.

［107］李香菊，祝玉坤. 西部地区矿产资源产权与利益分割机制研究［J］. 财贸经济，2011（8）：28－34.

［108］李晓燕. 论矿产资源国家所有者权益的实现［J］. 经济问题，2013（6）：30－35.

［109］李彦彬，孙艳伟，张巍巍，等. 水资源评价与管理［M］. 北京：中国水利水电出版社，2012.

［110］李英伟. 马克思产权理论视角下的资源税费改革［J］. 税务研究，2017（4）：57－60.

［111］林岗，张宇. 产权分析的两种范式［J］. 中国社会科学，2000（1）：134－145.

［112］林向阳，周冈. 自然资源核算账户研究综述［J］. 经济研究参考，2007，1（50）：14－24.

［113］刘超. 自然资源国家所有权的制度省思与权能重构［J］. 中国地质大学学报（社会科学版），2014，14（2）：50－58＋139.

［114］刘东. 巴泽尔的产权理论评介［J］. 南京大学学报（哲学·人文科学·社会科学版），2000（6）：137－142.

［115］刘劲松. 中国矿产资源补偿机制研究［J］. 煤炭经济研究，2005（2）：10－15.

［116］刘丽，陈丽萍，吴初国. 国际自然资源资产管理体制概览［J］. 国土资源情报，2015（2）：5－10.

［117］刘明辉，孙冀萍. 论"自然资源资产负债表"的学科属性［J］. 会计研究，2015（5）：3－8＋95.

［118］刘清江. 自然资源定价问题研究［D］. 北京：中共中央党校，2011.

［119］刘尚希，樊轶侠. 公共资源产权收益形成与分配机制研究［J］. 中央财经大学学报，2015（3）：3－10.

[120] 刘尚希，吉富星．公共产权制度：公共资源收益全民共享的基本条件 [J]．中共中央党校学报，2014，18（5）：68 – 74.

[121] 刘尚希．自然资源设置两级产权的构想——基于生态文明的思考 [J]．经济体制改革，2018，208（1）：7 – 13.

[122] 刘伟，李风圣．产权通论 [M]．北京：北京出版社，1998：10 – 12.

[123] 刘佐．中国税制概览 [M]．北京：经济科学出版社，2016.

[124] 娄成武，王刚．海权、海洋权利与海洋权益概念辨析 [J]．中国海洋大学学报（社会科学版），2012（5）：45 – 48.

[125] 卢现祥，朱巧玲．新制度经济学（第二版）[M]．北京：北京大学出版社，2012：113.

[126] 罗伯特·考特，托马斯·尤伦．法和经济学 [M]．史晋川，董雪兵译．上海：上海人民出版社，2012：113.

[127] 罗竹风．汉语大辞典（第四卷）[M]．上海：上海辞书出版社，1993.

[128] 马传栋．论市场经济条件下自然资源和生态环境的价值及其实现问题 [J]．生态经济，1995（1）：1 – 10.

[129] 马尔萨斯．人口原理 [M]．朱泱，胡企林，朱和中译．北京：商务印书馆，1992.

[130] 马海涛，韦烨剑，郝晓婧，等．从马克思地租理论看我国土地出让金——兼论房地产税背景下土地出让金的存废之争 [J]．税务研究，2019（9）：72 – 79.

[131] 马海涛．中国税制（第八版）[M]．北京：中国人民大学出版社，2016.

[132] 马克思恩格斯全集（第二十六卷）[M]．北京：人民出版社，1972：440.

[133] 马克思恩格斯全集（第二十五卷）[M]．北京：人民出版社，1974：494.

[134] 马克思恩格斯全集（第三十卷）[M]．北京：人民出版社，1974：608.

[135] 马克思恩格斯全集（第十六卷）[M]．北京：人民出版社，1964：652.

［136］马克思恩格斯全集（第十三卷）［M］．北京：人民出版社，1972：8－9．

［137］马克思恩格斯全集（第一卷）［M］．北京：人民出版社，1995：287－288．

［138］马克思．资本论（第一卷）［M］．北京：人民出版社，2004：51，54，728．

［139］马永欢，陈丽萍，沈镭，等．自然资源资产管理的国际进展及主要建议［J］．国土资源情报，2014（12）：2－8＋22．

［140］迈里克·弗里曼．环境与资源价值评估：理论与方法［M］．曾贤刚译．北京：中国人民大学出版社，2002．

［141］梅林海，邱晓伟．从效用价值论探讨自然资源的价值［J］．生产力研究，2012（2）：18－19．

［142］牛文元．"绿色GDP"与中国环境会计制度［J］．会计研究，2002（1）：40－42．

［143］庞凤喜，薛刚，高亚军．税收原理与中国税制（第三版）［M］．北京：中国财政经济出版社，2010．

［144］庞凤喜，薛刚，高亚军．税收原理与中国税制（第四版）［M］．北京：中国财政经济出版社，2014．

［145］裴辉儒．资源环境价值评估与核算问题研究［M］．北京：中国社会科学出版社，2009：37．

［146］蒲志仲．自然资源价值浅探［J］．价格理论与实践，1993（4）：6－11．

［147］钱阔，曹克瑜．自然资源资产核算及纳入国民经济核算体系的理论认识［J］．经济研究参考，1997（65）：29．

［148］乔晓楠，崔琳，何一清．自然资源资产负债表研究：理论基础与编制思路［J］．中共杭州市委党校学报，2015，1（2）：73－83．

［149］邱梦瑶，王健姝．基于自然资源资产负债表的环境审计探索——以矿产资源审计为例［J］．财会通讯，2018，777（13）：71－74＋131．

［150］裘宗舜．会计概念与历史的对称——纪念《簿记论》发表500周年［J］．财会通讯，1994（S1）：48－51．

［151］让·巴蒂斯特·萨伊．政治经济学概论［M］．赵康英，符蕊，唐日松译．北京：华夏出版社，2017：3－5．

[152] 邵学峰，梁志元. 资源租理论与资源税研究——基于马克思主义经济学视角 [J]. 当代经济研究，2016 (11)：82 – 89.

[153] 沈镭，钟帅，何利，等. 复式记账下的自然资源核算与资产负债表编制框架研究 [J]. 自然资源学报，2018，33 (10)：3 – 13.

[154] 沈尤佳. 地租理论与资源产品定价问题 [J]. 贵州社会科学，2012 (12)：114 – 118.

[155] 盛明泉，姚智毅. 基于政府视角的自然资源资产负债表编制探讨 [J]. 审计与经济研究，2017 (1)：59 – 67.

[156] 施拉格，奥斯特罗姆. 产权制度与近海渔场 [A]. 迈克尔·麦，金尼斯. 多中心治道与发展 [C]. 上海：上海三联书店，2000：109 – 136.

[157] 史丹. 自然资源资产负债表：在遵循国际惯例中体现中国特色 [J]. China Economist，2015，10 (4)：22 – 43.

[158] 税兵. 自然资源国家所有权双阶构造说 [J]. 法学研究，2013，35 (4)：4 – 18.

[159] 思拉恩·埃格特森. 新制度经济学 [M]. 吴经邦，李耀，朱寒松，等译. 北京：商务印书馆，1996：35 – 36.

[160] 斯韦托扎尔·平乔维奇. 产权经济学：一种关于比较体制的理论 [M]. 蒋琳琦译. 北京：经济科学出版社，1999：28.

[161] 苏月中. 自然资源价值核算浅析 [J]. 生态经济，2001 (9)：42 – 44.

[162] 孙剑平. 绝对地租：包容颇多误区的科学理论——兼与王文举等商榷 [J]. 农业经济问题，1995 (3)：47 – 50.

[163] 孙萍萍，甘泓，贾玲，等. 试论水资源资产 [J]. 中国水利水电科学研究院学报，2017 (3)：170 – 179.

[164] 汤芳. 自然资源的价值与有偿使用研究 [J]. 经济论坛，2004 (20)：20 – 21.

[165] 汤吉军，张壮. 交易成本视角下自然资源国家所有权的行使分析 [J]. 经济体制改革，2016 (1)：39 – 43.

[166] 汤姆·蒂坦伯格，林恩·刘易斯. 环境与自然资源经济学（第十版）[M]. 王晓霞等译. 北京：中国人民大学出版社，2016：65 – 75.

[167] 唐在富. 规范我国政府土地相关收入组织的理论分析 [J]. 财政研究，2008 (4)：46 – 49.

[168] 陶建格，沈镭，何利，等. 自然资源资产辨析和负债、权益账户设置与界定研究——基于复式记账的自然资源资产负债表框架 [J]. 自然资源学报，2018，33（10）：1686-1696.

[169] 托马斯·马尔萨斯. 人口学原理 [M]. 陈小白译. 北京：华夏出版社，2012：116+120+133-134.

[170] 汪党献，王浩，尹明万. 水资源水资源价值水资源影子价格 [J]. 水科学进展，1999（2）：96-101.

[171] 汪立鑫. 资源价格上涨对利益分配的影响——马克思政治经济学的透视 [J]. 毛泽东邓小平理论研究，2015（5）：28-34+91.

[172] 汪庆华. 自然资源国家所有权的贫困 [J]. 中国法律评论，2015（3）：120-129.

[173] 王长江. 遵循权责对等原则从严治权 [N]. 学习时报，2015-03-30（3）.

[174] 王建忠，柳士明. 会计发展史 [M]. 大连：东北财经大学出版社，2016.

[175] 王金南，於方，曹东. 中国绿色国民经济核算研究报告 2004 [J]. 中国人口·资源与环境，2006（6）：11-17.

[176] 王克稳. 论自然资源国家所有权的法律创设 [J]. 苏州大学学报（法学版），2014，1（3）：87-100.

[177] 王克稳. 论自然资源国家所有权权能 [J]. 苏州大学学报（哲学社会科学版），2018，39（1）：34-47+192.

[178] 王克稳. 自然资源国家所有权的性质反思与制度重构 [J]. 中外法学，2019，31（3）：626-647.

[179] 王乐锦，朱炜，王斌. 环境资产价值计量：理论基础、国际实践与中国选择——基于自然资源资产负债表编制视角 [J]. 会计研究，2016（12）：3-11+95.

[180] 王利，苗丰民. 海域有偿使用价格确定的理论研究 [J]. 海洋开发与管理，1999（1）：21-24.

[181] 王敏. 资源环境产权制度缺陷对收入分配的影响与治理——访著名产权经济研究学者常修泽 [J]. 税务研究. 2007（7）：52-57.

[182] 王世杰，黄容. 面向小企业的智能会计信息系统研究——兼论会计智能化 [J]. 中国管理信息化，2016，19（21）：49-53.

[183] 王世杰, 吴泽俊, 张旭. 水会计制度建设探索 [J]. 中国水利, 2019 (7): 54 - 56.

[184] 王世杰, 杨世忠. 全球海洋治理视域下海洋资源资产负债表探析 [J]. 海洋通报, 2020, 39 (1): 888 - 898.

[185] 王世杰, 杨世忠. 自然资源资产负债表国家治理功能和机制保障研究 [J]. 财会月刊, 2019 (23): 3 - 7.

[186] 王天义. 自然资源理论价格分析 [J]. 理论视野, 2013 (11): 28 - 33 + 63.

[187] 王文举. 绝对地租: 科学的地租理论之精髓——与黄贤金同志商榷 [J]. 农业经济问题, 1994 (10): 31 - 37.

[188] 王希凯. 矿产资源有偿使用及其实现方式研究——不能用资源税完全替代权利金 [J]. 中国国土资源经济, 2015, 28 (1): 4 - 8.

[189] 王希凯. 论 "探矿者" 的产业属性及其体制架构 [J]. 中国国土资源经济, 2017 (9): 4 - 7.

[190] 王旭. 论自然资源国家所有权的宪法规制功能 [J]. 中国法学, 2013 (6): 5 - 19.

[191] 王涌. 自然资源国家所有权三层结构说 [J]. 法学研究, 2013, 35 (4): 48 - 61.

[192] 王泽霞, 江乾坤. 自然资源资产负债表编制的国际经验与区域策略研究 [J]. 商业会计, 2014 (17): 6 - 10.

[193] 威廉·阿朗索. 区位和土地利用: 地租的一般理论 [M]. 梁进社, 李平, 王大伟译. 北京: 商务印书馆, 2010.

[194] 威廉·安德鲁·佩顿. 会计理论——兼论公司会计的一些特殊问题 [M]. 许家林, 董峰译. 上海: 立信会计出版社, 2017.

[195] 威廉·配第. 赋税论 [M]. 邱霞, 原磊译. 北京: 华夏出版社, 2017: 37 - 38.

[196] 吴军晖. 论资源价格 [J]. 价格月刊, 1993 (2): 8 - 9.

[197] 吴利群, 杨春玲. 中国税制 [M]. 北京: 高等教育出版社, 2016.

[198] 吴易风. 产权理论: 马克思和科斯的比较 [J]. 中国社会科学, 2007 (2): 4 - 18.

[199] 吴易风, 关雪凌. 产权理论与实践 [M]. 北京: 中国人民大学

出版社，2010：67.

[200] 吴昱. 美国自然资源产权体系与中国自然资源物权体系的比较分析 [J]. 西南民族大学学报（人文社会科学版），2012，33（9）：108 – 112.

[201] 武音茜. 编制自然资源资产负债表的几点思考 [J]. 中共贵州省委党校学报，2014（5）：49 – 51.

[202] 习近平. 共同构建人类命运共同体 [N]. 人民日报，2017 – 01 – 20（2）.

[203] 习近平. 推动我国生态文明建设迈上新台阶 [J]. 求是，2019（3）：4 – 19.

[204] 向书坚，郑瑞坤. 自然资源资产负债表中的资产范畴问题研究 [J]. 统计研究，2015，32（12）：3 – 11.

[205] 向书坚，朱贺. 政府资产负债中土地资源核算问题研究 [J]. 财政研究，2017（2）：27 – 39.

[206] 肖国兴. 论中国自然资源产权制度的历史变迁 [J]. 郑州大学学报（哲学社会科学版），1997（6）：19 – 25.

[207] 肖序，王玉，周志方. 自然资源资产负债表编制框架研究 [J]. 会计之友，2015（19）：21 – 29.

[208] 肖序，周志方. 环境管理会计国际指南研究的最新进展 [J]. 会计研究，2005（9）：80 – 85.

[209] 肖泽晟. 论遏制公共资源流失的执法保障机制——以公共资源收益权和行政执法权的纵向配置为视角 [J]. 法商研究，2014，31（5）：3 – 11.

[210] 徐唐先. 简论会统同源与分流及其相互渗透 [J]. 统计研究，1999，16（9）：57 – 59.

[211] 徐祥民. 自然资源国家所有权之国家所有制说 [J]. 法学研究，2013，35（4）：35 – 47.

[212] 许家林，蔡传里. 中国环境会计研究回顾与展望 [J]. 会计研究，2004（4）：87 – 92.

[213] 许家林. 环境会计：理论与实务的发展与创新 [J]. 会计研究，2009（10）：36 – 43.

[214] 许家林. 试论资源收益的特征、结构与分配 [J]. 现代财经：天津财经学院学报，2000（5）：13 – 18.

[215] 薛智超，闫慧敏，杨艳昭，等. 自然资源资产负债表编制中土地

资源核算体系设计与实证 [J]. 资源科学, 2015, 37 (9): 1725 - 1731.

[216] 亚当·斯密. 国富论 [M]. 谢宗林, 李华夏译. 北京: 中央编译出版社, 2013: 23 - 28.

[217] 闫慧敏, 杜文鹏, 封志明, 等. 自然资源资产负债的界定及其核算思路 [J]. 资源科学, 2018, 40 (5): 888 - 898.

[218] 闫慧敏, 封志明, 杨艳昭, 等. 湖州/安吉: 全国首张市/县自然资源资产负债表编制 [J]. 资源科学, 2017. 39 (9): 1634 - 1645.

[219] 晏智杰. 威廉·配第的价值论是二重的 [J]. 经济科学, 1982 (1): 45 - 47 + 64.

[220] 杨海龙, 杨艳昭, 封志明. 自然资源资产产权制度与自然资源资产负债表编制 [J]. 资源科学, 2015, 37 (9): 1732 - 1739.

[221] 杨继国, 黄文义. "产权" 新论: 基于 "马克思定理" 的分析 [J]. 当代经济研究, 2017 (12): 5 - 14.

[222] 杨继瑞. 城市绝对地租的来源及形成机理 [J]. 中国社会科学, 1997 (5): 82 - 94.

[223] 杨睿宁, 杨世忠. 论自然资源资产负债表的平衡关系 [J]. 会计之友, 2015 (16): 8 - 10.

[224] 杨世忠, 曹梅梅. 宏观环境会计核算体系框架构想 [J]. 会计研究, 2010 (8): 9 - 15.

[225] 杨世忠, 陈波, 杨睿宁. 论中国自然资源资产负债表编制的坐标系选择及其方法逻辑 [J]. 河北地质大学学报, 2017, 40 (1): 65 - 72.

[226] 杨世忠. 环境会计主体: 从 "以资为本" 到 "以民为本" [J]. 会计之友, 2016 (1): 14 - 17.

[227] 杨世忠, 王世杰, 陈晓梅. 自然资源产权关系问题研究 [J]. 国土资源情报, 2018, 213 (9): 11 - 19 + 25.

[228] 杨学成. 绝对地租来源与形成新解 [J]. 当代经济研究, 1996 (5): 6 - 9.

[229] 杨艳昭, 陈玥, 宋晓谕, 等. 湖州市水资源资产负债表编制实践 [J]. 资源科学, 2018, 40 (5): 36 - 46.

[230] 杨艳昭, 杨艳昭, 封志明, 等. 自然资源资产负债表编制的 "承德模式". 资源科学, 2017, 39 (9): 1646 - 1657.

[231] 杨仲山. 市场与政府之间的国民经济核算体系 (SNA) [J]. 统

计研究, 2001, 18 (4): 9 – 16.

[232] 姚华军. 我国国土资源管理体制的历史、现状及发展趋势 [J]. 中国国土资源经济, 2001, 14 (11): 27 – 32.

[233] 姚霖. 论自然资源资产负债表编制的"三瓶颈"——基于自然资源资产负债表国家试点调研 [J]. 财会月刊, 2016 (34): 8 – 11.

[234] 姚霖, 余振国. 土地资源资产负债表编制问题管窥 [J]. 财会月刊, 2016 (21): 84 – 88.

[235] 叶榅平, 郭军武. 自然资源国家所有权收益共享的基本路径与制度保障 [J]. 管理世界, 2018, 34 (2): 176 – 177.

[236] 叶榅平. 完善自然资源国家所有权行使人大监督立法的法理思考 [J]. 学术月刊, 2018, 50 (6): 78 – 88.

[237] 叶榅平. 自然资源国家所有权的双重权能结构 [J]. 法学研究, 2016, 38 (3): 53 – 69.

[238] 叶祥松. 西方经济学的产权理论 [J]. 当代亚太, 2001 (7): 50 – 56.

[239] 叶有华, 凡宸, 夏北成, 等. 区域自然资源资产负债表信息化建设与实践: 以深圳大鹏新区为例 [M]. 北京: 科学出版社, 2017.

[240] 尹伯成. 西方经济学说史: 从市场经济视角的考察 [M]. 上海: 复旦大学出版社, 2012 (2): 195.

[241] 尹云松. 绝对地租: 有条件存在的地租的特殊形态: 与黄贤金同志商榷 [J]. 农业经济问题, 1994 (8): 41 – 43.

[242] 于恩和, 乔志敏. 重新认识级差地租及其与土地收益分配的关系 [J]. 经济问题, 1997 (3): 9 – 10.

[243] 约翰·洛克. 政府论两篇 [M]. 赵伯英译. 西安: 陕西人民出版社, 2004: 144 – 158.

[244] 张白玲. 自然资本核算的理论与实务研究 [J]. 会计之友 (下旬刊), 2007 (6): 9 – 13.

[245] 张德刚. 森林资源资产概论 [M]. 北京: 中国市场出版社, 2013.

[246] 张复明. 矿业寻租的租金源及其治理研究 [J]. 经济学动态, 2010 (8): 41 – 44.

[247] 张金昌. 自然资源资产负债表: 建设生态文明的有效工具 [J].

中国生态文明，2016（1）：33-37．

[248] 张克中．公共治理之道：埃莉诺·奥斯特罗姆理论述评 [J]．政治学研究，2009（6）：83-93．

[249] 张丽君，秦耀辰，张金萍，等．基于 EMA-MFA 核算的县域绿色 GDP 及空间分异——以河南省为例 [J]．自然资源学报，2013，28（3）：504-516．

[250] 张卫民，王会，郭静静．自然资源资产负债表编制目标及核算框架 [J]．环境保护，2018（1）：39-42．

[251] 张玮，陈光平，王克强，等．建设用地资产负债表编制研究——以上海市 B 区为例 [J]．中国土地科学，2017，31（8）：32-43．

[252] 张五常．共有产权 [A]．经济解释：张五常经济论文选 [C]．北京：商务印书馆，2000：427．

[253] 张银政，王晓雪．我国矿产资源收益分配的政策沿革及其困境摆脱 [J]．改革，2011（4）：42-46．

[254] 张颖．林地有偿使用的理论依据的探讨 [J]．林业经济问题，1999（6）：15-19．

[255] 张颖．森林绿色核算的理论和实践 [M]．北京：中国环境科学出版社，2010．

[256] 张友棠，刘帅，卢楠．自然资源资产负债表创建研究 [J]．财会通讯，2014（10）：6-9．

[257] 章铮．边际使用者成本：资源产品定价与国际贸易 [J]．世界经济，1998（11）：44-46．

[258] 郑小贤．试论林权与地租 [J]．林业资源管理，2000（3）：7-9．

[259] 中共中央马克思恩格斯列宁斯大林著作编译局．马克思恩格斯全集（第二十六卷）[M]．北京：人民出版社，2014（2）：695，704．

[260] 中共中央马克思恩格斯列宁斯大林著作编译局．马克思恩格斯全集（第十九卷）[M]．北京：人民出版社，2006（2）：695．

[261] 中国国土经济学研究会秘书处，中国土地学会办公室．土地及其它自然资源的价值和价格理论问题讨论会在京召开 [J]．中国土地科学，1987（1）：31-33．

[262] 中国国土资源报编辑部．国外自然资源管理模式概览 [J]．国土资源，2018（5）：58-61．

［263］中国资产评估协会．资产评估［M］．北京：中国财政经济出版社，2014：92 - 94．

［264］中国资产评估协会．资产评估基础［M］．北京：中国财政经济出版社，2016：18．

［265］周臣孚．权力、权利、权益三者有何区别［J］．邮政研究，1996（6）：47 - 47．

［266］周海川．国有森林资源资产有偿使用制度探悉［J］．林业经济问题，2017，37（1）：11 - 17 + 99．

［267］周华，戴德明．会计确认概念再研究——对若干会计基本概念的反思［J］．会计研究，2015（7）：3 - 10 + 96．

［268］周守华，陶春华．环境会计：理论综述与启示［J］．会计研究，2012（2）：3 - 10 + 96．

［269］周志方，肖序．国外环境财务会计发展评述［J］．会计研究，2010（1）：79 - 86 + 96．

［270］周志方，周宏，肖艺璇，等．自然资源资产负债表编制框架设计：理论基础、要素核算与报表体系［J］．湖南商学院学报，2017（1）：30 - 37．

［271］朱道林．土地管理学［M］．北京：中国农业大学出版社，2016．

［272］朱婷，施从炀，陈海云，等．自然资源资产负债表设计探索与实证——以京津冀地区林木资源为例［J］．生态经济，2017（1）：159 - 166．

［273］朱为群，缑长艳．当前国有资源财政收入制度之弊端及其改革［J］．税务研究．2014（2）：32 - 37．

［274］朱学义．我国环境会计初探［J］．会计研究，1999（4）：26 - 30．

［275］Adam C, Simpasa A. Copper mining in Zambia: from collapse to recovery［A］. Plundered Nations? Successes and Failures in Natural Resource Extraction［C］. Collier, P., Venables, A. Palgrave MacMillan, Basingstoke, 2011.

［276］Ajakaiye O, Collier P, Ekpo A. Management of resource revenue: Nigeria［A］. Plundered Nations? Successes and Failures in Natural Resource Extraction［C］. Collier, P., Venables, A. Palgrave MacMillan, Basingstoke, 2011.

[277] Atkinson G, Hamilton K. Savings, Growth and the Resource Curse Hypothesis [J]. World Development, 2003, 31 (11): 1793 – 1807.

[278] Auty, Richard M. Resource Abundance and Economic Development [M]. Oxford University Press, 2001.

[279] Auty R. Sustaining Development in Mineral Economies: The Resource Curse Thesis [M]. London: Routledge, 1993.

[280] Beams F A, Fertig P E. Pollution control through social cost conversion [J]. Journal of Accountancy (pre – 1986), 1971, 132 (5): 37 – 42.

[281] Bingham G, Bishop R, Brody M, et al. Issues in ecosystem valuation: improving information for decision making [J]. Ecological Economics, 1995, 14 (2): 73 – 90.

[282] Challen R. Institutions, Transaction Costs, and Environmental Policy: Institutional Reform for Water Resources [M]. Cheltenham: Edward Elgar Publishing, 2000: 54 – 70.

[283] Coase R H. The Federal Communications Commission [J]. Journal of Law and Economics, 1959, 2: 1 – 40.

[284] Costanza R, d' Arge R, de Groot R, et al. The value of the world's ecosystem services and natural capital [J]. Nature, 1997, 387: 253 – 260.

[285] Debreceny R, Gray G L, Rahman A. The determinants of Internet financial reporting [J]. Journal of Accounting & Public Policy, 2002, 21 (4): 371 – 394.

[286] Demsetz H, Lehn K. The Structure of Corporate Ownership: Causes and Consequences [J]. Journal of Political Economy, 1985, 93 (6): 1155 – 1177.

[287] Drake P J. Natural Resources Versus Foreign Borrowing in Economic Development [J]. The Economic Journal, 1972, 82 (327): 951 – 962.

[288] Elinor Ostrom. Understanding Institutional Diversity [M]. Princeton University Press, 2005: 267.

[289] Financial Accounting Standards Board. Statement of Financial Accounting Concepts No. 5: Recognition and Measurement in Financial Statements of Business Enterprises. 1984.

[290] Frederick V D P. Macro Policy Responses to Natural Resource Wind-

falls and the Crash in Commodity Prices [J]. Journal of International Money and Finance, 2019, 96: 263 – 282.

[291] Gauthier B, Zeufac A. Governance and oil revenues in cameroon [A]. Plundered Nations? Successes and Failures in Natural Resource Extraction [C]. Collier P, Venables A. Palgrave MacMillan, Basingstoke, 2011.

[292] Glenn G. Stevenson. Common property economics: a general theory and land use applications [M]. Cambridge University Press, 2005: 59.

[293] Gylfason T, Herbertsson T T, Zoega G. A Mixed Blessing: Natural Resources and Economic Growth [J]. Cepr Discussion Papers, 1997, 3 (3): 204 – 225.

[294] H. Scott Gordon. The Economic Theory of a Common-Property Resource: The Fishery [J]. Bulletin of Mathematical Biology, 1954, 62 (2): 124 – 142.

[295] I. Fisher. Elementary Principles of Economics [M]. New York: Macmillan, 1923: 27.

[296] IFRS. Framework for the Preparation and Presentation of Financial Statements [C]. 1989.

[297] Iimi A. Did Botswana escape from the resource curse? [C]. IMF, Washington, DC, 2006.

[298] Krueger A O. Trade Policy as an Input to Development [J]. American Economic Review, 1980, 70 (2): 288 – 292.

[299] Krutilla J V. Conservation Reconsidered [J]. American Economic Review, 1967, 57 (4): 777 – 786.

[300] Leite C, Weidmann J. Does mother nature corrupt? Natural resources, corruption and economic growth [C]. Washington, DC: International Monetary Fund, 1999.

[301] Lewis W A. The Theory of Economic Growth [M]. Homewood, Ill: R. D. Irwin, 1955.

[302] Malthus T R. An Essay on the Principle of Population. History of Economic Thought Books [J]. 2011, 41 (1): 114 – 115.

[303] Marlin J T. Accounting for pollution [J]. Journal of Accountancy (pre – 1986), 1973, 135 (2): 41 – 46.

[304] Meller P, Simpasa A. Role of copper in the Chilean and Zambian e-conomies: main economic and policy issues [J]. Global Development Network Working Paper, 2011: 43.

[305] Michael Goldberg, Peter Chinloy. UrbanL and Economics. Chichester: John Wiley & Sons, Inc. , 1984.

[306] Nankani G. Development Problems of Mineral Exporting Countries [A]. World Bank Staff Working Paper 354 [C]. Washington DC: World Bank, 1979: 11 – 14.

[307] Neumayer E. Does the "Resource Curse" hold for Growth in Genuine Income as Well? [J]. World Development, 2004, 32 (10): 1627 – 1640.

[308] Pearce D W, Kamann D J F, Krijnen H G, et al. Blue print 3: Measuring sustainable development [J]. European Environment, 1994, 4 (1): 27 – 27.

[309] Pearce D W, Turner R K. Economics of Natural Resources and the Environment. Baltimore MD: Johns Hopkins University Press, 1990: 378.

[310] Pratt S P. The Market Approach to Valuing Businesses Workbook [M]. Wiley, 2005.

[311] Prebisch R. The Economic Development of Latin America and Its Principal Problems [R]. Lake Success, NY: United Nations. 1950.

[312] Repetto R, Magrath W, Wells M, et al. Wasting assets: natural resources in the national income accounts [J]. Washington D, 1989, 66 (261): 285 – 296.

[313] Roefie Hueting. The future of the environmentally sustainable national income [J]. kologisches Wirtschaften, 2011 (4): 30 – 35.

[314] Rosser A. Escaping the resource curse: the case of Indonesia [J]. Journal of Contemporary Asia, 2007 (1): 38 – 58.

[315] Ross M L. The Political Economy of the Resource Curse [J]. World Politics, 1999, 297 – 322.

[316] Sachs J D, Warner A M. Warner. Natural Resource Abundance and Economic Growth, Development Discussion Paper no. 517a [M]. Cambridge: Harvard Institute for International Development, 1995: 49.

[317] Schaltegger S, Burritt R. Supplementary Material [J]. Contemporary

Environmental Accounting Issues, 2000, 68 (5): 409 – 463 (55).

[318] Segal P. Resource Rents, Redistribution, and Halving Global Poverty: The Resource Dividend [J]. World Development, 2011, 39 (4): 475 – 489.

[319] Simpasa A, Hailu D, Levine S, et al. Copper mining in Zambia: from collapse to recovery [R]. 2011.

[320] Singer H W. The Distribution of Gains between Investing and Borrowing Economies [J]. American Economic Review, 1950, 40 (1): 473 – 485.

[321] S. Pejovich. Karl Marx, Property Rights School and the Process of Social Change [A]. J. C. Wood. Karl Marx's Economics: Critical Assessments [M], London: Croom Helm Ltd, 1988: 240.

[322] Stigler, George J. The Organization of Industry [M]. Homewood, IL: Richad D, 1968.

[323] Ullmann, Arieh A. The corporate environmental accounting system: A management tool for fighting environmental degradation [J]. Accounting Organizations & Society, 1976, 1 (1): 71 – 79.

[324] UN. World population prospects: the 2017 revision-key findings and advance tables [R]. New York: United Nations, 2017.

[325] Venables A J, Wills S E. Resource Funds: Stabilising, Parking, and Inter-generational Transfer [J]. Journal of African Economies, 2016 (2): 20 – 40.

[326] Viner J. International Trade and Economic Development: Lectures Delivered at the National University of Brazil [M]. Free Press, 1952.

[327] William D. Nordhaus, James Tobin. Is Growth Obsolete [A]. National Bureau of Economic Research, Inc. Economic Research: Retrospect and Prospect, Volume 5, Economic Growth [C]. 1972: 1 – 80.

[328] Wood A, Berge K. Exporting manufactures: Human resources, natural resources, and trade policy [J]. Journal of Development Studies, 1997, 34 (1): 35 – 59.

[329] Yusof Z A. The developmental state: Malaysia [A]. Collier, P. , Venables, A. Plundered Nations? Successes and Failures in Natural Resource Extraction [C]. Palgrave MacMillan, Basingstoke, 2011.